集団的消費者被害回復裁判の特異と発展

八木敬二

有斐閣

はしがき

　本書は，2020年に一橋大学に提出した博士論文「消費者裁判手続特例法に基づく被害回復裁判手続の独自性と発展性」および成蹊法学における同名の連載（八木敬二「消費者裁判手続特例法に基づく被害回復裁判手続の独自性と発展性(1)～(4・完)」成蹊法学94号（2021年）・97号（2022年）・98号・99号（2023年））に加筆・修正を施したものである。既発表の論文で示した形はなるべく変えず，本書の刊行に至るまでに法改正があったことを踏まえ，過去または将来の研究との関係を示すことを意識して手を加えている。表題に若干の変更を加えたのは，本論が成功しているかどうかはともかく，本書の試みはいわゆる消費者裁判手続特例法に必ずしも依存せず，その手続（本書では中立を期して「集団的消費者被害回復裁判」と呼称している）の独自性を強調するよりも従来に比して特異と思われる点を糸口に理論を追究し，発展性ある本質を捉えようとした企図を明らかにするためである。

　集団的消費者被害回復裁判を研究の出発点に据えたのは，今にして思えば，試験の呪縛から逃れ難い法曹養成課程で自分なりに感得した民事手続法学の面白さを形にしたいという情熱があったからかもしれない。現実に存在している手続は多種多様であるにもかかわらず，一部のものしか価値あるものとされない世界に窮屈さを感じていた筆者にとって，実験にも似た創造性を感じた集団的消費者被害回復裁判を主題として取り上げることは，民事手続法学の面白さを言語化するのに適した手段であるように思われた。加えて，現代的な課題と密接な関係にある消費者団体訴訟に関する研究を進めることで，民事手続法学の裾野を広げる理論に逢着できるのではないかという期待もあった。自らの情熱を洗練された形で本書に収めることができたかどうか，心許ない気持ちも残ってはいるものの，未熟な要素は今後の研究の中で拾い上げていくことを改めて宣言し，筆者が賜った学恩に少しでも報いる新たな一歩としたい。

　法学者としての道を歩み出し，本書の出版まで辿り着くことができたのは，多くの方々に支えられていたからに他ならない。諸先生方から受けた学恩は筆舌に尽くし難く，紙幅の関係上，ここでは本書の成立に関係するものに限り，感謝を述べさせていただきたい。

　山本和彦先生には，法科大学院と博士後期課程でご指導いただくとともに，一

意に定まらない法学者としての生き様を教えていただいた。その意味で，学問の師であるのはもちろんのこと，今なお有形・無形に気付きを与えてくれる人生の師でもある。初めて授業を拝聴した学部時代の情景と衝撃は記憶に強く刻まれており，山本先生と出会わなければ，法学者を志すという決断には至れなかった。筆者の怠慢と優柔不断ゆえに博士論文の提出から本書の出版に至るまで歳月を費やしてしまった不肖をお詫びするとともに，深甚なる感謝と衷心からの御礼を申し上げたい。

　水元宏典先生，杉山悦子先生には，研究生活の開始当初から目をかけていただき，得難きご厚情を賜った。拙劣だった当時の諸論考に丁寧にご助言いただき，時にはあまりに無頓着だった学界の作法をご指導いただいた。先生方のご厚意がなければ，永遠に学生気分から抜け出せないままの日々が続き，論文を書き上げることも，学問を見る目を養うことも，本書が世に出ることもあり得なかったように思えてならず，感謝の念に堪えない。

　また，東京大学で開催されている民事訴訟法研究会の会員の皆様には，豊潤かつ深遠なご指導・ご教示をいただいた。いつも迷子になってしまう筆者にとっては頂戴した示唆のどれもがアリアドネーの糸であり，自由闊達に議論を繰り広げる尊敬すべき先輩の姿を見ることがなければ，法学者としての自我が形成されることはなかった。貴重な研究会の場を維持していただいている皆様に，深く感謝申し上げる。

　学部時代を過ごした大阪大学のゼミでは，下村眞美先生，藤本利一先生，高田篤先生にお世話になった。先生方のゼミで法学者の凄みの一端に触れ，優れた同輩と切磋琢磨する機会がなければ，その後の学びの連鎖に堪えることはできなかった。同時期に，ノーベル物理学賞を受賞され，同じ高校の卒業生であった南部陽一郎先生も豊中市に滞在されていたことは，漠然とした研究への関心を抱かせるものでもあった。受賞の記念として南部先生から同校に贈られたビデオメッセージを高校生の頃に拝聴できたことは，同じ高みを目指せるかもしれないという勘違いにも似た一縷の希望を抱かせてくれる原体験になっている。有難い御縁に御礼を申し上げたい。

　現在お世話になっている成蹊大学では，コロナ禍という困難な状況であるにもかかわらず暖かく迎え入れていただき，何とか独り立ちしたばかりの筆者が奈落の底に落ちてしまわないよう様々にご配慮いただいた。尊敬すべき先生方と同僚

として過ごす日々は，縁遠かった大学人の日常を身近に感じられるかけがえのないものでもある。人に恵まれた僥倖に感謝したい。

さらに，本書の出版を快くお引き受けいただいた有斐閣，数々のご無理をお願いした同法律編集局の一村大輔氏，竹之内彩氏に対しても，ここに記して感謝の意を表したい。お二人の貢献がなければ，悠久に流れる時の中で理想と現実の往復に引き裂かれながら自らの研究を振り返る作業を完遂することは叶わなかった。

最後に，自然の中で育った筆者を放任しながらもいつも暖かく見守ってくれている郷里の両親と，日常に色鮮やかな気付きを与えてくれる妻のはる奈に，心からの感謝を捧げたい。

2025年1月　電波塔を望む武蔵野にて

八木敬二

＊本研究は，JSPS 科研費 JP19J11555, JP22K13311 の助成を受けたものである。
＊本書の刊行に当たっては，成蹊大学 2024 年度学術研究成果出版助成を受けた。

目次

序章　問題の所在と課題の設定

第*1*節　問題の所在 ―――――――――――――――――――― 2
- I　集団的利益論のこれまで ……………………………………… 2
  - 1 消費者団体訴訟制度の創設　2
  - 2 学説による集団的利益の定位　5
  - 3 判例による集団的利益の閑却　10
- II　集団的消費者被害回復裁判に向けた試み ………………… 11
  - 1 選定当事者制度の活用　11
  - 2 消費者裁判手続特例法の制定　17
  - 3 消費者裁判手続特例法の改正　20
- III　拡散的利益と消費者裁判手続特例法 ……………………… 23
  - 1 拡散的利益の救済　23
  - 2 立案過程における議論　24
  - 3 問題関心の整理　28

第*2*節　課題の設定 ―――――――――――――――――――― 30
- I　立案過程において積み残された課題 ……………………… 30
  - 1 共通義務確認訴訟の理論的基礎　30
  - 2 共通義務確認訴訟上の和解の可否　31
  - 3 手続対象範囲の謙抑性　31
- II　検討の方針 …………………………………………………… 32
  - 1 比較法の対象　32
  - 2 訳語について　35

第1章　フランス法

第*1*節　グループ訴訟の系譜 ―――――――――――――――― 38
- I　集団的利益論と集団訴訟 ……………………………………… 38
  - 1 集団的利益論の展開　38

2　共同訴訟の失敗　47
　II　グループ訴訟……………………………………………………………49
　　　1　グループ訴訟の成立に至る経緯　49
　　　2　消費法上のグループ訴訟とグループ訴訟の拡大　52

第2節　グループ訴訟の特質 ――――――――――――――――――63
　I　集団的利益の種差…………………………………………………63
　　　1　グループ訴訟と集団的利益論の関係　63
　　　2　グループ訴訟の一般性　74
　II　グループ訴訟における集合的和解………………………………77
　　　1　一般的な和解との差異　77
　　　2　集合的和解の統制手法　80

第3節　小　　括 ―――――――――――――――――――――89

第2章　ドイツ法

第1節　個別的な権利の集束 ――――――――――――――――92
　I　ムスタ確認訴訟に至るまで………………………………………92
　　　1　集団的利益論の停滞　93
　　　2　個別的な権利の集束のための試み　101
　II　ムスタ手続………………………………………………………103
　　　1　ムスタ手続の成り立ち　103
　　　2　投資家ムスタ手続法の成立経緯と概要　105
　　　3　ムスタ確認訴訟の成立経緯と概要　107
　　　4　消費者の権利を集束的に実現するための法改正　110

第2節　ムスタ手続の特質 ―――――――――――――――――112
　I　ムスタ手続の民事的な仕組み……………………………………112
　　　1　ムスタ手続の意義　112
　　　2　ムスタ手続の一般性　118
　II　ムスタ手続における集合的和解…………………………………119
　　　1　漸次的な集合的和解の受容　119
　　　2　集合的和解の統制手法　130

第3節　小　　括 ――――――――――――――――――――146

第3章　日本法

第1節　集団的消費者被害回復裁判の独自性 ―― 150
- I　比較法の前提の整理 ―― 150
  - 1　グループ訴訟との比較　150
  - 2　ムスタ手続との比較　157
- II　消費者裁判手続特例法と集団的利益論 ―― 160
  - 1　共通義務確認訴訟の位置付け　160
  - 2　集団的利益の種差への対応　182

第2節　集団的消費者被害回復裁判の発展性 ―― 185
- I　共通義務確認訴訟上の和解の特異性 ―― 185
  - 1　現行法における和解のあり方と問題点　185
  - 2　集合的和解の導入に向けて　190
- II　集団的消費者被害回復裁判の分解と開放 ―― 212
  - 1　現行法における手続対象の制限　212
  - 2　集団的消費者被害回復裁判の一般化に向けて　214

第3節　結　語 ―― 225
- I　本書の総括 ―― 225
- II　残された課題 ―― 227

事項索引　229

本書における表記・引用方法について

1 法令名の表記は，正式名称のほか，一般に用いられる略称によっている。
2 外国語の引用文献については，一般に用いられる略称によったものがある。
3 判決文，条文及び文献を「」で引用する場合，次の通り原典の表記を改めた箇所がある。
　(1) カタカナ書きはひらがな書きにする。
　(2) 漢字の旧字体は新字体にする。
　(3) 促音・拗音を表すひらがなは小書きにする。

序章
問題の所在と課題の設定

第1節　問題の所在

I　集団的利益論のこれまで

1　消費者団体訴訟制度の創設

1　消費者紛争に対する分析視角

　ある者が何らかの法的な不利益を被った場合，その被害について侵害者に対し訴訟を介した予防又は賠償を自ら請求する，というのが通常想定される民事訴訟の形成過程である。しかし，こうした形成過程を必ずしも辿らない紛争も存在する。そうした特殊な状況に対応する訴訟制度の一つの典型が，消費者団体訴訟である。

　消費者を巡る紛争は，従来，集団的紛争という文脈で論じられてきた[1]。集団的紛争とは，共通の利害関係を有する多数人（集団）が存在する場合に，その共通の利益の実現をめぐって生じる紛争，あるいは権利・義務を個人ごとに分割することによって成り立っていた伝統的な個人法理によっては捉えきれない又は捉えることが妥当でない紛争とされる[2]。集団的紛争である場合には，民事訴訟の局面においても，自らの被害を主張する原告とそれを争う被告が対峙するという形式は単純には成り立たないか，あるいは妥当ではないと考えられる。そこでは，必ずしも被害者ではない法主体が当事者となって訴訟をすることの可否を論ずる必要に迫られる。

---

1) 伊藤眞『民事訴訟の当事者』（弘文堂，1978年）217頁，高橋宏志「紛争解決過程における団体」芦部信喜ほか編『岩波講座基本法学2――団体』（岩波書店，1985年）287頁，高田裕成「集団的紛争における判決効」新堂幸司編集代表『講座民事訴訟6　裁判』（弘文堂，1984年）178頁，高田昌弘「集団的権利保護のための当事者適格」新堂幸司監修『実務民事訴訟講座［第3期］第2巻』（日本評論社，2014年）287頁など。

2) 高田・前掲注1) 178頁。高橋・前掲注1) 287頁では「非個人法理」として叙述される。

同時に，公害紛争，環境紛争などを含む新たな紛争群が訴訟に持ち込まれたことを問題視する現代型訴訟としても論じられてきた。現代型訴訟において係争利益が集団化ないし拡散化しているという指摘は，集団的紛争との重なりを表明するものであると見ることができるだろう。現代型訴訟の登場と時を同じくし，1968年5月に消費者保護基本法（昭和43年法律第78号）が制定されたものの，消費者団体への言及はなく，消費者団体の法的地位は不明瞭な状態が続いていた。こうした背景もあって，消費者団体を称し，活動する主体が訴訟の当事者として現れるという現象は，法人でない団体の当事者能力（民事訴訟法29条）の問題として受け止められていた。

---

3) 現代型訴訟を巡る問題状況については，新堂幸司「現代型訴訟とその役割」同『民事訴訟制度の役割』（有斐閣，1993年）296頁以下［初出1983年］，小島武司「現代型訴訟の役割と特質」三ケ月章＝青山善充編『民事訴訟法の争点［新版］』（有斐閣，1988年）28頁以下，田中成明「現代型訴訟と政策形成機能」同『現代社会と裁判——民事訴訟の位置と役割』（弘文堂，1996年）164頁以下など。ただし，現代型（の政策形成）訴訟にのみ特有の法理論を適用することの危うさにつき，井上治典「民事訴訟の役割」同『民事手続論』（有斐閣，1993年）10-12頁［初出1983年］。

4) 山本克己「民事訴訟の現在」岩村正彦ほか編『岩波講座現代の法5 現代社会と司法システム』（岩波書店，1997年）171-173頁，徳田和幸「現代型訴訟の役割と特質」青山善充＝伊藤眞編『民事訴訟法の争点［第3版］』（有斐閣，1998年）24-25頁，上原敏夫ほか『民事訴訟法［第7版］』（有斐閣，2017年）24-27頁［上原敏夫］など。

5) その後，2004年に消費者保護基本法は消費者基本法に改称され，消費者基本法8条では，「消費者団体は，消費生活に関する情報の収集及び提供並びに意見の表明，消費者に対する啓発及び教育，消費者の被害の防止及び救済のための活動その他の消費者の消費生活の安定及び向上を図るための健全かつ自主的な活動に努めるものとする」と規定されるに至っている。消費者運動のあり方を追跡するものとして，国民生活センター『消費者運動の現状と課題』（勁草書房，1981年）16頁以下，国民生活センター編『戦後消費者運動史』（国民生活センター，1997年）1頁以下などがある。

6) 大村敦志「消費者団体の活動——生協を中心に」ジュリ1139号（1998年）133頁。

7) 菅野孝久「住民団体・消費者団体の当事者能力」三ケ月章＝青山善充編『民事訴訟法の争点』（有斐閣，1979年）78頁，小島武司「住民団体・消費者団体の当事者能力」鈴木忠一＝三ケ月章監修『新・実務民事訴訟講座1』（日本評論社，1981年）279頁以下，福永有利「住民団体・消費者団体の当事者能力」同『民事訴訟当事者論』（有斐閣，2004年）480頁以下［初出1986年］など。

2 適格消費者団体による差止訴訟制度の創設

そうした中で，2006年5月31日に成立し，2007年6月7日に施行された消費者契約法の一部を改正する法律（平成18年法律第56号）によって適格消費者団体による差止訴訟制度が創設されたことは，民事訴訟法の規律から離れた手続が用意されたという意味で異彩を放つ。具体的には，法律によって適格消費者団体に差止請求権を与えるとともに，内閣総理大臣の認定（以下「適格認定」という）を受けた消費者団体にのみ差止請求関係業務の遂行を認めること（消費者契約法13条1項），適格消費者団体による訴訟の結果として確定判決等が獲得されている場合に他の適格消費者団体による同一の請求を制限すること（消費者契約法12条の2第1項2号本文）などが規定された。とりわけ適格消費者団体に訴権がある（差止請求に係る訴えを提起できる）ことを当然の前提とする消費者契約法第3章第3節（訴訟手続等の特例）が用意された点に鑑みると，いわゆる団体訴訟が日本に継受されたと見ることができる。

差止請求権の立法による承認と消費者団体訴訟法の特則化によって消費者団体

---

8) 改正法の全体像につき，内閣府国民生活局消費者団体訴訟制度検討室「改正消費者契約法の概要」金法1776号（2006年）24頁以下，同「改正消費者契約法の解説」NBL 837号（2006年）15頁，加納克利「消費者契約法一部改正の概要」ジュリ1320号（2006年）48頁以下。立法論議の沿革については，上原敏夫「団体訴権をめぐる議論の沿革」法律のひろば58巻11号（2005年）12頁以下に簡潔にまとめられている。

9) 消費者庁消費者制度課編『逐条解説 消費者契約法［第5版］』（商事法務，2024年）225頁，松本恒雄＝上原敏夫『Q＆A消費者団体訴訟制度』（三省堂，2007年）6頁，30頁，第19次国民生活審議会消費者団体訴訟制度検討委員会「消費者団体訴訟制度の在り方について」報告書（2005年）3頁。ただし，適格消費者団体に差止請求権を付与する旨が法律上明言されているわけではない。

10) 請求制限の規律の位置付けについては，上原敏夫「消費者団体訴訟制度（改正消費者契約法）の概要と論点」自由と正義57巻12号（2006年）69頁以下，髙田昌宏「団体訴訟の構造と機能」伊藤眞＝山本和彦編『民事訴訟法の争点』（有斐閣，2009年）33頁，同・前掲注1）305-306頁など参照。なお，適格消費者団体相互の判決効拡張は予定されない。

11) 三木浩一「第三の法実現の担い手としての団体訴訟制度」同『民事訴訟による集合的権利保護の立法と理論』（有斐閣，2017年）351-352頁［初出2015年］は，私法領域における第三の法実現の担い手として消費者団体を把握している。法実現の担い手に関する議論としては，田中英夫＝竹内昭夫『法の実現における私人の役割』（東京大学出版会，1987年）34頁以下なども参照。

12) 消費者団体訴訟法の特則性又は諸問題につき，上原敏夫「わが国の『消費者団体』のあ

訴訟が創設されるという結末について，訴訟法の観点から見て特異と思われるのは，訴訟法制の一種でもある団体訴訟が実体権の付与という形で実現された点にある。このような決断は，ある意味では実体法と訴訟法の協働の結果であるということができるかもしれないが，民事実体法に属する消費者契約法の改正によって訴訟制度が整備されるというのは倒錯ではないかとの一抹の疑念を生じさせる。この疑念を払うための一つの手懸りは，次の集団的利益に関する学説の議論の蓄積に見て取ることができるだろう。

2　学説による集団的利益の定位

1　集団的利益と民事訴訟法学

集団的利益とは，相当数の人に共通する性質を有する法的利益であり，個別的利益と公的利益の中間に位置付けられるものと解される。このような特殊な利益が訴訟法上どのように考慮されるかを解明することは，民事訴訟法学の抱える課題の一つであった。そして，この課題について，いくつかの異なる角度から照射された結果，集団的利益を論じることの訴訟上の意義は次第に明らかにされることとなる。

り方と団体訴権について」月報司法書士374号（2003年）13頁以下，河村好彦「団体訴訟制度の意義および問題点——処分権主義・弁論主義の適用などを中心として——」民事訴訟雑誌49号（2003年）214頁以下，同「団体訴訟制度の意義および問題点——処分権主義・弁論主義の適用などを中心として——」法学研究（慶應義塾大学）77巻2号（2004年）71頁以下，三木浩一「消費者団体訴訟制度の立法的課題」同『民事訴訟による集合的権利保護の立法と理論』（有斐閣，2017年）2頁以下［初出2004年］，菱田雄郷「消費者団体訴訟の課題」法律時報79巻1号（2007年）96頁以下，笠井正俊「適格消費者団体による差止請求に関する諸問題」NBL959号（2011年）27頁以下など。

13) 消費者団体に対して行政が適格認定を与えるという仕組みが新設された点でいえば，実質的には行政法とも協働している。当時の消費者団体の準備状況を紹介するものとして，磯辺浩一「適格消費者団体を目指す団体の実情と課題（1）」自由と正義57巻12号（2006年）92頁以下，同「消費者団体訴訟への取り組み——消費者機構日本の場合」法律時報79巻1号（2007年）102頁以下，黒木理恵「適格消費者団体を目指す団体の実情と課題（2）」自由と正義57巻12号（2006年）98頁以下など。

14) 升田純「消費者団体の差止請求権の機能と実務」ジュリ1320号（2006年）72-73頁。

15) 山本和彦「集団的利益の訴訟における保護」同『民事訴訟法の現代的課題』（有斐閣，2016年）479頁注1［初出2013年］。高橋・前掲注1）303-304頁の記述も参照。本目での整理は，山本和彦教授の同論文における分析視角と近い。

その端緒は，伊藤眞教授の紛争管理権論によって集団的利益の存在が原告適格の解釈に包摂された点に認められる[16]。紛争管理権論は，紛争利益の一体性が認められる紛争について，訴訟提起前に重要な紛争解決行動をとった者に紛争管理権が発生し，その紛争管理権によって紛争利益の帰属主体でない者にも当事者適格が認められるとする考え方である[17]。この考え方によれば，紛争管理権者が紛争過程で主張する一体としての利益が集団的利益であるといえ，当該利益は訴訟を通じて権利性が確立されることになる[18]。この紛争管理権論は，紛争の基礎にある実体的利益の特性に応じた新たな訴訟理論を定立する優れた考え方であったものの，法定訴訟担当でも任意的訴訟担当でもない紛争管理権論を採用することはできない旨を（その傍論的意見として）判示した最判昭和 60 年 12 月 20 日集民 146 号 339 頁（いわゆる豊前火力発電所操業差止訴訟）などを契機に[19]，紛争管理権者は環境差止訴訟に係る任意的訴訟担当者たり得るとの性質決定が示されることとなった[20]。このような性質決定によって伝統的な訴訟理論との連続性がさらに意識され，その一般理論たり得る性格が浮き彫りになったようにも見て取れる。しかし一方で，紛[21]

---

16) 伊藤・前掲注 1) 90 頁以下参照。

17) 伊藤・前掲注 1) 112 頁，119-120 頁。

18) 伊藤・前掲注 1) 122 頁，138-139 頁。伊藤眞「ドイツ連邦共和国における環境保護と団体訴訟（一）」民商法雑誌 83 巻 2 号（1980 年）193 頁以下，同「ドイツ連邦共和国における環境保護と団体訴訟（二・完）」民商法雑誌 83 巻 3 号（1980 年）368 頁以下で展開される比較法的検討では，紛争管理権が（行政訴訟において想定されるものも含む）集団的利益論を包摂する理論構成であることが敷衍される。

19) この判決に関して，高橋宏志『重点講義 民事訴訟法 上［第 2 版補訂版］』（有斐閣，2013 年）294 頁，295 頁注 40 は，解釈による法定訴訟担当の一種として理解され得たと喝破する。さらに，高橋宏志『民事訴訟法概論』（有斐閣，2016 年）95-96 頁は，紛争管理権論を訴訟担当論に還元しているようにも読めるが，紛争管理権論が訴訟担当論と符合するかについては一考の余地もある。伊藤眞「判批」淡路剛久ほか編『環境法判例百選［第 2 版］』（有斐閣，2011 年）23-25 頁などでは，紛争管理権と訴訟担当の関係について必ずしも明言されない。

20) 伊藤眞「紛争管理権再論──環境訴訟への受容を目指して」竜嵜喜助先生還暦記念『紛争処理と正義』（有斐閣，1988 年）222-223 頁。同稿 211 頁にある通り，本案勝訴可能性の観点から，本案で審理される一体的な利益（集団的利益）及び判決効の内容を明らかにする趣旨の修正であった。福永有利「訴訟機能と当事者適格論」同『民事訴訟当事者論』（有斐閣，2004 年）215-217 頁［初出 1981 年］などによる紛争管理権論に対する批判も参照。

21) 伊藤・前掲注 1) 105 頁，138 頁は，個別的利益を前提とする金銭請求訴訟を基本的には

争管理権論が仮託された任意的訴訟担当の成立には授権が必要とされるため[22]，集団的利益を措定することの意義は後退し，紛争管理権の前提には被担当者の実体的利益が設定されることとなった。[23]

次に，訴えの利益論の中に集団的利益の存在を解消させた谷口安平教授による本質的集団訴訟論が登場する。この考え方は，多数人が一定の集団的利益を主張しているという事実によって初めて（差止訴訟の）訴えの利益が備わり，当該主張が実体的に是認されるか否かの判断を受ける資格が生じる，との理論構成を試みるものである[24]。この構成は，集団的利益の実在性ないし要保護性を主張の数によって実証しようとするものと捉えることができるが，利害関係人による集団的関与が必要とされる[25]点からすると，結局は個別的利益を集積する形での一種の多数当事者訴訟を導くものにすぎないようにも思われる[26]。すなわち，ここで措定された集団的利益は，個別的利益に還元される性質のものであったといえるだろう[27]。

理論の射程から外しながらも，紛争の一体性が強まる場合には紛争管理権論が妥当し得ることを示唆している。そのため，第3章**第 1 節**‖**1**で見るように，共通義務確認訴訟もその射程に含まれると見る余地すらある。

22) 任意的訴訟担当における授権に関しては様々な理解があり得たところ，最判平成28年6月2日民集70巻5号1157頁によって訴訟追行権の授与（授権）が必要である旨が明示された。同最判に関連する議論の概要については，松永栄治「判解」最高裁判所判例解説民事篇平成28年度（2019年）336頁以下，水元宏典「判批」高田裕成ほか編『民事訴訟法判例百選［第6版］』（有斐閣，2023年）30頁，八木敬二「判批」一橋法学17巻2号（2018年）531頁以下など。

23) このことから窺われるように，紛争管理権論の主眼は統一的な原告適格論の提示（紛争管理権の析出）にあり，集団的利益を捕捉しようと個別的利益との間に線を引いたことは，派生的な解釈の一つにすぎなかったと考えられる。井上治典＝高橋宏志編『エキサイティング民事訴訟法』（有斐閣，1993年）205-207頁［伊藤眞発言，井上治典発言］も参照。他方で，より積極的に（集団的利益とは区別される）個別的利益の集積を介した任意的訴訟担当の活用を志向するものとして，堀野出「団体の任意的訴訟担当について――差止請求訴訟における有用性とその限界」同志社法學47巻2号（1995年）491頁以下がある。

24) 谷口安平「集団訴訟の諸問題」同『多数当事者訴訟・会社訴訟』（信山社出版，2013年）320-321頁［初出1982年］。

25) 谷口・前掲注24) 320頁。

26) 谷口・前掲注24) 303頁では，原告側の多数人を糾合するというニュアンスの強い集団訴訟という呼称が用いられてもいる。

27) この点に関して，高田裕成「訴えの利益・当事者適格」ジュリ971号（1991年）214頁は，本質的集団訴訟論の措定する集団的利益が本来的には個人の利益の総和を超えた利益

その後，集団的利益論の方向性を決定付けたのが，福永有利博士によって提唱された集団利益訴訟論である。この集団利益訴訟論は，集団的利益を審理対象たる実体的利益として積極的に承認し，新たな訴訟類型として構築すべきことを説く[28]。具体的には，(不特定)多数人によって構成される集団自身がもつ固有の私的な利益(集団利益)を直截に訴訟によって保護・実現することを構想し[29]，立法によって実体的権利の認められた団体をその行使主体とすることが提案された[30]。この考え方は，前述のように訴訟担当と接合された紛争管理権論や一種の多数当事者訴訟を帰結する本質的集団訴訟論があくまで訴訟理論の発展に伴う個別的利益の主張方法の変容を帰結するものと理解され，その意味で消極的に集団的利益を扱っていた(集団的利益は個別的利益の集積にすぎなかった)のと対照的である。この集団利益訴訟論に関しては，1で述べた実体法と訴訟法の協働を正面から認めるものであり，消費者団体による差止訴訟を日本において受容する一つの理論的基礎を提供したと評価できるだろう。

2　集団的利益論の意義

　ここまでの議論を集団的利益という訴訟の客体に着目して整理すると，各見解の共通点は，未解明の実体的利益(比喩的に「生成中の実体権」と綽名されることもある)として集団的利益を措定し，その行使主体・方法や判決効のあり方などの解明を試みる点に認められる。議論の当初は，集団的利益の内容よりも既存の訴訟理論への応用可能性が模索され，その意味で実体法の訴訟法的修正を導くにとどまるものであったといえる。これに対し，集団利益訴訟論は実体的利益たる集団的利益の内容それ自体に関する検討を深める契機を有するものであり，民法学からも一定の分析を試みる動きが観測される[31]。

　　　であることを看破する。
28)　福永有利「新訴訟類型としての『集団利益訴訟』の法理」同『民事訴訟当事者論』(有斐閣，2004年) 220頁以下［初出1994年］。
29)　福永・前掲注28) 220頁，230頁，232頁。
30)　福永・前掲注28) 234-235頁。
31)　森田修「差止請求と民法」総合研究開発機構＝高橋宏志編『差止請求権の基本構造』(商事法務研究会，2001年) 124-127頁，鹿野菜穂子「消費者団体による差止訴訟の根拠および要件について」立命館法學292号(2003年) 1777-1782頁，同「消費者団体訴訟の立法的課題——団体訴権の内容を中心に」NBL 790号(2004年) 59-60頁，山本豊「わが国

このような議論の経過からすると，あえて集団的利益を措定する意義は，未解明の実体的利益を訴訟法に解消させるのではなく，差止請求権という実体権として正面から認め，それを前提に適格消費者団体をその（共同）行使主体と据えるなどして訴訟上の規律を整える点に認められよう。既存の規律と対比するならば，疑似的な集団体の利益たる集団的利益を基礎に個別的利益から離れた実体権を創出する点では新たな法人格の付与に近く[32]，創出された差止請求権の行使主体たる団体相互の関係は（判決効の拡張は伴わないとしても）多数当事者訴訟に近い。

見方を変えれば，集団的利益が措定される前提には，審判対象となる実体的利益それ自体が特殊ではないか（又は個別的利益に還元できないのではないか），という意味で実体法の視点からの検証を要請する問題意識が隠れている[33]。そして，検証の結果，実体法による解決を志向する今日の適格消費者団体による差止訴訟に結実したと見ることができるだろう[34]。また，実体権の付与が帰結されることを前提とするならば，問題状況を（集団的）利益によって把捉する必然性はなく，（集団的）権利によって把捉する可能性にも開かれている[35]。

における消費者団体訴訟の制度設計」法律のひろば58巻11号（2005年）19頁以下など。現行法については，大村敦志「実体法から見た消費者団体訴訟制度」ジュリ1320号（2006年）54頁以下，山本豊「消費者団体訴権制度の基本的特色と解釈問題」法律のひろば60巻6号（2007年）39頁以下などで分析されている。

32) 高田・前掲注27) 214頁は，本質的集団訴訟論について，「その外延の明らかでない集団に『法人格』を与えたのと同様な効果を導くとともに，その種の法人にのみ帰属する実体権を構想する試みである」と分析する。ただし，疑似的な集団体に認められるのが権利ではなく利益である点を重視する場合には，法人格の付与との差異が導かれる可能性はある。

33) 実体法を再考することで保護対象となる利益の範囲を拡大するという方向性は，上原敏夫『団体訴訟・クラスアクションの研究』（商事法務研究会，2001年）252-255頁［初出1979年］で夙に示唆されているところでもあった。

34) 松本＝上原・前掲注9) 6頁では，個々の消費者に差止請求権が認められないことが指摘されている。また，上野泰男「当事者関連項目について」民商法雑誌110巻4・5号（1994年）676-677頁では，実体権の性質内容を抜きにして民事訴訟制度の利用を促進することへの疑念が表明されている。団体訴訟が民事訴訟法上の制度としては時期尚早であったことにつき，高橋宏志「紛争処理の諸制度」ジュリ1139号（1998年）115頁，小林秀之ほか「座談会 民事訴訟法改正問題の検討と展望」判タ826号（1993年）45頁［河野憲］，河野正憲「当事者適格の拡張」判タ832号（1994年）38-39頁参照。

35) 三木浩一「消費者団体訴訟制度の概要と評価」同『民事訴訟による集合的権利保護の立法と理論』（有斐閣，2017年）30-32頁［初出2006年］などでは，ブラジル法を参考に，

3 判例による集団的利益の閑却

集団的利益論について (受容するかどうかはともかく) 学説が積極的な議論を繰り広げたのと対照的に，民事の裁判例では[36]，集団的利益それ自体が議論の俎上に上がることはほとんどなかったといってよい[37]。労働組合に関して，熊本地八代支判昭和 42 年 12 月 27 日労働関係民事裁判例集 18 巻 6 号 1296 頁，同労働判例 56 号 15 頁で組合員とは別個の利益としての労働組合の利益が集団的利益と表現されている例は見られるものの，その意義は明らかでなく，組合を脱退する組合員の利益とは異なる利益であるということしか読み取ることができない。

差止請求に関していえば，集団的被害という表現を使って類似の問題を論じるものとして，名古屋地判昭和 55 年 9 月 11 日判時 976 号 40 頁 (東海道新幹線騒音事件) がある。同様に，最大判昭和 56 年 12 月 16 日民集 35 巻 10 号 1369 頁 (大阪国際空港事件) における環昌一裁判官の意見では，個々人の被る具体的損害とは別個の不利益を非財産的損害 (集団的被害) として把握することに積極的な見解が示されている (ただし，具体的な請求権が発生する要件についてはさらに検討が必要であるとされる)。

近時は，福島第一原子力発電所で発生した事故との関係で，被害回復を求める原告側の主張として集団的利益に関する議論が援用されているものがあるが (福島地判令和 5 年 3 月 14 日裁判所ウェブサイト)，裁判所によって集団的利益論が受け入れられている状況にはない。こうした裁判所の消極的な姿勢は，集団的利益を訴訟法に解消させて理論の発展を目指すのではなく，集団的利益の内実を実体法の

差止請求権を拡散的権利の問題と整理される。堀野・前掲注 23) 491 頁以下も権利による把握を試みるものと思われる。

36) 行政事件では，東京地判昭和 59 年 6 月 13 日行政事件裁判例集 35 巻 6 号 720 頁，最大判平成 17 年 12 月 7 日民集 59 巻 10 号 2645 頁における藤田宙靖裁判官の補足意見，東京高判平成 24 年 7 月 19 日 (判例集未登載)，札幌高判令和 6 年 2 月 16 日 (判例集未登載) で集団的利益論が展開されている。刑事事件では，名古屋地豊橋支判昭和 48 年 3 月 30 日判タ 295 号 400 頁が集団的利益に言及する。

37) 裁判所法 3 条 1 項の「法律上の争訟」概念を巡る最高裁判例を素材とし，集団的利益を含む中間的利益が裁判所の審判対象から零れ落ちてしまう可能性を素描したものとして，八木敬二「民事訴訟と中間的利益」成蹊大学法学部編『未来法学』(有斐閣，2022 年) 177 頁以下がある。

見地から解明するという学説の動向にも一定の影響を与えていると思われる。

Ⅱ 集団的消費者被害回復裁判に向けた試み

1 選定当事者制度の活用

1 訴訟手続の簡明化

　差止請求に関する議論の展開とは異なり，個々の消費者に発生した被害の回復は，個別的利益の侵害が前提となる。換言すれば，被害回復の局面において集団的利益を措定する必然性はなく，係争利益は個別的利益にすぎないのが通常である。したがって，この文脈で係争利益の集団化が論じられる際には，多数の個別的利益が審判対象となっている（あるいは，訴訟当事者が多数である）ことを前提に，いかに訴訟手続を簡明なものにするかという議論が展開されることとなる。そして，そのような議論の舞台であると考えられていたのが，民事訴訟法30条の選定当事者制度であった。[38]

　選定当事者制度は，「共同の利益」を有する多数の者が，その中から全員のために原告又は被告となるべき一人又は数人を選定し，被選定者を当事者（選定当事者）とする制度である（民事訴訟法30条）。沿革としては，イギリスのRepresentative Action を範型とした制度と認識され，[39] 大正15年改正（大正15年4月24

---

[38] 　選定当事者制度と同じく大正15年改正で採用された民事訴訟法29条（法人でない社団又は財団に当事者能力を認める規定）も，手続を簡素化する機能を有する。同条に関しては，財産管理人の訴訟上の地位という視角から訴訟法上の代理・訴訟担当・民事訴訟法29条の役割分担のあり方を問い直す岡成玄太『いわゆる財産管理人の訴訟上の地位』（有斐閣，2021年）283頁以下［初出2018-2019年］が示唆に富む。また，共通の訴訟代理人を選任することでも同様の機能を達成できる（高橋宏志『重点講義　民事訴訟法　下［第2版補訂版］』（有斐閣，2014年）412頁）。

[39] 　斎藤秀夫ほか編『注解民事訴訟法（2）［第2版］』（第一法規出版，1991年）50-52頁［小室直人＝大谷種臣］，新堂幸司＝小島武司編『注釈民事訴訟法（1）』（有斐閣，1991年）444-445頁［徳田和幸］，河野正憲「当事者」塚原朋一ほか編『新民事訴訟法の理論と実務　上』（ぎょうせい，1997年）155頁，坂本恵三「選定当事者制度の機能と問題点」青山善充＝伊藤眞編『民事訴訟法の争点［第3版］』（有斐閣，1998年）76頁，吉垣実「イギリス代表訴訟手続きについて──わが国の選定当事者制度と消費者団体訴訟制度への示唆──」大阪経大論集56巻2号（2005年）112頁，小島武司＝小林学「共同訴訟から集合訴訟へ」

日法律第61号）の際に民事訴訟法に採用された規律となっている。当初は，管理人・代表者の定めがない入会関係などで多数人が当事者となると訴訟が錯雑となって不便であるということから，訴訟当事者の数を少なくする趣旨の制度であると考えられていた。

2 少額多数被害の回復

その後，現代型訴訟の登場とともに，アメリカのクラス・アクションを参考にした学説上の議論が一定の盛り上がりを見せ，少額・大量の権利の実現に資する仕組みではないかという問題意識が共有されるとともに，立法による解決も試みられた。実現には至らなかったものの，選定当事者を含む任意的訴訟担当とクラス・アクションの径庭に関心が寄せられたことで，選定当事者制度にクラス・ア

桐蔭法学18巻1号（2011年）48頁。イギリスの現行（2023年4月6日の修正後）規定でいえば，民事訴訟規則（Civil Procedure Rules）19.8に対応する規定があり，代表訴訟の原告がsame interestを有することなどが要件とされている。

40) 染野義信「任意的訴訟担当の許容性とその限界」三ケ月章＝青山善充編『民事訴訟法の争点』（有斐閣，1979年）90頁，新堂＝小島編・前掲注39）444-445頁［徳田和幸］，三宅省三ほか編集代表『注解　民事訴訟法 I』（青林書院，2002年）304-305頁［藪口康夫］で沿革が簡潔にまとめられている。任意的訴訟担当一般を視野に入れたものとして，伊東俊明「任意的訴訟担当論について——兼子理論を手がかりとして」岡山大学法学会雑誌（2018年）1頁以下も参照。

41) 松本博之ほか編『民事訴訟法［大正改正編］(3)（日本立法資料全集12)』（信山社，1993年）63頁［松岡義正］，法曹会編『民事訴訟法改正調査委員会議事速記録』（法曹会，1929年）102頁［松岡義正］。

42) 消費者保護との関係では，竹内昭夫「消費者・投資者の保護とクラス・アクション——賠償請求訴訟の掛け算——」ジュリ525号（1973年）38頁以下，谷口安平「クラスアクション運用上の諸問題——わが国への導入を考えつつ——」同『多数当事者訴訟・会社訴訟』（信山社，2013年）254頁以下［初出1973年］，新堂幸司「クラス・アクション・アレルギーの予防のために」同『民事訴訟法学の基礎』（有斐閣，1998年）185頁以下［初出1975年］など。問題状況の概観として，松本博之「消費者保護と民事訴訟」小山昇ほか編『演習民事訴訟法』（青林書院新社，1987年）66頁以下が有益である。

43) 公明党「集団代表訴訟に関する法律案」自由と正義26巻9号（1975年）64頁以下，クラス・アクション立法研究会「クラス・アクションの立法のために」ジュリ672号（1978年）17頁以下，第一東京弁護士会公害対策委員会「集団代表訴訟法案と概説」ジュリ759号（1982年）127頁以下。クラス・アクション立法研究会案の解説として，高橋宏志「代表当事者訴訟法試案の解説」ジュリ672号（1978年）22頁以下。

クションの機能を持たせることができないかという議論が展開されることになる[44]。その嚆矢は，任意的訴訟担当で緩和された形式での授権が許容されていることも参考にしつつ，団体的な結合が認められる選定当事者類型については選定行為を必須の要件としない小島武司教授の見解であったということができるだろう[45]。次いで，藪口康夫教授は，選定当事者制度をイギリスの衡平法における bill of peace を範型としたものとして再構成し[46]，潜在的な選定者への通知を介した選定要件の緩和を説いた[47]。しかし，書面による選定行為（民事訴訟規則15条[48]）が必要とされる点を克服できないという見方を覆すには至っていないのが現状であるように見受けられる[49]。

他方で，「共同の利益」要件を満たす主体（選定当事者）の範囲を「共同の利益」の保護を目的とする団体にも拡大するという方向の議論も観測される[50]。これは，

---

44) 菊井維大＝村松俊夫原著『コンメンタール民事訴訟法Ⅰ［第3版］』（日本評論社，2021年）437頁は，日本の場合には共通の訴訟代理人を選任することで訴訟関係の単純化が相当程度実現できるため，「多数の（とりわけ少額の）被害者が存在する損害賠償請求訴訟について，請求額と訴訟費用を引き合うものにして，訴えの提起を容易にするための制度」として関心がもたれたと分析する。高橋・前掲注38) 418頁も参照。

45) 小島武司「共同所有をめぐる紛争とその集団的処理」同『訴訟制度改革の理論——マクロ・ジャスティスを目ざして——』（弘文堂，1977年）128頁［初出1972年］。

46) 中村宗雄『改正民事訴訟評釈』（巖松堂，1930年）53頁，中村英郎『民事訴訟法』（成文堂，1989年）88頁でも，bill of peace に似た制度とされる。

47) 藪口康夫「現代型訴訟における当事者の拡大（四・完）——選定当事者制度の再構成——」上智法學論集41巻2号（1997年）155頁以下。安達栄司「選定当事者」早稲田法学74巻2号（1999年）473-475頁も，少額多数被害の救済手段として利用されることが選定当事者制度の本来の機能であると見る。選定の擬制を説くものとして，小林秀之『プロブレム・メソッド新民事訴訟法［補訂版］』（判例タイムズ社，1997年）105頁。

48) 平成8年改正前は民事訴訟法52条に同旨の規定があった。

49) 新堂＝小島編・前掲注39) 449頁［徳田和幸］，高橋・前掲注38) 420頁，菊井＝村松原著・前掲注44) 439頁。池田辰夫「多数当事者紛争における代表適格についての覚書——derivative suit（株主代表訴訟）の視角から——」同『新世代の民事裁判』（信山社，1996年）97頁注7［初出1977年］は，授権を要求する点で根本的な発想が異なると指摘する。同様に，長谷部由起子「選定当事者制度の改革」竹下守夫＝今井功編『講座新民事訴訟法Ⅰ』（弘文堂，1998年）124-125頁は，授権を媒介とせずに代表者の訴訟追行権が認められる Representative Action は選定当事者制度よりもクラス・アクションに近いと分析する。

50) 福永有利「当事者適格の拡張とその限界——任意的訴訟担当に関する立法を中心として——」同『民事訴訟当事者論』（有斐閣，2004年）328-330頁［初出1993年］。吉垣・前掲

クラス・アクションではなく団体訴訟としての性質を選定当事者制度に付与することにつながるものと考えることができるだろう。もっとも、判例及び学説の理解によれば、多数人による又は多数人に対する請求が同一の事実上又は法律上の原因に基づき、かつ、主要な攻撃防御方法を共通にする場合に「共同の利益」が認められると解されるところ（最判昭和33年4月17日民集12巻6号873頁、大判昭和15年4月9日民集19巻695頁）[51]、団体に認められるのは団体固有の（集団的）利益であって、選定者と共同の利益ではないのではないかという疑問がある。やや視点を変えて言えば、自分の訴訟も一緒にすることで一生懸命さを期待できることなどが「共同の利益」要件の前提にあるならば[52]、団体を選定当事者とする場合には異なる意味での訴訟への奉仕可能性が期待されているように思われる。近時は、暴力団員による不当な行為の防止等に関する法律（いわゆる暴力団対策法）の改正により、2013年1月から創設された適格都道府県センターによる差止訴訟制度（同法32条の4）[53]は、「共同の利益」を要求する選定当事者制度ではなく、異なる任意

注39) 109頁以下も同様の問題意識を有する論考と思われる。さらに、加藤新太郎＝松下淳一編『新基本法コンメンタール　民事訴訟法1』（日本評論社、2018年）101頁［名津井吉裕］は、民法上の組合について、代表者が非組合員であれば組合員には民事訴訟法30条を選択する実益があるとする。

51) 菊井＝村松原著・前掲注44) 439頁、新堂幸司『民事訴訟法［第6版］』（弘文堂、2019年）805頁、兼子一原著『条解民事訴訟法［第2版］』（弘文堂、2011年）176頁［新堂幸司＝高橋宏志＝高田裕成］、高橋・前掲注38) 413頁、伊藤眞『民事訴訟法［第8版］』（有斐閣、2023年）205頁など。

52) 兼子一「選定当事者の場合の共同の利益と補助参加の利害関係の差異」同編『実例法学全集　民事訴訟法　上巻』（青林書院新社、1963年）87頁。この意味するところについて、新堂・前掲注51) 805-806頁、兼子原著・前掲注51) 176頁［新堂＝高橋＝高田］、高橋・前掲注38) 413頁は、訴訟資料の主要部分が共通となり（相手方に対して社会観念上一団として対立しているとも表現される）、訴訟手続の簡素化・単純化が期待できると敷衍する。一方で、賀集唱ほか編『基本法コンメンタール民事訴訟法1［第3版］』（日本評論社、2008年）96頁［松本博之］及び青木哲「選定当事者」伊藤眞＝山本和彦編『民事訴訟法の争点』（有斐閣、2009年）62頁では、選定者の利益を適切に代表することが期待でき、弁護士代理及び訴訟信託の禁止の原則の潜脱にもならないとのみ記述されており、明文なき任意的訴訟担当の許容性に相当する要件ではないかとの問題意識を見て取れる。

53) この制度については、三木浩一「暴力団追放団体訴訟制度の立法的課題」同『民事訴訟による集合的権利保護の立法と理論』（有斐閣、2017年）52頁以下［初出2012年］、同「暴力団追放団体訴訟制度の概要と評価」同『民事訴訟による集合的権利保護の立法と理論』（有斐閣、2017年）74頁以下［初出2014年］。

的訴訟担当の一形態として団体を当事者とするものと理解されている[54]。

　ここで改めて確認しておくべきは，少額多数被害の回復という事後的に見出された選定当事者制度の機能は，現行法では，訴訟手続の簡明化という伝統的な制度目的の下においてのみ認められているにすぎないということである。平成8年に新しく民事訴訟法（平成8年法律第109号）が制定された際に追加的選定（民事訴訟法30条3項）の仕組みが導入されたことについても，訴えを提起して自らも当事者となった後に選定・訴訟脱退という経過を辿らざるを得なかった従来の仕組みを簡易化したものとの説明が加えられている[55]。すなわち，この追加的選定は，係属中の訴訟に訴訟外の第三者である選定者の請求を追加することを選定当事者のイニシアティブにおいて認める制度であり[56]，係属中の訴訟に当事者が追加されるいわゆる主観的追加的併合に認められる機能のうち，異なる主体の請求を審判対象に加える機能を実装したものと解される[57]。これにより，選定者に加わる用意のある者が選定者になる機会を活かしやすくなったといえる[58]。その意義については，形式的には訴訟当事者の数は減少しないものの，潜在的な選定者の数を減少させるという方法で実質的に訴訟当事者の数を減少させ，訴訟手続を簡明化するものと理解できる[59]。

---

54) 任意的訴訟担当の許容性と団体による訴訟の関係については，八田卓也「暴対法上の適格団体訴訟制度の解釈による拡張可能性について」神戸法学雑誌71巻1号（2021年）1頁以下が詳しい。

55) 法務省民事局参事官室『一問一答　新民事訴訟法』（商事法務，1996年）54-55頁，竹下守夫ほか編『研究会新民事訴訟法――立法・解釈・運用』（有斐閣，1999年）50頁［柳田幸三］。消費者関連の議論につき，山本克己「消費者契約法と民事手続法」ジュリ1200号（2001年）110-112頁も参照。

56) 高橋・前掲注38）青木・前掲注52）63頁。

57) 上野・前掲注34）673-674頁も参照。川嶋四郎「新たな選定当事者制度の救済構造について」同『民事訴訟過程の創造的展開』（弘文堂，2005年）72頁以下［初出1999年］は，請求の追加の実質を新たな参加制度（「選定参加」）と見る。追加的選定の取消しの効果については，共同訴訟になる（すなわち，主観的追加的併合状態が顕在化する）とする見解と，別訴になるとする見解がある。この議論については，竹下ほか編・前掲注55）52-53頁，57頁，高橋・前掲注38）421頁，山本和彦「選定当事者について」判タ999号（1999年）60頁など参照。

58) 賀集ほか編・前掲注52）96頁［松本博之］参照。

59) 河野・前掲注39）157頁。尾崎敬則＝清水正憲「選定当事者と広告について――大量・少額被害救済のための提言」判タ846号（1994年）42頁以下，尾崎敬則「選定当事者につ

このような理解を前提とすれば，選定当事者制度が少額多数被害の救済にはほとんど利用されていない[60]という現状は，ある意味，当初から想定済みであったと考えられよう。除外申出型のクラス・アクションについては，たしかに潜在的な訴訟当事者の数を減少させる機能が認められるものの[61]，手続への現実の参加可能性を問わない点において，潜在的な訴訟主体の追加を伴わずに訴訟外の第三者の請求のみを審判対象に加える制度であると解される。それは詰まるところ，各人の訴え提起の自由の制約と引き換えに相手方から不当な利益を吐き出させて市場の健全性を保つという公益目的の訴訟ではないかという疑念を生じさせるため，個別的利益の救済を可及的に追求してきた選定当事者制度にその役割を担わせることは必然ではなく，さらなる検討が必要であるように思われる[62]。

いて」滝井繁男ほか編『論点新民事訴訟法』（判例タイムズ社，1998年）63頁以下，藪口康夫「選定当事者」三宅省三ほか編集代表『新民事訴訟法大系——理論と実務——第1巻』（青林書院，1997年）170頁，同・前掲注47）167頁などでその重要性が指摘されていた広告の法定化は実現しなかったので，選定の需要を積極的に掘り起こすような制度にはなっていない。加入申出型のクラス・アクションとの比較につき，高橋・前掲注38）424頁注13も参照。なお，2000年10月1日から，いわゆる弁護士広告が原則自由化され，一定の遵守事項の下での広告が職務規程で認められるに至っている（弁護士等の業務広告に関する規程3条〜10条参照）。したがって，現状では選定当事者だけでなく代理人弁護士も選定者を募る広告を比較的自由にすることができるようになり，広告のためのプラットフォームへのアクセスも極めて容易になっているが，費用負担の問題はなお残る。

60) 小島＝小林・前掲注39）50頁，笠井正俊＝越山和広編『新・基本法コンメンタール民事訴訟法［第2版］』（日本評論社，2013年）146頁［下村眞美］。長島光一「環境訴訟における選定当事者制度の活用の課題」法律論叢95巻2・3合併号（2022年）99頁は，令和元年以降は弁護士の大量懲戒請求を巡る事件での被告側での活用が目立つと分析する。

61) クラス・アクションについては，淺香吉幹『アメリカ民事手続法［第3版］』（弘文堂，2016年）35頁以下，同「アメリカの大規模民事紛争『解決』——引き潮のクラス・アクションと上げ潮の広域係属訴訟」東京大学法科大学院ローレビュー11号（2016年）212頁以下，溜箭将之『英米民事訴訟法』（東京大学出版会，2016年）133頁以下など。

62) 現在，破綻必須商法との関係で相手方事業者の違法収益を剥奪する立法も検討されている。その概要については，2023年8月に第7次消費者委員会が公表した「消費者法分野におけるルール形成の在り方等検討ワーキング・グループ報告書——『破綻必至商法』を市場から排除して消費者被害を救済するために——」18-20頁参照。民事裁判手続による公益実現の意義と限界を取り上げる最近の論考として，安永祐司「行政によるエンフォースメントと訴訟によるエンフォースメントの関係」ジュリ1592号（2024年）93頁以下がある。

2 消費者裁判手続特例法の制定

そこで，次のステップとして立法されたのが，消費者の財産的被害の集団的な回復のための民事の裁判手続の特例に関する法律（平成25年法律第96号）（以下「消費者裁判手続特例法」又は「特例法」という）であると見ることができる。ここまで確認してきた内容からも窺われる通り，この種の手続が創設されるまでの道のりは決して牧歌的なものではなかった。追加的選定の不奏功と適格消費者団体による差止訴訟制度の創設に伴う消費者団体訴訟への関心の高まりを背景に立法化の機運が再燃し，様々な国を対象としてなされた組織的な比較法調査も加味した上で，いわゆる団体訴訟の一種としての消費者裁判手続特例法が制定されるに至ったのである。

消費者裁判手続特例法は，2013年12月4日に成立し，同月11日に公布された後，一定の準備期間を経た2016年10月1日に施行された。消費者裁判手続特例法に基づく被害回復裁判手続（以下「集団的消費者被害回復裁判」又は「集団的消費者被害回復裁判手続」という）は，相当多数の消費者に生じた消費者契約に関する財産的被害等について，消費者が自らその回復を図ることには困難を伴う場合がある

---

63) 特例法が立法される前になされた組織的な比較法調査については，内閣府国民生活局「ドイツ，フランス，アメリカ，オーストラリアにおける金銭的救済手法の動向調査（平成19年3月）」（2007年），消費者庁「諸外国における集団消費者被害の回復制度に関する調査報告書（平成21年3月27日）」（2009年），財団法人比較法研究センター「アメリカ，カナダ，ドイツ，フランス，ブラジルにおける集団消費者被害の回復制度に関する調査報告書（平成22年3月26日）」（2010年），集合的権利保護訴訟研究会の「外国法制調査研究」に関する一連の連載（NBL 911号（2009年）からNBL 967号（2011年）），京都弁護士会「ギリシャ・フランスにおける集団的消費者被害回復訴訟制度の運用状況に関する調査報告書」（2014年）といったものがあり，適格消費者団体による差止訴訟制度の創設を契機とした関心の高まりを如実に感じさせる。

64) 団体訴訟とクラス・アクションの比較につき，例えば，上原敏夫「団体訴訟について」法の支配127号（2002年）26頁以下，出口雅久「集団的権利保護手続に関する比較法的考察」石川明先生古稀祝賀『現代社会における民事手続法の展開』（商事法務，2002年）474頁以下，三木浩一ほか「座談会 消費者団体訴訟をめぐって」ジュリ1320号（2006年）9-13頁，中村英郎「民事訴訟の当事者——その比較法的考察」同『民事訴訟における二つの型』（成文堂，2009年）191頁以下など。伊藤眞ほか『民事訴訟法の論争』（有斐閣，2007年）263頁［山本和彦］では，団体訴訟をできるだけうまく伸ばしていく方が日本に馴染みやすいのではないか，との問題提起が見られる。

ことから、その回復を集団的に実現するための手続とされる（特例法1条）。

　その詳細な検討は第3章（日本法の検討）に委ねるとして、2段階型とも称される特徴的な手続の流れを簡単に確認しておくと、まず、第1段階目の手続として、特定適格消費者団体による共通義務確認の訴えが予定される。この訴えにつき訴え却下又は請求棄却判決がなされた場合にはそこで手続が終了することになるが、請求認容判決がなされた場合は、共通義務確認訴訟を追行した団体によって簡易確定手続の開始が申し立てられる。手続への参加を望む対象消費者による簡易確定手続申立団体に対する授権の後、同団体によって裁判所への債権届出がなされることとなる（特例法33条1項）。簡易確定手続では、債権届出に対する相手方の認否がなされた後、争われた債権について裁判所による簡易確定決定がなされ、簡易確定決定に異議がある場合は異議後の訴訟に移行し、終局的な解決が図られ

---

65) 令和4年改正（令和4年法律第59号）により、手続の対象に精神上の苦痛を受けたことによる損害も含まれることとなった。

66) 特例法の想定する消費者紛争の実態については、伊藤眞『消費者裁判手続特例法［第2版］』（商事法務、2024年）3-9頁、山本和彦『解説　消費者裁判手続特例法［第3版］』（弘文堂、2023年）1-3頁など。

67) 適格消費者団体のうち、特例法71条による内閣総理大臣の認定（以下「特定認定」という）を受けたもののことである（特例法2条10号）。その実状につき、池本誠司「適格消費者団体等における組織・運営の実態と課題」現代消費者法59号（2023年）137頁。特例法の手続における団体の役割については、大屋雄裕「消費者問題の現在と未来」生活協同組合研究566号（2023年）18頁も参照。

68) 共通義務とは、「消費者契約に関して相当多数の消費者に生じた財産的被害等について、事業者が、これらの消費者に対し、これらの消費者に共通する事実上及び法律上の原因に基づき、個々の消費者の事情によりその金銭の支払請求に理由がない場合を除いて、金銭を支払う義務」（特例法2条4号）であると考えられる。

69) 簡易確定手続とは、「共通義務確認訴訟の結果を前提として、消費者裁判手続特例法の規定による裁判所に対する債権届出に基づき、相手方が認否をし、その認否を争う旨の申出がない場合はその認否により、その認否を争う旨の申出がある場合は裁判所の決定により、対象債権の存否及び内容を確定する裁判手続」（特例法2条7号）とされる。

70) 1段階目の手続（共通義務確認訴訟）の場合と異なり、この授権が2段階目の手続（簡易確定手続）における団体の訴訟追行権を基礎付けている。伊藤・前掲注66) 123-125頁、山本和彦・前掲注66) 235-237頁参照。

71) 異議後の訴訟とは、簡易確定決定に対して適法な異議の申立てがあった後の当該請求に係る訴訟（特例法2条8号）とされる。基本的には通常の給付訴訟の規律がこの訴訟にも適用される（伊藤・前掲注66) 163頁以下、山本和彦・前掲注66) 287頁）。

ることとなる（第2段階目の手続）。

　このような2段階型の手続の実践的な意義は，共通義務が確認され，その結果を対象消費者が活用できるとすることにより，個々の消費者が訴訟手続に加わりやすくなる点に認められる。[72] **1**で確認した選定当事者制度の改正の文脈に位置付けるならば，消費者の提訴困難（ひいては追加的選定の困難）と授権の必要を前提に，訴訟手続を一定の段階まで進めて勝訴可能性を高めておくことで，消費者の主体的な参加可能性を回復しようとするものだということができる。[73] すなわち，眠っている権利を蘇らせるという追加的選定と同じアプローチを採用した制度といえるだろう。[74] したがって，少額多数被害の回復に資する面を有してはいるものの，特例法は必ずしも少額被害[75]を対象としたものではなく，同種多数被害の簡明な処理を実現するものにすぎない。[76] 損害額の多寡にかかわらず，今後より多くの

---

72)　加納克利ほか「集団的消費者被害救済制度の検討状況について」NBL 963号（2011年）51頁，伊藤眞＝加納克利「インタビュー　集団的消費者被害救済と新たな訴訟制度の創設について」NBL 965号（2011年）13頁［伊藤眞，加納克利］など。

73)　このような理解によれば，当事者の自己決定を豊穣化ないし個人の尊厳を確保することを民事訴訟の目的とする見方（垣内秀介「民事訴訟制度の目的とADR」伊藤眞先生古稀祝賀論文集『民事手続の現代的使命』（有斐閣，2015年）148頁）とも特例法の手続は齟齬はないと考えられる。

74)　竹下ほか編・前掲注55）50頁［柳田］参照。控訴審につき，竹下ほか編・前掲注55）54-56頁。

75)　科学技術の進展した現代社会において，少額多数被害の「救済」を民事裁判手続によって達成する必要性は低下した反面，ADR・ODR（Online Dispute Resolution）を巡る議論の進展が一定の影響を持つようになってきたと思われる。消費者ADR・ODRの現状の概観として，山田文「消費者紛争ADR・ODRの変遷と課題」現代消費者法59号（2023年）119頁以下参照。消費者被害全般を視野に入れた際の集団的被害回復裁判手続の位置付けや種類については，松本恒雄「消費者被害の救済と抑止の手法の多様化」同『消費者被害の救済と抑止』（信山社，2020年）3頁以下，大澤彩『消費者法』（商事法務，2023年）381頁以下など参照。

76)　他方で，八田卓也「民事上の手続を利用した消費者被害救済のスキーム」論ジュリ25号（2018年）180-181頁や同「消費者の集合的な被害救済のための民事上の手続に関するヨーロッパと日本の動向」神戸法学雑誌68巻4号（2019年）172頁は，消費者裁判手続特例法上の手続について，対象消費者の（明示の）授権を必ずしも要求しない形で損害額なども確定する手続（すなわち共通義務確認訴訟に重きを置かない手続）へと発展させる方向性を示唆する。このような方向性は，訴訟の効率化の観点から基本的に首肯されるべきと思われるものの，本書ではそれと異なる視点から問題状況を捉えている。

事例に適用されることで同種多数被害の実効的救済が促進される未来に期待が寄せられるが，現実は非情である。

3 消費者裁判手続特例法の改正

1 現状と改正の内容

消費者裁判手続特例法も万全ではなく，追加的制定と同様に，制度利用の低迷という悩みを抱えることとなった。その状況を改善すべく，2023年10月1日に施行された令和4年改正（令和4年法律第59号）[77]では，主に次のような改正がなされた。すなわち，慰謝料への適用対象の拡大，共通義務確認訴訟段階での終局的な和解の許容（特例法11条），情報提供ないし情報取得手段の充実化，「消費者団体訴訟等支援法人」による特定適格消費者団体への金銭的支援の明文化（特例法98条以下）などである[78]。とりわけ，特例法の制度利用の低迷は原告団体の財政的基盤の脆弱さによるところが大きかったとされているため，支援方法が整備されたことは今後に向けて一定の意義があると思われる[79]。

そして，現在，特例法の適用例は8件存在している[80]。社会の耳目も集めた第1号事件である東京医科大学不正入試事件については，共通義務確認判決が一部認容された後（東京地判令和2年3月6日消費者法ニュース124号308頁），簡易確定手続に

---

77) 改正の全体像につき，伊吹健人ほか「消費者裁判手続特例法改正の概要」NBL 1224号（2022年）75頁以下，山本和彦「消費者裁判手続特例法の見直しとその意義の再確認」生活協同組合研究566号（2023年）5-12頁，上原敏夫＝松本恒雄『新しい消費者契約法・消費者裁判手続特例法 解説＋全条文』（三省堂，2023年）64頁以下。立案段階の議論につき，笠井正俊「消費者裁判手続特例法の見直しに向けて検討すべき課題」現代消費者法50号（2021年）36頁以下，山本和彦「消費者裁判手続特例法の改正に向けて」現代消費者法54号（2022年）42頁以下参照。

78) 山本和彦・前掲注66）48頁以下。

79) 支援の実情の紹介として，河野康子「適格消費者団体への支援」生活協同組合研究566号（2023年）52-57頁。

80) このうち，改正前に特例法の適用例となった4件の状況を伝えるものとして，鈴木敦士「東京医科大学に対する入試差別に関する損害賠償請求事件」現代消費者法50号（2021年）4頁以下，鈴木さとみ「順天堂大学に対する入試差別に関する損害賠償請求事件」現代消費者法50号（2021年）8頁以下，瀬戸和宏「株式会社ONE MESSAGEほか1名に対する損害賠償請求事件」現代消費者法50号（2021年）12頁以下，長田淳「給料ファクタリング事業者に対する集団的消費者被害回復請求事例報告」現代消費者法50号（2021年）16頁以下がある。

移行し，558 人（債権個数 855 個）の被害が回復され，回収額は総額で 68,359,012 円にのぼったことが報告されている。そのほか，裁判外の返金申入れ活動も含めると，20 件程度が活用例であると考えることもできるだろう。[81]

　以上のような活動を踏まえた改善点を精査することで見える現況の評価には一定の幅があると考えられるものの，特定適格消費者団体が 4 団体，提訴数 8 件という現状と年間 90 万件程度ある消費生活相談件数などを合わせて考えると，より実効的な制度とするためのさらなる見直しが必要とされることは想像に難くない。その意味で，令和 4 年改正後もなお悩みが尽きないと考えられよう。[82]

2　集団的利益論と消費者裁判手続特例法

　その悩みを診断するにあたり，集団的利益論に改めて立ち返ってみると，同種多数被害の際に問題となる実体的利益は，被害者ごとに複数存在するか，全被害者又はその集団を主体とする一個の実体的利益か，どちらかになりそうである。[83] しかし，消費者裁判手続特例法は，共通義務確認訴訟の後に手続対象者が加入するいわゆる 2 段階型を選択し，双方の折衷を図った手続を創設した。被害者ごとに個別的な権利の帰属を認める限り，損害額の算定の際に個別事情を考慮する必要が生じるので，共通義務の確認と損害額の確定を分ける 2 段階型の手続の合理性・正当性は一応承認されてよいように思われる。[84]

　もっとも，2 段階型の手続を選択したことに伴い，従来の集団的利益論では捉えにくい手続になったことは否定し難い。特に，集団的利益に纏わる議論は多かれ少なかれ未解明の実体的利益（具体的には差止請求権）を構想する試みであったことからすると，被害者に個別的な請求権が発生することを前提とする特例法の手

---

81)　裁判外での返金申入れの成果を報告するものとして，消費者支援機構関西（KC's）「特定適格消費者団体としての被害回復活動（消費者裁判手続特例法）」消費者法ニュース 124 号（2020 年）176 頁などが現状把握の参考になる。
82)　小島＝小林・前掲注 39）61 頁では，複数の集合訴訟制度を併用する方向性が示唆される。
83)　福永有利「多数当事者紛争における利害関係人の地位」新堂幸司編集代表『講座民事訴訟 3　当事者』（弘文堂，1984 年）195-202 頁参照。
84)　三木浩一「消費者集合訴訟制度の理論と課題」同『民事訴訟による集合的権利保護の立法と理論』（有斐閣，2017 年）273-274 頁［初出 2014 年］など参照。小島＝小林・前掲注 39）61 頁は，2 段階型訴訟案について，民事訴訟理論が進化する契機が潜むのではないかと期待する。

続はそもそも集団的利益の問題ではないのではないか，という疑問も生じる。この点は第3章で詳細な検討を加えるとして，集団的消費者被害回復裁判の原告となる消費者団体に求められる特定認定（特例法71条）が消費者契約法13条に基づく適格認定を実質的に加重するもので，特定適格消費者団体相互の法関係も類似していることからすると（訴訟の結果につき消費者契約法12条の2及び特例法10条，関係業務につき消費者契約法23条及び特例法81条，84条など），両手続の関連性自体は肯定できそうである。

　この関連性の淵源については，消費者団体差止訴訟の基礎にある集団的利益論に由来すると仮定して本論を進めることができるように思われるが[85]，どのような切り口から特例法の手続を理解すべきかは未だ定まっていない[86]。

---

85)　例えば，山本和彦・前掲注15) 500頁では，集団的利益論の文脈において共通義務確認訴訟を理解する方向性が示されている。また，後藤健ほか「共通義務確認訴訟と異議後の訴訟について」判タ1429号（2016年）26頁でも，共通義務確認訴訟は適格消費者団体による差止請求訴訟とは異なる内容を有する消費者の集団的利益の実現を図るものであるが，適格消費者団体に一定の権限を与えることで消費者の集団的利益を図る目的を有する点で共通するとの分析がなされている。同様に集団的利益を措定するものとして，島川勝「消費者裁判手続特例法における理論と実務」法律時報86巻11号（2014年）109頁，薗田史「米国クラスアクションにおける手続保障」九州法学会会報2019年27頁，宗田貴行『消費者団体訴訟の理論』（信山社，2021年）243-249頁などがある。

86)　伊藤眞「消費者被害回復裁判手続の法構造」法曹時報66巻8号（2014年）2038頁以下では，適格消費者団体による差止訴訟との比較が前置されながらも，集団的利益とは無関係に議論が進められている。また，集団的消費者被害救済制度専門調査会（第4回）議事録38頁［三木浩一発言］では，同一事案に関する訴訟の反復を避ける規律について，事後救済型の訴訟の場合にはクラスの範囲が細分化し得るため，差止訴訟の場合と異なり，先行する訴訟で扱われていない問題に関する再訴を許容すべき旨が指摘されている。この三木教授の指摘は，たとえ適格消費者団体による訴訟であったとしても，差止訴訟の場合と異なって現実に被害が生じていること，その被害状況が複数あり得ることから，差止訴訟とは異なる考慮をする必要があること（すなわち集団的利益論では必ずしも特例法の手続を捉えきれないこと）を示唆するものと考えられる。

III 拡散的利益と消費者裁判手続特例法

1 拡散的利益の救済

　民事訴訟法学が特例法を含む消費者団体訴訟を現状どのように受け止めているかを再確認してみると、集団的利益の認められる集団体があくまで疑似的であることからか、集団的利益に関する問題状況は、拡散的利益という分類によって語られることが多いように見受けられる[87]。もっとも、その定義は一様ではなく、例えば、拡散的利益とは、「環境保護の利益や消費者の利益など不特定多数人によって共同で享受されている利益」と説明される[88]。しかし、被害ないし利益が不特定多数の者に拡散しているという状況がどのような理論的帰結を導くかは定かでなく、Ⅱ1で見た選定当事者制度（特に追加的選定）との関係で個別的利益として拡散的利益が語られているようにも見受けられる[89]。そのため、拡散的利益の内容

---

[87] 中野貞一郎ほか編『新民事訴訟法講義［第3版］』（有斐閣、2018年）172頁［福永有利］、新堂・前掲注51）288頁、伊藤・前掲注51）205頁、小島武司『民事訴訟法』（有斐閣、2013年）255-256頁、山本弘ほか『民事訴訟法［第4版］』（有斐閣、2023年）114-115頁［長谷部由起子］、長谷部由起子『民事訴訟法［第4版］』（岩波書店、2024年）156頁、三木浩一ほか『民事訴訟法［第3版］』（有斐閣、2018年）382頁［垣内秀介］、小林秀之編『法学講義　民事訴訟法』（弘文堂、2018年）51-52頁［川嶋四郎］、渡部美由紀ほか『民事訴訟法』（日本評論社、2016年）58頁［鶴田滋］など。

[88] 伊藤・前掲注51）205頁、中野ほか編・前掲注87）172頁［福永］。そのほか、三木ほか・前掲注87）382頁［垣内］、渡部ほか・前掲注87）58頁［鶴田］は「環境保護に関する利益や消費者一般の利益など、不特定多数の者に帰属する」利益、山本弘ほか・前掲注87）114頁［長谷部］、長谷部・前掲注87）1526頁は（不特定）「多数人によって共有されているために個々人の訴訟追行は困難であるような利益」、山本和彦『Law Practice 民事訴訟法［第5版］』（商事法務、2024年）76頁［山田文］は「環境の保護、景観の保持、消費者の利益の保護のように、不特定多数の人が享受する利益」とするなど、論者による微妙なニュアンスの違いが認められる（川嶋四郎『民事訴訟法』（日本評論社、2013年）113頁注115は、拡散的利益の性格は様々であるとする）。

[89] 例えば、兼子一＝竹下守夫『新版　民事訴訟法』（弘文堂、1993年）62頁は、拡散的利益に関する紛争を個別的利益に係る多数当事者紛争と把握していると思われる。また、集団（的）拡散的利益という表現を用いる中山幸二ほか『民事訴訟法』（不磨書房、2003年）42頁［山本研］や井上治典編『ブリッジブック民事訴訟法［第3版］』（信山社出版、2022

それ自体についても検討を深める必要があるように思われるが[90]、そのような実体的利益の内実に関する議論は第3章で改めて確認するとして、ここでは、拡散的利益の問題として論じられる手続に、消費者契約法12条に基づく消費者団体差止訴訟だけでなく、集団的消費者被害回復裁判も含まれていることのみを指摘しておきたい。

このような、個別的利益に関する手続と集団的利益に関する手続を折衷したような2段階型の手続（特に共通義務確認訴訟）の新規性から、**2**で述べるように、立案段階で議論の対象とされながらも解決を見ずに積み残された課題もいくつか認められる。

2 立案過程における議論

1 原告適格

消費者裁判手続特例法の最初の立案段階における議論を参照すると、まず、（集団的利益論にも関係する）原告の範囲については、再訴が制限されるワンチャンスの訴権を有効・適切に行使することができる者、すなわち「実質的に理由のある紛争を取り上げて分析・検討し、消費者の利益の擁護を図る観点から十分な訴訟追行を行う意思及び専門的知識・能力や事業者からの一定の独立性などが客観的に認められる者」でなければならないのではないか、また、基本的には強制執行に至るまで何らかの役割を担うであろう原告には一定の組織体制や経理的基礎が求められるのではないか、という観点が立案の前提として共有されている[91]。そ

　　年）54-55頁［井上治典］も、拡散的利益を個別的利益の亜種と捉えているように見受けられる。注88）で示した状況も併せて考えると、拡散的利益それ自体は個別的利益の一種と捉える見方が多そうである。このような拡散的利益の理解に一定の影響を与えていると考えられる研究としては、マウロ・カペレッティ＝ブライアント・ガース（小島武司訳）『正義へのアクセス』（有斐閣、1981年）15頁以下、マウロ・カペレッティ編（小島武司＝谷口安平編訳）『正義へのアクセスと福祉国家』（中央大学出版部、1987年）97頁以下を挙げることができる。

90）　髙田昌宏「団体訴訟の機能拡大に関する覚書き」福永有利先生古稀記念『企業紛争と民事手続法理論』（商事法務、2005年）54頁以下、宗田貴行『団体訴訟の新展開』（慶應義塾大学出版会、2006年）71頁以下などにおいて展開される利得剥奪訴訟へ向けた議論では、異なる種類の中間的利益について集団的利益論を応用することが示唆されているようにも見て取れる。

91）　集団的消費者被害救済制度専門調査会（以下「専門調査会」と引用する）（第10回）議

して，適格消費者団体に訴訟追行資格を認める点には異論がないものとしてまとめられたが，被害回復関係業務という新たな業務に伴って事務手続が増大することからすると，消費者団体の体制・業務規程・経理的基礎に関する一定の整備が必要であるとも指摘されていた。この指摘は，原告となる適格消費者団体に特定認定を要求する特例法 71 条において具体化されたと見ることができる。

こうした原告適格を制限する議論とは反対の，原告適格の緩和を要請する指摘もなされていたところ，消費者庁の所管からして調査会における議論が基本的に適格消費者団体を想定したもので準備が足りていないこと，専門能力を備えた適切な弁護士を具体的に特定する制度の構築が難しく，その前提として必要な弁護士強制の制度を導入することや代理構成の難点を克服するための議論が足りていないことなどが指摘され，適格消費者団体以外に原告適格を拡大するか否かについては将来の課題とされるにとどまった。

2　手続の対象事案

次に，手続対象事案の決定に関わる支配性の要件について，そもそも 2 段階型訴訟案は対象を広くとることを目的として作ったものであるから，いわゆる支配性の要件を据えるのはこの訴訟案の趣旨と異なるとされていた。そのような支配性の要件に代わる手続的な限定としては，被告が攻撃防御を尽くせるように，係争利益の把握可能性が認められることを担保する必要があるとされている。例え

　事録 15-16 頁［加納克利］。
92)　専門調査会（第 10 回）議事録 24 頁［伊藤眞］。伊藤＝加納・前掲注 72) 14-15 頁［伊藤］も参照。
93)　専門調査会（第 10 回）議事録 16-17 頁［加納］。ただ，同議事録 21 頁［大高友一］では，適格認定も一定程度厳格なものが規定されているので最低限の見直しにとどめるべきとされる。
94)　専門調査会（第 10 回）議事録 21-22 頁［三木浩一］。
95)　専門調査会（第 10 回）議事録 23-24 頁［山本和彦］。
96)　今回の立法に際して議論されたのは，個別訴訟に比して支配的であるということではなく，個別争点に比して共通争点が支配的であるという意味における支配性の要件である（専門調査会（第 13 回）議事録 14 頁［三木, 伊藤］)。
97)　専門調査会（第 5 回）議事録 13 頁, 29 頁［三木］。同議事録 27 頁［大高］も，個別争点が残る事件にも適用できるのが 2 段階型のメリットであるとする。専門調査会（第 10 回）議事録 32-33 頁［窪田充見］も参照。

ば，販売個数は分かっているが，現実に損害が生じたのはどの程度で個々の損害の内容はどのようなものになるかに関して個別性が強いとき，事業者の手続保障に配慮すること（例えば，被告から見た被害の定型性）が重要とされる[98]。

ただ，少額多数の消費者被害への利用が想定されることから[99]，簡易迅速な解決を可能にする2段階目の手続を用意することを前提とする方向で議論がまとめられている[100]。その結果，現行の2段階目の手続は簡易確定手続及び簡易確定決定を主軸とするものとなっており，それに対応する形で支配性と通称される要件が定められている[101]。すなわち，「簡易確定手続において対象債権の存否及び内容を適切かつ迅速に判断することが困難であると認めるとき」は，共通義務確認の訴えの全部又は一部は却下され得ることとなる（特例法3条4項）。一方で，被害金額が相対的に高い事件などについては，2段階目を簡易迅速ではない手続として構想する余地があることが示唆されている[102]。すなわち，2段階目で相当程度の審理を要するものであっても，特例法の手続によって効率的に処理できる紛争類型は十分に想定されるものの[103]，そのような紛争類型への対応の検討は将来的な課題とされている[104]。

---

98) 専門調査会（第5回）議事録39頁［山本和彦］，41-42頁［三木］。仲野武志「不可分利益の保護に関する行政法・民事法の比較分析」同『法治国原理と公法学の課題』（弘文堂，2018年）162-165頁［初出2013年］では，適格消費者団体による差止訴訟を立法する際にも類似の考慮ないし限度が必要となることが指摘される。
99) 専門調査会（第10回）議事録37頁［山本和彦］。
100) 専門調査会（第7回）議事録17頁［朝倉佳秀］。
101) 専門調査会（第10回）議事録41頁［伊藤］。
102) 伊藤・前掲注66）43-44頁，山本和彦・前掲注66）164頁。
103) 専門調査会（第10回）議事録33-34頁［朝倉］。同議事録40頁［沖野眞已］では，簡易迅速性は絶対的な価値ではないと指摘されている。同議事録41頁［三木］でも，被告による異議を制限するときに複雑な事件を対象とした2段階目の非訟手続がなされることへの懸念が示されているにすぎない。
104) 専門調査会（第13回）議事録11-12頁［大髙］，12-13頁［沖野］。
105) 専門調査会（第13回）議事録15頁［山本和彦］からすると，今回の立法で重視されたのは既存の手続では十分に救済されない（すなわち少額多数の被害を受けた）消費者の保護であり，その意味で支配性の要件を設定する方向で進められている。

3 共通義務確認訴訟上の和解

最後に，1段階目の手続における和解については，原告は和解との関係で処分されるべき権利を有しないにもかかわらず，実体法上の和解・訴訟上の和解をすることができるのかが明らかでないと指摘されている[106]。具体的には，被告が自らの責任を部分的に認めないことを内容とする和解がなされることを想定した場合，授権がないにもかかわらず原告が他人の権利を処分することになるので，これは和解ではないのではないか，といった疑問が呈されている[107]。これに対し，和解における互譲は緩やかに解されており[108]，第1段階目における和解は一種の第三者のためにする契約と考えられるので，援用する消費者がいれば契約上の効力は認められるとの主張がなされている[109]。この主張については，新たに権利関係を創出するのではなく既存の権利を処分するものであるにもかかわらず，第三者のためにする契約と構成することが妥当なのか，あるいは授権を追完すればよいとの論理が適切なのかとの疑義が述べられている[110]。その結果，旧法は，共通義務の存否に関する和解が認められることのみを明文で認め（旧特例法10条），両見解の折衷を図ったような解決を採用していた[111]。

---

106) 専門調査会（第8回）議事録6-7頁［三木］。
107) 専門調査会（第8回）議事録15頁［三木］。
108) 専門調査会（第8回）議事録15-16頁［山本和彦］。
109) 専門調査会（第11回）議事録37-38頁［山本和彦］。同38頁［山本和彦］では，そのような和解を認める場合，和解内容について対象消費者間の利害に反するような事態が想定されるので，利害が対立する者の一方の利益だけを尊重するような行為をしないという義務が実定法上立てられることが望ましいとされる。
110) 専門調査会（第11回）議事録39-40頁［三木］。同議事録42頁［窪田］では，共通義務確認訴訟上の和解について，一般に第三者のためにする契約で想定されるように自らの権利を処分しながら反対給付を第三者に与えるといったものではなく，まさしく第三者の権利について交渉しているという状況で，第1段階目では抽象的な共通争点についてのみのいわば潜在的授権があるに過ぎないのにそれ以上のことをやっているという点からすると，消費者の意思表示も，第三者のためにする契約における受益の意思表示というよりは無権代理における追認としての性格を有するものであって，一定の手当を必要とするのではないか，という分析がなされている。
111) 専門調査会（第11回）議事録40頁［伊藤］も参照。

3 問題関心の整理

　まとめると，まず，共通義務確認訴訟を基礎付ける理論構成が明確にされていない点が課題として挙げられる。具体的な問題として適格消費者団体以外に原告適格を認めるべきかが将来の課題とされているが，特例法はむしろ特定認定を要求することで原告適格の要件を相当程度厳格にしてしまっている。このような相反する方向性の議論が共存しているのは，共通義務確認訴訟の理論的基礎が十分に解明されていないことがそもそもの原因であるように思われる。このことは，共通義務という新たな概念が措定されたことによってより明確な問題として浮上している。

　次に，1段階目の手続が対象消費者の関与を必要としないという特徴に関連して，1段階目の手続でも損害額なども含めた訴訟上の和解が認められるか，認められるとしてどのような規律を設けるべきか，という問題が未解決であった。最後に，共通内容の先行的な確認を通じて個別的な請求権を集束するという手続の構造に関連して，手続対象範囲を拡大する余地があるのではないか，手続対象範囲を拡大するとして2段階目の手続をどのように整備するか，といった点に関する検討が積み残されている。

　このような課題の存在は，2段階型の手続（特に共通義務確認訴訟）が従来的な理論構成では捉えきれない内容を有することを傍証するものといえる。そのため，これらの積み残された課題を分析することは，特例法の手続の独自性を明らかにする上で有益であるように思われる。すなわち，共通義務確認訴訟の理論的基礎から必然的に導かれるものか否かにかかわらず，前述したような課題が残ったのは，特例法に内在する何らかの独自性ゆえであると仮定して考えることが許されよう。そして，それらの課題を複線的に検討することは，既存の手続（特に差止訴訟）との関係で特例法の手続（特に共通義務確認訴訟）を適切に位置付けることに結び付くとの目算がある。その結果，立案過程で積み残された課題を解決の道筋に乗せるための示唆を得られることも期待され，それは同時に特例法の手続の発展性を示すことにもつながるだろう。

　なお，本書の執筆に至るまでに様々な法改正が実現したため，新たな問題関心から特例法を眺めることにも一定の意義があるように思われる[112]。ただ，実験的な側面を有するとも言われる[113]特例法のプリミティブな形態を示す旧法を直視するこ

との意義は今なお失われていないと考え，特例法の理論上の基底を明らかにすべく，改正前の特例法について抱いていた問題関心を本書でも引き継いでいる。

---

112) 八木敬二「適格消費者団体等による解散申立て・破産申立ての可能性」現代消費者法 62 号（2024 年）48 頁以下は，そのような問題意識に基づく論考である。実務上の新たな問題として，令和 5 年改正によって導入された景品表示法上の確約手続と特例法による被害回復との調整が必要であるとの指摘も見られる（玉置貴広＝犬飼智香子「景品表示法における確約手続と消費者団体対応」NBL 1271 号（2024 年）54 頁以下）。確約手続を先行して導入していた独占禁止法上の議論については，宗田貴行「独禁法上の確約手続による金銭的価値の回復の意義と限界」獨協法学 120 号（2023 年）174 頁以下などを参照。

113) 山本和彦・前掲注 66) 46-47 頁，365 頁。

第2節　課題の設定

▍ 立案過程において積み残された課題

1　共通義務確認訴訟の理論的基礎

　原告適格論を含む共通義務確認訴訟の理論構成に関しては，第3章で後述するようにいくつかの理解が示されており，この点に関する検討は共通義務確認訴訟における原告適格が認められる者の範囲の拡大可能性と密接に関わってくる。**第1節Ⅱ**で前述したように，仮に一種の集団的利益に関わる手続であるならば，共通義務確認訴訟で俎上に載せられる利益は消費者団体差止訴訟で問題となる利益に近いと考えられ，既存の適格認定との類比を通じて原告の範囲を適切に画定することが期待できる。それに対し，例えば訴訟担当によって共通義務確認訴訟の原告適格が基礎付けられるとするならば，原告は被担当者の利益を保護する者と考えられるため，個別的利益を保護するための個別の法関係の解明に尽きるとの議論に相対的に向かいやすくなる。

　さらに，共通義務確認訴訟の理論的基礎を解明することは，立案過程では必ずしも意識されていなかった共通義務という新たな概念が措定された意義を明らかにすることにもつながる。すなわち，共通義務確認訴訟の訴訟物は前述した共通義務（特例法2条4号参照）であるのに対し，立案過程では共通争点という言葉が用いられていた。このように，共通義務という新たな概念が訴訟物を指し示す術語として用いられていることは，基本概念の変容を伴っていると察知する手掛かりを与えてくれるものであり，看過されるべきではない。

　したがって，先行的な確認訴訟（日本の場合は共通義務確認訴訟）の理論的基礎を探ることは，立案段階で積み残された共通義務確認訴訟における原告適格の拡大可能性を考えるとともに，共通義務という術語によって特徴付けられる1段階目の手続の理論的正当性を示す重要な前提を提供するものと考えられる。

2　共通義務確認訴訟上の和解の可否

1で述べた共通義務確認訴訟の理論的基礎に関する理解は，訴訟物（共通義務）の捉え方に関係しそうである。そうだとすると，1の内容は，共通義務に関する合意を越えた共通義務確認訴訟上の和解に関する議論の前提を成しているといえるだろう。共通義務確認訴訟上の和解の範囲については，**第 1 節** Ⅲ で前述したように，事前の授権を必要とするか，第三者のためにする契約として許容するかという点に見解の対立があった。前者の理解による場合，結局はオプトイン型の手続における和解と考え方を同じくするため，旧法のように訴訟物である共通義務の存否に関する和解（旧特例法 10 条）のみを認める規律を維持し，授権を調達している場合には広範な和解を認めるという方向性になるだろう。これに対し，後者の考え方は，訴訟物（共通義務）それ自体に関する和解とともに，あるいは訴訟終了合意のみを締結して訴訟物（共通義務）に関する和解をすることなく，紛争の大元にある被害者の個別的な請求権に関する和解を第三者のためにする契約として法的に規律するものといえる。このような新たな和解類型は，欧米における集合的な権利保護の多くが実質的に和解によって解決されていることからしても，有力な選択肢として用意されるべきものであるように思われる。

もっとも，立案段階で示されていた通り，後者の理解のように事後的な授権の調達によって原告による先行行為を承認することは，2 段階目のみを授権を前提とした手続と構成する現行法の手続構造とは異なるものである上，権利処分的な和解を事後的に追完するとの論理を用いることが適切なのか，という疑問を生じさせる。また，実体法的にみても，権利処分的な第三者のためにする契約を認めてよいのか，認められるとして通常の第三者のためにする契約と同じ規律に服するのかが必ずしも明らかでないといった問題がある。

3　手続対象範囲の謙抑性

共通義務確認訴訟の理論的基礎を解明するとともに共通義務確認訴訟上の和解の範囲が拡大され得ることを論じることの実践的な意義は，この種の手続の対象となる事案の範囲を広くとった場合に大きくなる。しかし，現行法では，支配性の要件が設定されていることとの関係で，手続の対象範囲は定型的な損害に限定されている（特例法 3 条 2 項参照）。少額多数被害として議論されてきた消費者紛争

の特性からすると，支配性の要件を前提に簡易迅速な手続を設けることには重要な意義が認められ，その意味で現行法の構造は原則的に維持されるべきものとも考えられる。ただ，共通争点に関する確認訴訟を先行させる2段階型の手続の対象事案は，本来的には，支配性と関連付けられた簡易迅速性ではなく，係争利益の把握可能性といった被告の手続保障との関係で画されるはずである[114]。そのため，2段階型の手続の活用を考えるにあたり，支配性の要件や損害の定型性は不可欠な要件ではなく，事案に応じた対象範囲の明確化を図ることなどによって被告の手続保障が担保されると見る余地がある[115]。特に，立案段階において適用範囲として想定されていた有価証券報告書等の虚偽記載等に係る事案などは同種の手続を創設するに足る紛争であるとの見方も成り立つように思われるが，消費者法とは異なる実体法の規律に配慮した議論を展開する必要性[116]が指摘されているところである。

II 検討の方針

1 比較法の対象

このような問題意識に基づき，以下では，フランス法（第1章）及びドイツ法

---

114) 第1節III参照。伊藤・前掲注66) 45頁では，支配性の要件は簡易確定手続の審理状況を想定したものにすぎないので，同要件が機能するのは例外的な場合に限られると解釈されている。また，三木浩一「日本版クラスアクションの立法について」法学研究（慶應義塾大学）86巻9号（2013年）23-24頁は，対象事案の限定について，消費者庁の所管の範囲や多くの消費者団体の現状や意識が通常の不法行為事件や人身損害事件の取扱いを必ずしも含むものではなかったこと，立法に消極的な経済界や公的機関の意向に対しての配慮があったことを指摘する。三木浩一「消費者裁判手続特例法の現在と未来――最高裁令和6年3月12日第三小法廷判決を契機として」ジュリ1600号（2024年）78頁以下に見られる悲観的な語り口は，この文脈を引き継ぐものと思われる。
115) もっとも，因果関係の立証が難しい事案については，最終的に被害者を特定することが困難であるという点から，実体法による何らかの手当が必要とされる可能性もある。専門調査会（第2回）議事録25-26頁［山本和彦］参照。また，手続対象を拡大させることの手続的な弊害としては，係争利益の把握可能性が低い場合には被告による過剰な防御を招来させるおそれがあることなどが指摘されている。
116) 専門調査会（第14回）議事録21頁［黒沼悦郎］。

(第2章)についての比較法的な検討を行う。フランスは,日本とほぼ同時期に同種の手続を導入し,その草案段階における議論が消費者裁判手続特例法の立案においても一定の影響を与えていたことに加え,より一般的な形で同種の手続を創設するに至っている点が比較法的な示唆を提供するものと思われる。また,ドイツでは,当初は個別に提起された訴訟を集束する手続しか用意されていなかったが,2018年に,消費者紛争を対象にした日本と同種の手続が立法された後,2023年の法改正で消費者の権利の集束的な実現に関する法律(Gesetz zur gebündelten Durchsetzung von Verbraucherrechten 又は Verbraucherrechtedurchsetzungsgesetz (VDuG))に規定がまとめられ,民事訴訟法(ZPO)に規定されていた確認訴訟のみならず,包括的な損害賠償金の支払を認めた被害救済訴訟(Abhilfeklage)が創設されるに至った。

これら2つの国と日本の手続の重要な共通点は,それぞれ若干の独創性を有するものの,一定の適格が認められた団体による確認訴訟を先行させる一種の2段階型の手続を認めたことである。このことは,手続の根本的な発想が親和的であることを示すものと考えることができ,一般法又はそれに近い形で同種の手続を規定し,先行的な確認訴訟段階で広範な解決を図る和解を認めるフランス及びドイツの手続を比較検討することには,(令和4年改正を経てもなお)あらゆる枷で縛られたままの日本の手続を再考する上で一定の意義が認められるだろう。

また,日本,フランス及びドイツは実体法に関する理解が類似しているという点も比較法の前提に挙げることができる。以後の章の検討の中核を成す集団的利益及び訴訟上の和解について,いずれの国においても集団的利益を実体的な利益として承認するとの議論が有力であること[117],相互に類似する実体法を前提として

[117) 立案段階において参考にされたブラジル法においても一定の有益な議論の蓄積が観測されるが,その展開はより公益に近いレベルにおいて認められるように思われることから,本稿では直接の検討対象とはしないこととする。ブラジルにおける同種の手続については,三木浩一「ブラジルにおけるクラスアクション(集団訴訟制度)の概要」同『民事訴訟による集合的権利保護の立法と理論』(有斐閣,2017年) 149頁以下 [初出2011年],アダ・ペレグリーニ=グリノーヴェル(工藤敏隆監修,前田美千代訳監訳,ツヨシ・オーハラ訳)「ブラジル集団訴訟制度の由来,特徴,諸外国への普及」法学研究(慶應義塾大学) 92巻7号(2019年) 13頁以下など参照。日本の手続との違いについては,長谷部由起子「日本版集合訴訟制度の課題」二宮正人先生古稀記念『日本とブラジルからみた比較法』(信山社,2019年) 577-579頁なども参照。

訴訟上の和解が理解されるという法状況から，前述した課題に関する日本の議論の不足を補う示唆が得られる可能性が高いといえる。これに対し，英米法圏において認められているクラス・アクションやオランダの集団的和解手続[118][119]は，手続対象者が手続から離脱する機会を現に有していることを必ずしも前提としないものであることなどから窺われるように，日本における一般的な実体法の理解（より問題点を絞るならば，意思解釈の手法ないし裁判官の役割）[120]とは着眼点に隔たりが認められる[121]。

比較法的な検討は，Ⅰで整理したように，次の3つの視点から行うものとする。1つ目は，先行的な確認訴訟を基礎付けている理論構成は何か，という視点である。前節で述べたように集団的利益論が有力な理論構成であると仮定されるが，従来的な集団的利益論とは異なる部分もあるため，その違いを明らかにするためにも集団的利益論から議論を出発し，そこからどのような意味で偏差が認められるか，その偏差が集団的利益論という枠に収まるものかどうかを検証していく。2つ目は，手続対象者の関与しない訴訟上の和解が認められる根拠は何か，という視点である。フランスもドイツも，日本とは異なって先行的な確認訴訟の段階で訴訟上の和解による解決を認めており，しかも裁判所による和解内容の審査及

---

[118] クラス・アクションの手続構造については，三木浩一「集合的権利保護訴訟の構築と比較法制度研究の意義」同『民事訴訟による集合的権利保護の立法と理論』（有斐閣，2017年）109-113頁［初出2008年］，大村雅彦「カナダ（ブリティッシュ・コロンビア州）のクラスアクションの概要（上）」NBL 966号（2011年）77頁以下など参照。

[119] オランダの集団的和解手続については，長谷部由起子「オランダの集合的和解制度の概要（上）」NBL 913号（2009年）71頁以下，同「オランダの集合的和解制度の概要（下）」NBL 914号（2009年）54頁以下参照。

[120] 法制審議会民法（債権関係）部会第50回会議議事録9頁［内田貴発言］では，オランダにおける第三者のためにする契約は受益の意思表示を必要とする点で日本と同じであると指摘されているが，手続対象者の意思を代替する形で裁判所による許可という制度が用意されている点に限っていえば，実体法上の（意思）解釈によっては説明できない形で和解が締結されているように思われる。

[121] 第1段階目の手続である共通義務確認訴訟の理論的解明を契機とした特例法の発展性を提示することを試みる本稿とは異なり，第2段階目の手続に重心を置く内海博俊教授の各論考，例えば内海博俊「少額多数被害の回復手続に要するコストの分担に関する法的議論の現状について」加藤新太郎先生古稀祝賀論文集『民事裁判の法理と実践』（弘文堂，2020年）607頁以下なども，いわば山の反対側からトンネルを掘り進めるものとして示唆に富む。

び許可という新たな制度を設けてその正当性を担保している点が注目される。最後の3つ目は，どのような事案について手続の対象としているか，という視点である。2段階型の手続は，請求権の帰属主体でなく授権もない団体による訴訟を許容する点で手続の相手方に新たな負担を強いるものであるから，その対象事案を無限定に拡大すると被告の手続保障を害するおそれがあるが，どのような紛争又は損害類型であれば手続が許容されるか，という点は今ひとつ明らかとは言い難い。そのため，少なくとも日本よりも広い範囲での請求権の集束を認めるフランス及びドイツの手続は，手続対象事案の拡大可能性を見極める上で重要な示唆を提供してくれることが期待される。

　このような3つの視点から，それぞれの理論的な課題について，一定の解答を提示することが本稿の目的である。この目的は，消費者裁判手続特例法上の手続が従来の手続との関係でどのように位置付けられるべきものか（手続の独自性），そして特例法上の手続を発展させることができるか又は発展させるために何が必要か（手続の発展性）という問いへの解答へつながるものである。その解答を明らかにするために，比較法的な検討によって得られた知見を基礎として，最後に，日本法に関して一定の示唆を得ることを試みる（第3章）。

2　訳語について

　比較法の検討に入る前に，訳語について一言しておく。フランスにおける集団的利益の概念は，intérêt collectif の訳語として既に紹介されている[122]。他方で，ドイツにおける集団的利益の概念は，その初期の議論では Gruppeninteresse の訳語としての地位も与えられてきた。ただし，現在では Kollektivinteresse が差止請求権を基礎付けていると表現されることがほとんどであるように見受けられる（第2章**第1節**|**1**参照）。そこで，intérêt collectif 及び Kollektivinteresse を集団の利益[123]，Gruppeninteresse をグループの利益と訳出し[124]，フランス語及びドイツ語

---

[122]　行政訴訟において想定されるものも含む集団的利益の全貌については，荻村慎一郎「フランスにおける団体訴訟について」本郷法政紀要10号（2001年）40頁以下，同「フランスにおける団体訴訟と訴訟要件」法学協会雑誌121巻6号（2004年）781頁以下，山本和彦「フランスにおける消費者団体訴訟」ジュリ1320号（2006年）98頁以下，後藤巻則「消費者団体と損害賠償請求」早稲田法学84巻3号（2009年）35頁以下など

[123]　ここでは，従来の日本の議論に沿って集団的利益と訳しているが，文脈によっては集

のニュアンスをなるべく日本語においても伝えられるように努めた。

合的利益と訳出することも考えられる（そのような訳例として，森田・前掲注31) 124頁，山本和彦「多数消費者が債権者となる破産事件について」NBL 1204号（2021年）21頁など）。この後に確認する比較法的な歴史に鑑みると，この訳し方の違いには微妙なニュアンスの差があるようにも思われる。

124) 上原・前掲注33) 29頁に訳例がある。

第1章
フランス法

第1節　グループ訴訟の系譜

Ⅰ　集団的利益論と集団訴訟

　消費者裁判手続特例法上の手続に相当するフランスの手続は、Ⅱで後述するグループ訴訟（action de groupe）[1]である。グループ訴訟は、多数の被害者の請求権の集束を目的とする点において、やはり個別的利益（intérêt individuel）[2]の保護を目的とする手続であり、集団的利益（intérêt collectif）の保護を目的とする手続とは異なるとされている。しかし他方で、集団的利益を擁護する団体であることから訴えの利益と資格が認められるとの説明も加えられており[3]、次節で見るように、グループ訴訟を集団的利益論との類比によって把握する試みも看取される。そこで、まずは集団的利益論に関する従来の議論を確認し、Ⅱで検討するグループ訴訟がどのように位置付けられる手続なのかを玩味するための素材を調達する。

1　集団的利益論の展開

1　私訴権

(1)　私訴権と公訴権

　法制史を顧みるならば、従来、集団的利益は必ずしも認識されているものではなかったといえる。そのような中で、先駆的に集団的利益を概念化し、これを受容したのがフランスである。その端緒となったのは、フランスにおける私訴権（action civile）[4]を巡る一連の議論であった[5]。ここでは、その議論に立ち入る前に、

---

[1]　文脈に応じて、グループ訴権と訳すことがある。訳例として、荻村慎一郎「消費法分野でのグループ訴権の導入——消費（生活）に関する2014年3月17日の法律第344号」日仏法学28号（2015年）219頁以下、町村泰貴「フランス集団的消費者被害回復制度（グループ訴権）の実際」消費者法ニュース110号（2017年）207頁以下など。

[2]　Projet de loi n° 1015 du 2 mai 2013 sur le droit de la consommation, p. 3.

[3]　Projet de loi, supra note 2, p. 4.

フランスにおける私訴権の位置付けを簡単に確認しておく。

私訴権とは，私人である犯罪被害者がその犯罪によって生じた損害の賠償を求める訴権であり[6]，その法律上の根拠は，フランス刑事訴訟法典（Code de la procédure pénale）（以下本章では単に「刑訴法」という）2条1項に求められる。同項によれば，「重罪，軽罪又は違警罪によって生じた損害の賠償を求める私訴は，犯罪によって直接生じた損害を被ったすべての者に与えられる」とされる。この私訴権は，損害の賠償を目的とする点で，刑罰の適用を目的とする公訴権（action publique）とは区別されるものであるが[7]，この2つの訴権の排他性は否定されており[8]，

---

4) 私訴権との訳出に含まれる考慮に関しては，白取祐司『フランスの刑事司法』（日本評論社，2011年）288頁参照。

5) 民事訴訟との関係でいえば，(2)で後述する破毀院連合部1913年4月5日判決が初めて集団的利益を承認した判決であるといえるが，それに先んじて，コンセイユ・デタ1906年12月28日判決（C. E., 28 déc. 1906, S. 1907. III. 19.）も，理髪店経営に関する職業組合がその職業の集団的利益において訴権を有することを認めている。ただし，民事実体法との相対的な距離に鑑み，行政事件はさしあたっての検討対象からは外しておく。行政訴訟における集団的利益論の展開については，v. Louis BORÉ, *La défense des intérêts collectifs par les associations devant les juridictions administratives et judiciaires*, 1997, pp. 36 et s. 行政訴訟と集団的利益との関係を研究するものとして，村上順「越権訴訟の訴の利益に関する考察」神奈川法学12巻1号（1977年）23-40頁，北原仁「取消訴訟における集団的利益の問題について」早稲田大学大学院法研論集35号（1985年）143頁以下，杉原丈史「フランスにおける集団利益擁護のための団体訴訟」早稲田法学72巻2号（1997年）147頁以下など。刑事訴訟を含む包括的な研究として，荻村慎一郎「フランスにおける団体訴訟について」本郷法政紀要10号（2001年）40頁以下，同「フランスにおける団体訴訟と訴訟要件」法学協会雑誌121巻6号（2004年）781頁以下。

6) Loïc CADIET et al., *Théorie générale du procès*, 3e éd, 2020, pp. 310-312 (n° 149).

7) CADIET et al., supra note 6, pp. 311-312 (n° 149). ただし，私訴権の目的ないし性質には二義性があるとされる。V. Serge GUINCHARD et Jacques BUISSON, Procédure pénale, 15e éd, 2022, pp. 819 et s. 実体法の観点から私訴権を研究するものとして，樫見由美子「『附帯私訴』について」金沢法学45巻2号（2003年）133頁以下，今野正規「フランス法における私訴権の意義」關西大學法學論集70巻5号（2021年）1373頁以下など。公訴権と私訴権が峻別されるに至る歴史的経緯については，水谷規男「フランス刑事訴訟法における公訴権と私訴権の史的展開（一）」一橋研究12巻1号（1987年）145頁以下，同「フランス刑事訴訟法における公訴権と私訴権の史的展開（二・完）」一橋研究12巻3号（1987年）61頁以下，エマニュエル・ジュラン（加藤雅之訳）「フランスにおける私訴権（附帯私訴）」慶應法学10号（2008年）329頁以下なども参照。

8) CADIET et al., supra note 6, pp. 311-312 (n° 149). 検察官による公訴権行使の裁量統制機能

刑訴法1条では，検察官のほかに，被害者による公訴権の行使が認められている。これに加え，職業組合による私訴権の行使が認められるのかという議論がフランスに特有な歴史を背景としつつ提起され，その過程で集団的利益論が展開されることとなる。

(2) 私訴権と集団的利益

フランスにおける職業組合は，一時的にその存在が否定されていた。フランス革命期に定められたいわゆるル・シャプリエ法，すなわち同一の身分・職業の労働者及び職人の集会に関する1791年6月14日=17日のデクレ（Décret relatif aux assemblées d'ouvriers et artisans de même état et profession）（以下「1791年デクレ」という）1条が，同一の身分・職業の市民による同業組合 (corporations) を全面的に廃止し，その事実上の復活も禁止したからである。廃止の理由は，起草者である Le Chapelier によれば，「もはや国家の中に同業組合は存在せず，各個人に特有の利益 (intérêt particulier) と一般的利益 (intérêt général) しか存在しない。市民に中間的利益 (intérêt intermédiaire) を吹き込み，コルポラシオンの精神によって公共の事柄から市民を切り離すことは許されない」からであるとされている。ここで

に着眼した私訴権に関する分析として，水谷規男「検察官の不起訴裁量と集団的利害」一橋論叢 101巻1号（1989年）80頁以下，同「フランスの私訴制度の現代的展開と訴追理念の変容」一橋論叢 103巻1号（1990年）100頁以下。

9) CADIET et al., supra note 6, pp. 311-312 (n° 149). 刑訴法1条1項によれば，法律によって公訴権の行使が認められた司法官 (magistrat) 又は公務員 (fonctionnaire) が原告となる。

10) 刑訴法1条2項「この訴訟は，本法に定める要件の下で，被害者によっても提起され得る。」

11) 例えば，Jean-Baptiste DUVERGIER, *Collection complète des lois, décrets, ordonnances, règlemens et avis du Conseil d'État,* tome 3, 2ᵉ éd., 1834, p. 22 に全文が掲載されている。このデクレの完訳として，東京大学社会科学研究所資料第5集「1791年憲法の資料的研究」（1972年）202-203頁，沼田稲次郎編『資料労働法』（労働旬報社，1979年）468-469頁［中村紘一］などがある。ル・シャプリエ法を基軸に据える研究として，中村紘一「ル・シャプリエ法研究試論」早稲田法学会誌20号（1968年）1頁以下，岡村等「フランス革命期における反結社法の役割に関する研究（1）」早稲田法学会誌（2018年）123頁以下，同「フランス革命期における反結社法の役割に関する研究（2・完）」早稲田法学会誌（2018年）53頁以下など。

12) 1791年デクレ1条「同一の身分及び職業の市民による同業組合の全種廃止はフランス憲法の本源的基礎の一つであるから，いかなる口実，いかなる形式の下であっても，それらを事実上復活させることは禁止される。」

念頭に置かれている中間的利益は，その前部分で示されているように「ある職業の市民の主張する共通の利益（communs intérêts）」であり，このことは，1791年デクレ2条[14]にも表れている。つまり，1791年デクレによって，職業に係る共通の利益を主張する余地が法的に否定されたと見ることができる。

しかし，職業組合の創出に関する1884年3月21日の法律（Loi du 21 mars 1884, relative à la creation de syndicats professionnels）（以下「ワルデック・ルソー法」という）が制定され[15]，その1条で1791年デクレが廃止されるとともに，6条1項で一部の職業組合に裁判上の権利が認められ[16]，他方で，一部の職業組合においては裁判上の権利が否定された[17]。すなわち，ワルデック・ルソー法は，ル・シャプリエ法が表明した理念からの離別を含意するものと解されるものであるが，その訴権の範囲は明示されておらず[18]，解釈に委ねられることとなった。そのため，職業組合は組

---

13) Assemblée nationale constituante (1789-1791). *Auteur du texte Archives Parlementaires de 1787 à 1860*, Première série, tome 27, 1887, p. 210. 当時の歴史的背景につき，Gérard AUBIN et Jacques BOUVERESS, *Introduction historique au droit du travail*, 1995, pp. 77 et s.

14) 1791年デクレ2条「同一の身分又は職業の市民，事業者，開業中の店舗を有する者，何らかの技芸に関する労働者及び仲間職人は，集会しているとき，議長も書記も総代も互選することができず，登記簿を備え付けることも，決定又は議決をおこなうことも，それらの者が共同の利益と主張するものに関する規則を作成することもできない。」

15) ワルデック・ルソー法に至る歴史的経緯につき，v. Jacques LE GOFF et al. *Du silence à la parole: une histoire du droit du travail des années 1830 à nos jours*, 4e éd, 2019, pp. 132 et s. フランス労働法史の概観として，恒藤武二『フランス労働法史』（日本評論新社版，1955年）1頁以下，水町勇一郎『労働社会の変容と再生』（有斐閣，2001年）8頁以下など。ワルデック・ルソー法に関する研究として，宮本安美「フランス職業組合に関する一八八四年法の制定過程」法学研究（慶應義塾大学）37巻8号（1964年）71頁以下，田端博邦「フランスにおける『労働の自由』と団結」高柳信一＝藤田勇編『資本主義法の形成と展開2』（東京大学出版会，1972年）135頁以下，島田陽一「フランス団結権史に関する一考察」早稲田大学大学院法研論集25号（1982年）115頁以下，大和田敢太『フランス労働法の研究』（文理閣，1995年）3頁以下などがある。

16) 6条1項「使用者又は労働者の職業組合は，裁判上の権利を有する。」

17) 5条
　「1 本法の規定後に正式に結成された職業組合は，その経済的，工業的，商業的及び農業的利益の研究と擁護のために自由に連合することができる。……
　　3 これらの連合体は，不動産を所有することができず，また訴訟をすることもできない。」

18) Emmanuel JEULAND, *Droit processual général*, 4e éd, 2018, p. 439 (n° 321).

合員の個別的利益を主張するにすぎず，単なる代理人としての地位しか認められないとする見解と，職業組合について独立した職業という集団的利益を有する一つの人格が認められるとする見解で対立が生じることとなった。また，この問題に関する破毀院の態度も，民事部では職業団体による私訴権を認める一方で，刑事部では私訴権を認めないという一貫しないものとなっていた。

このような齟齬を解消させたのが，破毀院連合部1913年4月5日判決である。同判決は，「フランス葡萄栽培者保護全国組合によって行われた私訴は，組合の構成員の一又は複数の者の個別的利益を満足させるためのものではなく，各構成員とは異なる法人格を有する組合により代表され，全体として捉えられた職業の集団的利益を保護することを目的とするものであった」と判断し，正面から集団的利益を承認することで問題の解決を図っている。この判決は，組合員個人とは別に，職業組合に対して職業の集団的利益（intérêt collectif de profession）を認めたものと理解され，上記見解のうち集団的利益論に親和的な判断を示したものである。上記連合部判決の後，職業組合による私訴権の行使方法は，職業組合の民事上の能力の拡張に関する1920年5月12日法（Loi du 12 mars 1920 sur l'extension de la capacité civile des syndicats professionnels）によって定式化され，現在ではフランス労働法典（Code du travail）L. 2132-3条2項（旧L. 411-11条）に規定されている。

19) Marcel PLANIOL, notes D. P. 1895. II. 129, D. P. 1898. II. 129, D. P. 1909. I. 129. この見解では，個別的な損害の発生や個別訴訟の許容が集団的損害又は集団的利益を否定するための一つの論拠とされる。
20) Jean-Pierre-Louis ROMIEU, conclusions sous C. E., 28 déc. 1906, D. P. 1907. III, 313; Leon MICHOUD, *La théorie de la personnalité morale et son application au droit français,* Version intégrale, 2020, pp. 199 et s［初出1906年］.
21) 例えば，Cass. civ., 18 janv. 1905, S. 1909. 1. 157.
22) 例えば，Cass. crim., 20 déc. 1907, Bull. crim., n° 512.
23) Cass. Ch. réun., 5 avr. 1913, D. P. 1914. I. 65.
24) Louis Rolland, note sous Cass. réun., 5 avr. 1913, D. P. 1914. I. 65; Gérard COUTURIER, *Traité de droit du travail,* tome 2, 2001, p. 355 (n° 155); Jean PÉLISSIER et al., *Droit du travail,* 35e éd, 2021, p. 1039 (n° 1002).
25) 労働法 L. 2132-3条2項「職業組合は，すべての裁判所において，当該職業組合が代表する職業に係る集団的利益に対して直接又は間接的な侵害をもたらした行為に関し，私訴当事者に認められる権利を行使することができる。」
26) PÉLISSIER et al., supra note 24, p. 1039 (n° 1002); Cécile CHAINAIS et al., Procédure civile, 36e éd, 2022, p. 186 (n° 208). 労働法学から見た整理として，恒藤武二「フランス法における団結

ここでいう集団的利益の性質については，検察官のみが擁護する利益である一般的利益（intérêt général）と個々人にその擁護が委ねられる個別的利益との間に位置付けられ，集団の構成員の個別的利益との関係でいえば，上位の社会的又は事業的カテゴリーに認められる特別の利益であると理解されている[27]。しかも，この集団的利益は，個別的利益や一般的利益と混同されることはないとされる[28]。ただし，構成員の個別的利益に対する侵害を媒介にして集団的利益に対する間接的な侵害が認定され得ることから[29]，集団的利益の保護に個別的利益の保護が含意されているとの実質もまた疑いのないところでもある。加えて，その行使主体については，同一の集団的利益であっても，その擁護は複数の団体によって担われることが許容されている[30]。

(3) 私訴権の定位

こうして職業組合による私訴権の行使のあり方やその性質が徐々に明らかにされていく中で，次に問題となったのは，その行使主体を拡大して（非営利）団体（association）[31]による私訴権の行使を認めることができるかという点である。この問題に関しては，破毀院によって非営利団体は職業に係る集団的利益を代表しないとされたこともあって[32]，職業組合と非営利団体との役割の分化が志向されることとなる。すなわち，非営利団体は，職業ではなく消費者の集団的利益を擁護する役割を果たすこととなる。その端緒は，1973年12月27日に制定されたいわゆ

と争議」日本労働法学会編『労働法講座 第7巻（上）』（有斐閣，1959年）1885頁以下，憲法学から見た整理として，中村睦男『社会権法理の形成』（有斐閣，1973年）119頁。

27) V. CHAINAIS et al., supra note 26, p. 179 (n° 199).

28) 一方で，集団的利益の保護が一般的利益の保護を帰結すること（あるいは，一般的利益の保護が集団的利益の保護に資すること）も多いとされる。PÉLISSIER et al., supra note 24, p. 1040 (n° 1003).

29) 間接損害の立証の有無が争われた事例としては，Cass. crim., 26 oct. 1967, JCP 1968, II, 15. 475 などがある。

30) V. Cass. crim., 21 nov. 1913, D 1914. I. 297. 機関を持たない集団的利益の機関を代替するのが職業組合又は団体であるとか，集団的利益を擬人化したのが職業組合又は団体であると評される。

31) フランスのassociationを中心とする整理として，高村学人『アソシアシオンへの自由』（勁草書房，2007）19頁以下がある。

32) Cass. crim., 18 oct. 1913, D 1920. I. 321; Cass. Ch. réun., 15 juin 1923, D. P. 1924. I. 153; D. 1924. I. 49.

るRoyer法46条であった[33]。この規定は，消費法L. 621-1条1項[34]（旧L. 421-1条1項）[35]に引き継がれ，非営利団体は，認可を受けることで消費者の集団的利益（intérêt collectif des consommateurs）を擁護する主体として認められることとなった。その代表する利益が異なることから，職業組合による訴訟と非営利団体による訴訟は相互に排他的ではないものの[36]，その職業組合又は団体が代表するとされる集団的利益についてのみ訴権の行使が許容されるとの帰結が導出される[37]。

以上を踏まえると，私訴権を集団的利益論によって基礎付けることの訴訟上の意義の一つは，フランス民事訴訟法典（Code de procédure civile）（以下本章では単に「民訴法」という）31条[38]における「一定の利益を擁護するための資格」があるとして，訴える権利（droit d'agir）を拡張する認められる点にあると総括することができる[39]。ただし，必ずしも当事者能力や当事者適格の問題に還元されるものではない点には注意を要する。例えば，中間的利益が否定された歴史的背景の下，職業組合に黙示的に法人格が認められたと表現されることがある[40]。しかし，法人格の

---

33) Royer法46条「消費者の利益の保護を定款上の明示的な目的とする適法に設立の届出をした団体は，そのための認可を有していれば，消費者の集団的利益に直接又は間接に損害をもたらす行為に関し，私訴当事者に認められる権利を行使することができる。」
34) 立法化に至るまで，職業に係る集団的利益との類比から，非営利団体にもその構成員の個別的利益の間接的侵害に係る私訴権の行使が認められるとの理論構成も試みられていた。V. Serge GUINCHARD, Grandeur et decadence de la notion d'intérêt général, *Mélanges Jean Vincent*, 1981, p. 137 et s. 関連する判例として，Cass. civ., 23 juil. 1918, D. P. 1918. I. 52; Cass. civ., 25 nov. 1929, D. H. 1930. I. 1; Cass. 1re civ., 27 mai 1975, Bull. civ., I, n° 174. などがある。もっとも，この理論構成は，大義（grand cause）の擁護のような社会的目的のための集団的利益に関する訴訟につながることとなる。この大義のための訴訟は，従来的な集団的利益に関する訴訟よりも一般的利益に接近する。従来的な集団的利益に関する訴訟と大義のための訴訟の区別については，v. JEULAND, supra note 18, p. 438 (n° 320).
35) 消費法L. 621-1条1項「その定款の目的において消費者の利益の保護を公式に掲げる団体は，L. 811-1条の適用により認められる許可を有していれば，消費者の集団的利益に対して直接又は間接的な侵害をもたらした行為に関し，私訴当事者に認められる権利を行使することができる。」
36) PÉLISSIER et al., supra note 24, p. 10 (n° 1002).
37) COUTURIER, supra note 24, p. 355 (n° 155).
38) 民訴法31条「訴権は，申立ての成否に正当な利益を有するすべての者に与えられる。ただし，申立てをし，もしくは争うため，又は一定の利益を擁護するための資格がある者にのみ法律が訴える権利を付与している場合においては，この限りでない。」
39) COUTURIER, supra note 24, p. 355 (n° 155).

付与ないし法主体性に寄せて中間的利益を論じる際には，職業組合や消費者団体に法人格が認められる現代においてもなお集団的利益を措定することの意義を説明することができない憾みがある。

他方で，前述したように，利益の階層性を正面から認め，一般的利益と個別的利益の中間に集団的利益を位置付ける論じ方も観測される。近時はこのような語り口が一般的であるように見受けられ，これは訴訟の主体ではなく客体の特性に着目するものといえる。例えば，集団的利益論からすると，同一の侵害行為によって個別的利益，集団的利益及び一般的利益のそれぞれが同時に侵害され得ることが承認される。また，集団的利益の内実についても，現在ではかなり細分化して考えられており，侵害される集団的利益の性質に応じて，25の異なる種類の団体に私訴権等が認められていることは（刑訴法2-1条以下），実態に即した肌理細かい利益保護のあり方を示唆するものとも見得る。

2 消費者団体による差止訴訟

前述したように，一種の論争を巻き起こした私訴権を舞台とする集団的利益に関する議論の展開は，その後，消費者団体による差止訴訟の創設につながることとなる。具体的には，消費者団体による差止訴訟の端緒として，1988年1月5日法により，不当条項削除訴権（action en suppression de clauses abusives）が認められることとなる。その後，この不当条項削除訴権は，2001年に違法行為停止訴権（action en cessation d'agissements illicites）として拡大的に整理されている。これらの差止訴権が認められる理由は，私訴権と同様に，集団的利益の侵害が観念される点に求められる。そのため，不当条項の削除及び違法行為の停止は，私訴権の行使に伴って請求することも可能であるとされる（消費法L. 621-2条1項）。さらに，

---

40) COUTURIER, supra note 24, p. 355（n° 155）.

41) COUTURIER, supra note 24, p. 355（n° 155）.

42) フランスにおける消費者団体訴訟の展開については，山本和彦「フランスにおける消費者団体訴訟」ジュリ1320号（2006年）98頁以下，後藤巻則「消費者団体と損害賠償請求」早稲田法学84巻3号（2009年）35頁以下も参照。

43) Jean CALAIS-AULOY et Henri TEMPLE, Droit de la consommation, 9ᵉ éd, 2015, pp. 688-689（n° 689）. ただし，その行使には法律上の形式要件を満たせば足り，集団的利益への侵害を直接立証する必要はないとされる。

44) 消費法L. 621-2条1項「L. 621-1条所定の消費者団体は，本条の定める要件の下，私訴

不当条項削除訴権の行使に併せて，集団的利益に関する損害賠償請求も認められる[45]。ただし，いずれの訴訟においても，判決の拘束力は訴訟当事者にのみ及ぶものとされる。すなわち，類似の約款などを用いる他の事業者に効力が及ぶことはなく，問題視された約款を基礎として締結済みの契約を当然に無効とする効果もない[46]。集団的利益に関する損害賠償請求訴訟の帰趨は，個別的利益の有無に影響を与えないのである。その意味で，ここでも集団的利益は個別的利益と別の保護法益として把握されているといえる。

3　民事法における集団的利益論

ここまでの内容を小括しておこう。集団的利益論は，フランス革命期に個人の団結が禁止されたという歴史的な文脈において出現したものであって，機能的には法人格の付与と重複するかに思われる。しかし，厳密には，個別的利益とは別個の保護法益を創出し，それを代表する職業組合又は（非営利）団体に独自の実体的利益（私訴権，差止請求権又は集団的利益に係る損害賠償請求権）を付与する理論構成といえる。そして，こうした実体的利益は，職業組合及び非営利団体による私訴権の認容過程に顕著に現れているように，未解明の実体的利益としての側面を有するものでもあった。このことは，集団的権利ではなく集団的利益という用語の使用が選好され，必ずしも権利性を有しない実体的利益が議論の射程に含められていることからも窺われる[47]。もちろん，権利として行使するためには，立法又は判例による権利性の承認が必要となると解される[48]。加えて，集団的利益論それ

　権について裁判する民事裁判所又は刑事裁判所において，被告又は被告人に関して，必要であれば間接強制を行いつつ，消費者との契約もしくはその雛形又は契約締結過程における違法行為を停止させ又は違法な条項を削除させるためのあらゆる措置を命じるよう求めることができる。」

45)　Cass. civ. 1re, 5 oct 1999, D. aff. 2000, p. 110. 違法行為停止訴権の場合にも同様の趣旨が妥当すると理解されている。Calais-Auloy et Temple, supra note 43, p. 689（n° 689）参照。違法行為停止訴権の場合と異なり，このときは集団的利益への侵害を立証する必要があるとされる。

46)　Jérôme Julien, *Droit de la consommation,* 2e éd, 2017, p. 624（n° 465）.

47)　Maria-José Azar-Baud, *Les actions collectives en droit de la consommation,* 2013, thèse Paris I, p. 33.

48)　Azar-Baud, supra note 47, p. 33.

自体については，行政訴訟や刑事訴訟においても援用されるような非常に広範な内容を含むものであり，ここでは民事訴訟法的な観点から集団的利益を叙述しているにすぎないことには留意が必要となる。フランスでも，「職業の集団的利益」や「消費者の集団的利益」といった形で，集団的利益の内容に限定を付した整理がなされている。

ここで目をグループ訴訟に戻すと，ここで確認した集団的利益論が個別的権利とは異なる権利を認めようとするものであったことに鑑みるならば，やはり個別的利益の侵害を前提とするグループ訴訟は必ずしも集団的利益論の延長に位置付けられるものではないということになりそうである。そのため，個別的な請求権を集束するための手続は，2で述べる共同代位訴訟（action en représentation conjointe）のようなオプトイン型の手続が最初に立法化されることとなる。

2　共同訴訟の失敗

個別的な権利行使を躊躇うような事例（例えば，携帯電話の通信料が不当であった事例）に対応した手続の必要性は，従前から認識されてはいたものの，個々人に被害が生じていてその救済が問題となる以上，当然に集団的な訴訟を構築することはできず，固有の集団性を前提とした集団的利益に関する規律を援用することも容易ではない。そこで立法されたのが，消費者保護を強化する 1992 年 1 月 18 日の法律第 60 号によって創設された共同代位訴訟である。この訴訟は，1993 年 7 月 26 日に消費法に編纂され，現在では消費法 L. 622-1 条 1 項に規定がある。同条によれば，共同代位訴訟とは，同一事業者の行為によって生じた共通の原因を有する個人的な損害について，消費法 L. 811-1 条の適用を受ける認可消費者団体が，被害を受けた消費者の 2 人以上から委任を受けることを条件に，裁判所に対し，委任した消費者の名で損害賠償訴訟を認めるものである。これは一種の共同訴訟を認めたものと理解されるが，団体に訴訟委任していない関係消費者は個

---

49) その実質は，代位損害賠償訴訟であると解される（山本和彦「フランスにおける消費者グループ訴訟」一橋法学 13 巻 3 号（2014 年）123 頁以下参照）。

50) 消費法 L. 811-1 条
　「1　消費者保護団体は，検察官による意見を踏まえて認可される。
　 2　当該団体が認可されるための全国又は地方レベルの代表性の要件及びその認可の取消しの要件は，デクレによって定められる。」

人で訴えを提起することが可能であることから[52]，あくまで個別的利益を前提とした手続といえる[53]。

この共同代位については，手続開始前の授権を前提とするオプトイン型の手続を採用するもので，しかも消費者団体が消費者から授権を得るために行い得る措置が極めて限定されているため[54]，そもそも集合的な消費者被害の回復にどれほどの実効性があるのか疑問であると批判されていた[55]。また，認可消費者団体は提訴にあたって弁護士を選任しなければならず，審理に関する特則も存在しないので，通常の共同訴訟ではなく共同代位訴訟を利用することのメリットがほとんどない[56]。さらに，消費者団体の責任が問われるおそれがあり[57]，管理にかかる労力や費用等の負担も大きい。これらの事情から，共同代位訴訟はほとんど利用されていない[58]。

このような共同代位訴訟の失敗を受け，Ⅱで述べるグループ訴訟が創設されたことからすると，共同代位訴訟を維持する意味はあまりないようにも思われる[59]。しかし，グループ訴訟のような損害の限定がないなどの点においてなお有用であるとの指摘も見られる[60]。また，通貨金融法典（Code monétaire et financier）では，共同代位訴訟が認められるのみで（通貨金融法典 L. 452-2 条 1 項）[61]，グループ訴訟が認

---

51) Loïc CADIET et Emannuel JEULAND, Droit judiciaire privé, 10ᵉ éd, 2017, p. 309（nᵒ 371）.
52) Jean-Denis PELLIER, Droit de la consommation, 2ᵉ éd, 2019, p. 359.
53) ただし，次節で後述する Azar-Baud 准教授の見解によれば，共同代位訴訟が適用される場面も個別的で均質な利益の問題状況に分類されることとなる。もちろん，共同代位訴訟それ自体はあくまで個別的利益に基づくものであり，集団的利益論からは外れている点に変わりはない。
54) レピュテーションリスクの観点から，授権を得るための手段として，テレビ又はラジオを通じた公衆への呼びかけ，あるいはポスター，チラシ又はダイレクトメールを用いることが制限されている（消費法 L. 622-2 条 1 項）。V. CALAIS-AULOY et TEMPLE, supra note 43, p. 667（nᵒ 668）.
55) Louis BORÉ, L'action en représentation conjointe, D. 1995, p. 268.
56) BORÉ, supra note 55, p. 268.
57) しかも，有償委任の場合は無償委任よりも過失に関する責任が厳格化される（民法1192 条 2 項）。
58) 1992 年以降 2013 年までに共同代位訴訟が提起された件数は 5 件にとどまる。V. Gilles PAISANT, Défense et illustration du droit de la consommation, 2015, p. 225（nᵒ 181）.
59) PAISANT, supra note 58, p. 225（nᵒ 181）.
60) PELLIER, supra note 52, p. 359. 同書では，特に薬品，避妊具，プロテーゼ，インプラントなどを原因とする損害賠償請求に適しているとされる。

められていないため，投資家関係訴訟では一定の意義が認められるとされる。

II　グループ訴訟

1　グループ訴訟の成立に至る経緯

1　共同代位訴訟制定前

かくして，**2**で述べるように 2014 年にグループ訴訟が創設されるのであるが，グループ訴訟の立法化に関する試みは共同代位訴訟前から存在していた。まず，1983 年に Jean Calais-Auloy 教授が委員長を務めた消費訴訟規制委員会によって 1990 年に公表された草案は，2 つの異なる訴訟の創設を提案するものであった。すなわち，共同代位訴訟に近いが授権を不要として消費者の特定のグループの利益における訴権を認める訴訟と，消費者の不特定なグループの利益において行使される認可団体による訴訟の 2 つが構想されていた。これらの訴訟は，アメリカとケベックのクラス・アクションに着想を得たものとされるが，後者の訴訟は必ずしもオプトアウトを前提とするものではなく，1 段階目に責任原理に関する判決がなされ，認容判決の場合に被害者による訴えの申立てを受理するという訴訟構造を採用していた。すなわち，既にこの時点で現在の 2 段階型の手続構造の原型が出来上がっていたということができる。しかし，事業者団体による反対に遭い，既判力の相対性との関係が理論的に整理されていなかったこともあって，実

---

61) 通貨金融法典 L. 452-2 条 1 項「特定された複数の自然人が，その投資家の資格において，同一の事業者の行為によって生じ，かつ共通の原因を有する個人的な損害を被ったとき，L. 452-1 条所定のすべての団体は，関係投資家の 2 人以上から委任を受けた場合には，すべての裁判所に対し，これらの投資家の名で賠償訴訟を提起することができる。」

62) 金融分野については，柴崎暁＝丸山千賀子「フランス法におけるグループ訴権の導入――金融分野における集団的損害回復制度の研究」国民生活研究 56 巻 2 号（2016 年）101 頁以下も参照。

63) この委員会は後に消費法改正委員会に実質的に引き継がれ，すぐ後に述べる立法草案が作成される。

64) Jean Calais-Auloy, *Propositions pour un code de la consommation,* 1990, p. 131. Jean Calais-Auloy, La class action et ses alternatives en droit de la consommation, *LPA* 2005, p. 31 も参照。

際に立法化されるには至らなかった。

　これとほぼ同時期の 1985 年にも，訴訟法全体の改正を試みる Francis Caballero 教授による立法提案の中で，グループ訴訟に関する規律が用意されていた。この規律は，裁判官によって監督された原告について，自らの申立てに加え，法的に類似の状況に置かれている者の申立てを代位することを認めるもので，法状況の類似性及び原告の代表性の審査を要件とする訴訟の受理性が承認された場合には，オプトアウトの意思を表明しなかった者に判決効が及ぶとするものであった[65]。アメリカやケベックで認められるクラス・アクションの採用を提案するものといえようが，この提案が議会で議論されることは一度もなく，フランスにおけるグループ訴訟は前述した Calais-Auloy 教授の立法案の方向で発展することとなる。

2　共同代位訴訟制定後

　1 2 で述べた共同代位訴訟の失敗は，グループ訴訟に関する立法化の機運を高めることとなった。具体的には，2005 年にワーキンググループが組織され，グループ訴訟導入の動きが本格化することとなる。この時期になされた Serge Guinchard 教授の提案は，被害者又は認可団体によって開始される訴訟によって大量損害に関する責任の確認がなされ，2 段階目で任意参加又は既に訴訟当事者となっている団体への加入が行われるとするものであった[66]。この Guinchard 教授案は，Calais-Auloy 教授の立法案を修正したものであると評されており[67]，理論的に見た場合，2 段階型の手続について，特に既判力の相対性が被害者による訴訟当事者参加（intervention volontaire et principale）又は原告団体への加入によって克服されている点に議論の進展が認められる。そして，その前提として，被告事業者の責任原理に関する責任判決は，中間判決と終局判決の両方の要素を有する混合判決（jugement mixte）[68]であると理解された。

---

65)　Francis CABALLERO, Plaidons par procureur ! De l'archaïsme procédural à l'action de groupe, *RTD civ.* 1985, n° 28. この立法提案に関する条文は，BORÉ, supra note 5, pp. 467 et s. に掲載されている。

66)　Serge GUINCHARD, Une class action à la française ?, *D.* 2005, p. 2185 (n° 32).

67)　AZAR-BAUD, supra note 47, p. 71; JEULAND, supra note 18, p. 438 (n° 320).

68)　混合判決は，その主文において本案の一部（partie du principal）について判断し，証拠

その後，2006年11月8日に国民議会で閣議決定されたBRETON法案は，Guinchard教授の見解に示唆を得た2段階型の手続の導入を提案するものとされ，現行法の規定にかなり近いものであった。しかし，2007年2月に議事日程から外され，実際に立法化されるには至らなかった。ただ，事業者の責任に関する確認訴訟を先行させるというGuinchard教授及びBRETON法案の考え方は基本的には支持されていたので，政策的な背景から立法化が断念されたとされている。[70]

　このような2段階型の手続の理論的正当化と法案化が進展する一方で，法案化とほぼ同時期の2006年5月13日に用語・新語一般委員会（Commission générale de terminologie et de néologie）が官報で公表した説明によると，グループ訴訟とは，幾つかの国において民事上なされている訴訟であって，一人又は複数人の原告が必ずしも事前の授権を得ることなく，あるカテゴリーのために裁判上の訴えを提起することを認めるものであり，外国のクラス・アクションに相当するものであるとされている。[71]そのため，グループ訴訟は，特にフランス版グループ訴訟（action de groupe à la française）と呼ばれることもあるが，Calais-Auloy教授の立案から受け継がれている2段階型の手続構造はクラス・アクションと一定の距離をとるものでもあるため，その評価について**2**で述べるような見解の対立が認められる。

　　調べ又は仮の処分を命じる裁判であることから，独立した上訴の対象となる（民事訴訟法典544条及び606条）。典型的な混合判決としては，被告の責任原因を確認する終局判決事項に加え，損害額に関する鑑定を命じる中間判決事項を命じる判決が挙げられる。混合判決（及び訴訟当事者参加）に関する説明を含め，Guinchard教授の見解については，山本和彦「フランスにおける消費者集団訴訟制度の概要（下）」NBL 943号（2010年）20頁も参照。

69)　2006年法案の提出から2014年法の成立に至るまでの政策過程を調査したものとして，荻野奈緒「フランスにおける『グループ訴権』導入をめぐる動向」瀬川晃ほか『ダイバーシティ時代における法・政治システムの再検証』（成文堂，2014年）109頁以下がある。

70)　BRETON法案に関する政治状況については，山本和彦・前掲注49）1024-1026頁に詳しい。

71)　JO, n° 111 du 13 mai 2006, p. 7072.

2　消費法上のグループ訴訟とグループ訴訟の拡大

1　グループ訴訟の一般的な流れ
(1)　消費法上のグループ訴訟とその後の拡大

1で述べたように，グループ訴訟はその成立に至るまで，度重なる立法上の挫折を経験したが，2013年5月2日に国民議会に提出された法案[72]は，消費に関する2014年3月17日の法律第344号[73]（Loi n° 2014-344 du 17 mars 2014 relative à la consommation）（以下「2014年法」という）に結実し，遂に消費法にグループ訴訟が創設されることとなった。その後，消費法典の法律部に関する2016年3月14日のオルドナンス第301号によって消費法の規定が再編され[74]，その趣旨に沿ってグループ訴訟に関する規定の位置も変更されたが，各規定について本質的な変更はなされなかった。そのため，本稿では，2014年法に言及する場合であっても，主として再編後の規定を引用する。

また，2014年法の立法の際，グループ訴訟は，消費法の領域だけでなく，特に保険衛生法及び環境法においても必要であると認識されており，2014年法とは別の法律による立法化が並行的に議論の対象とされていた[75]。このような議論を受け，衛生システムの現代化に関する2016年1月26日の法律第41号において公衆衛生法にもグループ訴訟が創設され，さらに，21世紀における司法の現代化に関する2016年11月18日の法律第1547号（Loi n° 2016-1547 du 18 novembre 2016 de modernisation de la justice du XXIe siècle）（以下「2016年法」という）により，消費法上のグループ訴訟を適用対象外としながらも[76]，一般法の形でグループ訴訟の枠組みが規定されるに至った。2016年法の適用範囲は，①差別事件（差別防止の領域における共同体法の適用のための諸規定に関する2008年5月27日の法律第496号に基づいて開始さ

---

72)　Projet de loi en faveur des consommateurs, n° 3430.
73)　国民議会での決議は2014年3月13日になされている。
74)　消費法全体を体系的に再編纂するもので，それまで全5編だったものを全8編へと増やし，各編の章構成を「総則規定，各論規定，制裁，海外領土に関する規定」の順に配置するといった整理がなされた。
75)　Rapport n° 1156, p. 87.
76)　2016年法の立法理由によると，2014年法はその立法の段階で詳細な議論がなされているため，2016年法の議論の対象に含める必要がないと判断されたと説明されている。もっとも，消費法L. 623-10条だけは2016年法と平仄を合わせる形で条文が修正された。

れる訴訟），②労働事件（労働法典 L. 1134-6 条から L. 1134-10 条に基づいて開始される訴訟），③環境事件（環境法典 L. 142-3-1 条に基づいて開始される訴訟），④健康被害事件（公衆衛生法典第 1 部第 1 巻第 4 編第 3 章に基づいて開始される訴訟），⑤個人情報保護事件（情報処理，情報ファイル及び自由に関する 1978 年 1 月 6 日の法律第 17 号 43 条の 3 に基づいて開始される訴訟）であるとされる（2016 年法 60 条）[77]。ただし，2016 年法の規定はグループ訴訟の標準的な在り方を提示するもので，各法がグループ訴訟に関する特則を定めることは許されている。

　以下では，まず，初めてグループ訴訟の枠組みを作った 2014 年法の内容を確認し，その後，2016 年法や個別法に固有の事情に言及する。

(2)　団体による訴訟を通じた事業者の責任の確認

　まず，消費法上のグループ訴訟の原告適格を有する者は，全国レベルで活動し，消費法 L. 811-1 条に基づき認定を受けた消費者保護団体である（消費法 L. 623-1 条）[78]。当該団体は，同様又は類似の状況に置かれた消費者[79]の被った個人的な損害で，①物の売買又はサービスの提供及び不動産賃貸借を基礎とするもの（同条 1 号），又は②その損害が商法典第 4 巻第 2 編又は EU 運営条約 101 条及び 102 条の意味での反競争的な行為によって生じた損害（同条 2 号）について，一又は複数の事業者[80]の法律上又は契約上の義務違反を共通の原因としているのであれば[81]，その損害の

---

77)　これらは限定列挙であり，その他の事件においてグループ訴訟を行うことはできないとされる。また，差別事件など，行政訴訟においてもグループ訴訟の適用が認められている（2016 年法 85 条参照）。

78)　経済財政産業省の内局である競争・消費・詐欺防止総局（DGCCRF）のホームページ（http://www.economie.gouv.fr/dgccrf/Liste-et-coordonnees-des-associations-nationales）によると，2024 年 9 月時点で 14 の団体がこれに当てはまる。各団体の構成や実績などについては，町村泰貴「フランス・グループ訴権の実例」名古屋大学法政論集 270 号（2017 年）313 頁以下，同『詳解　消費者裁判手続特例法』（民事法研究会，2019 年）184 頁以下など参照。

79)　消費法典の冒頭規定では消費者（consommateur）概念が定義されており，それによると，「消費者」とは，自らの商業，工業，手工業，自由専門職又は農業上の活動のためでなく行動する自然人であるとされる。

80)　消費法典の冒頭規定では事業者（professionnel）概念も定義されており，それによると，「事業者」とは，他の事業者の名で又は他の事業者の計算で行動する場合も含め，自らの商業，工業，手工業，自由専門職又は農業上の活動のために行動する自然人又は法人もしくは公法人であるとされる。

81)　例えば，欠陥のある商品の売買である。Jacques Héron et Thierry Le Bars, *Droit*

賠償を得るために，民事裁判所に訴えを提起することができる（消費法 L. 623-1 条）[82]。ただし，この訴訟で賠償請求の対象となる損害は，消費者の被った物的被害に基づく財産的損害の賠償に限られる（消費法 L. 623-2 条）点には注意が必要である。

このように団体によって開始されたグループ訴訟の第 1 段階目の手続は，上記損害賠償の前提となる責任判決（jugement sur la responsabilité）がなされることによって終了することとなる。すなわち，裁判官は，申立人である団体の提出する個々の事案[83]に鑑みて，事業者の責任について判断する（消費法 L. 623-4 条）。そして，裁判官は，事業者の責任を認めるのであれば，その責任を負う消費者のグループを定義し，事業者の責任とグループを関連付けるための基準を定める（同条）。さらに，次の段階に移るために，当該グループを構成する各消費者又は各消費者のカテゴリーに賠償されるべき損害及びその額又はこの損害額を評価するに足るすべての要素も定められる（消費法 L. 623-5 条）。現物による賠償がより適当であるとされたときは，その履行の方法も提示される（消費法 L. 623-6 条）。

これで賠償額を計算するための準備は整うが，共同代位訴訟と異なり，その対象となる消費者が具体的に誰かという点は責任判決の段階では未確定である。そのため，対象消費者が手続に参加できるような措置を講じる必要がある。そこで，

---

judiciaire privé, 6ᵉ éd, 2015, p. 99 note 124 参照。

82) 本条については，住宅，開発及びデジタルの進展に関する 2018 年 11 月 23 日の法律第 1021 号（Loi nº 2018-1021 du 23 novembre 2018 portant évolution du logement, de l'aménagement et du numérique）による改正があった。その結果，法律上の義務が消費法上の義務に限定されないことが明記され，第 1 号には「不動産賃貸借」が追加されることとなった。不動産賃貸借については，賃借人の faute の有無によってその法律上又は契約上の義務違反の有無が変わるためグループ訴訟の対象外とみる余地があるとの疑義が呈されており，実際に全国住宅連盟（Confédération Nationale du Logement）が社会住宅供給会社（bailleur social）に対して提起したグループ訴訟で，賃貸借契約は L. 623-1 条所定のサービス提供契約ではないとして訴えを不受理とした裁判例が出現していた（CA Paris, 9 nov. 2017, nº 16/05321）。上記立法は，このような事態に対応するものであり，賃借人の faute の有無は第 2 段階の問題であると理解される。Guy RAYMOND, *Droit de la consummation*, 4ᵉ éd, 2017, p. 113 note 55 参照。

83) 最低でも 2 つの事例を示す必要があるが，グループの存否に関する判断を容易にするために，より多くの事例を提示することになるとされる。HÉRON et LE BARS, supra note 81, p. 99 note 123 参照。

裁判官は，事業者の責任を認容する判決の中で，グループに属し得る消費者に対してその判決を知らせるために適当な措置を命じることとなる（消費法 L. 623-7 条1 項）[84]。それに併せて，消費者が自己の損害の賠償を得るためにグループに加入するための期間（公示後 2 月以上 6 月以内）も定められる（消費法 L. 623-8 条）。この加入の方式は，消費者が事業者に直接申し出るのか，団体又は消費法 L. 623-13 条所[85]定の者の仲介によって申し出るか，この 2 つのうち裁判官の定めた方式で加入することとなる（同条 2 項）。

　消費者が事業者に直接申し出る場合，裁判官は，被害を受けた消費者が損害の回復を求めて参加するための期間及び事業者が認めなかった賠償請求を申し立てることのできる期間を定める（消費法 L. 623-11 条）。他方，団体又は消費法 L. 623-13 条所定の者の仲介がなされる場合，グループへの加入は，原告団体に対する賠償のための授権とみなされる（消費法 L. 623-9 条 1 項）。ただし，原告団体に対する加入とはみなされないし，またそれを含意するものでもない（同条 2 項）。また，消費者に対してグループ訴訟に参加することを禁じることを目的とした条項又はそのような効果を有する条項は，すべて書かれていないものとみなされる（消費法 L. 623-32 条）。

(3) 消費者の加入と加入者への賠償

　以上の与件の下，まず，責任判決を受けた損害額の確定がなされることとなる。すなわち，事業者は，責任判決により定められた条件，範囲及び期間に従い，各消費者の被った損害の個別的な賠償を行い（消費法 L. 623-18 条），責任判決をした裁判官は，上記判決の実施の際に生じる紛争について解決する（消費法 L. 623-19 条）。そして，原告団体は，事業者が認めなかった賠償請求について判断した判決の強制執行のため，所定の期間内に事業者による賠償を受けなかったグループのメンバーである消費者を代理することとなる（消費法 L. 623-20 条）。

---

84) このような判決の公示措置は，責任判決が通常の不服申立て及び破棄申立ての対象とならなくなってから，事業者の負担で実施される（同条 2 項）。

85) 消費法 L. 623-13 条「団体は，裁判官の許可を得て，援助を得るため，とりわけ団体がグループのメンバーの賠償請求を受ける手続をするため，そしてより一般的には団体が消費者の賠償に向けて事業者に対して被害を受けた消費者を代表するため，その名簿がコンセイユ・デタ・デクレによって定められている規制を受けた法律専門職に所属するあらゆる者の援助を受けることができる。」

しかし，このように消費者が事後的に手続に参加することから，団体が訴訟している間に個人の請求権が時効にかかって消滅するおそれがある。そこで，消費法 L. 623-27 条 1 項により，個人の請求権の時効が一律に中断される。この時効期間は，責任判決が不服申立てを受けなくなった日から再度進行し，この期間が 6 月を下回ることはない（同条 2 項）。

また，消費者は責任判決における当事者でないからといってその効力が事後的に争われることとなれば，団体が先行的に訴訟を行った意味がなくなる。そこで，消費法 L. 623-28 条は，消費法 L. 623-4 条及び L. 623-14 条所定の裁判並びに L. 623-23 条の適用による裁判は，その損害が手続において賠償されたグループのメンバーのそれぞれについて既判力を有する旨を規定する。ただし，グループへの参加は，責任判決によって定められた範囲に含まれない損害の賠償を得るため通常の法的手続に訴える権利を妨げない（消費法 L. 623-29 条）。

(4) 先行するグループ訴訟の抑止効

こうしてグループ訴訟が無事に終了したとしても，グループ訴訟において原告適格を有する団体は複数存在し，手続に関与しなかった団体には既判力が及ばないと理解されることから[86]，重複的なグループ訴訟が可能であるとすると先行するグループ訴訟と実質的に矛盾する判断がなされることとなる。そのため，消費法 L. 623-30 条は，既に責任判決の対象となったものと同一の事実，違法及び損害の賠償に係るグループ訴訟は受理されないと規定する。原告とならなかった団体は，重複しない限り，別に訴えを提起することができるが[87]，消費法 L. 623-31 条

---

86) この規律について，Héron et Le Bars, supra note 81, n° 108 は，既判事項の拡張（extension de la chose jugée）であるとしている。これに対し，Julien, supra note 46, n° 486; Raymond, supra note 82, n° 189 は，消費法 L. 623-30 条を既判力の拡張として理解している。

87) これに対し，Héron et Le Bars, supra note 81, p. 100 は，訴訟手続の併合や関連性の抗弁（exception de connexité）によって別々に判決が言い渡される事態は解消され，仮に別々に判決が言い渡されたとしても，消費者が加入できるグループは 1 つだけなので，裁判所の判断について矛盾が生じることはないと指摘する。

なお，関連性の抗弁とは，異なった 2 つの裁判所に提起された事件（請求）について，共通の問題を基礎としているために矛盾した判決がなされるおそれがあることなどから，それらを併せて審理し判決することが司法の利益になるような関係が存する場合に，裁判所の一方が裁判権を放棄し，その審理を他方の裁判所へ移送するように要求することを認めるものとされる。

により，原告団体が懈怠している場合には，L. 623-1条の適用による提訴の後いつでも，その権限の代行を裁判官に求めることは可能である。

2 簡易グループ訴訟

このほか，簡易グループ訴訟と呼ばれる簡易迅速な手段も用意されている。すなわち，被害を受けた消費者及びその数が特定されており，これらの消費者が同額の損害を受けたか，なされた給付に応じて同じ額の損害を受けた又は期間に応じて同じ額の損害を受けたときは，裁判官は，事業者の責任について判決した後，事業者に対し，その定める期間内にその定める方式に従い，消費者に直接かつ個別的に賠償するよう命じることができる（消費法L. 623-14条）[88]。この決定は，通常の不服申立て及び破棄申立ての対象とならなくなったときは，その決定の定めによる賠償を受け入れることを許すため，事業者の費用でする関係消費者に対する個別の通知措置の対象となる（消費法L. 623-15条）。賠償を受け入れた消費者に関して，事業者が定められた期間内にされた決定を履行しないときは，消費法L. 623-19条[89]及びL. 623-20条[90]が適用され，決定の定めによる賠償の受け入れは，賠償を目的とした団体への授権とみなされる（消費法L. 623-16条）。

このような簡易グループ訴訟についてオプトインを前提とした手続なのか，オプトアウトを前提とした手続なのかについて，見解の対立が認められる。まず，オプトインを前提とするという立場からは，手続対象者に個別に通知がなされたとしても，賠償を受け入れることが表明されない限り，非通知者が手続に含まれることはないとされる[91]。すなわち，消費者は自らに提案された賠償を受け入れて初めて賠償を得る（既判力を対抗される）ことになっていて，グループへの加入と賠償の受け入れで違いがないと理解される[92]。これに対し，一種のオプトアウトの

---

88) 事業者が顧客リストを有しているであろう新聞やインターネットといった定期予約の事例が想定されている。V. HÉRON et LE BARS, supra note 81, p. 106.
89) 消費法L. 623-19条「責任判決をした裁判官は，判決の実施の際に生じる紛争について解決する。」
90) 消費法L. 623-20条「原告団体は，事業者が認めなかった賠償請求について判断した判決の強制執行のため，所定の期間内に事業者による賠償を受けなかったグループのメンバーである消費者を代理する。」
91) CALAIS-AULOY et TEMPLE, supra note 43, n° 666; Olivia SABARD, L'action de groupe à la française, *Dr. et pro.* 2014, p. 136; HÉRON et LE BARS, supra note 81, p. 106.

手続を認めたとする見解によれば，対象消費者の加入というプロセスを簡略化し，個別の通知措置を前提としつつ意思の不表明を黙示の授権とみなすのが簡易グループ訴訟であるとされる。ここでの見解の対立は，次節で述べるグループ訴訟の特質について，1段階目の手続を集団的利益論の一種として把握するか代位訴訟として把握するかという対立を反映したものであるように思われる。

3 和解によるグループ訴訟の終了

ここまではグループ訴訟が判決手続によって終了する場合の流れを概観してきたが，民事訴訟の一般的な理解による限り，当事者，すなわち原告団体と被告事業者の合意によって手続が終了することも許容される。消費法 L. 623-22 条によると，司法組織並びに民事，刑事及び行政の訴訟に関する 1995 年 2 月 8 日の法律第 95-125 号第 2 編第 1 章［筆者注：調停に関する総論的な規定］所定の条件の下，グループ訴訟の対象となる個人的な損害の賠償を得るための調停には，原告団体のみが参加することができるとされる。

さらに，消費法 L. 623-23 条 1 項は，グループの名でされるすべての合意は，裁判官の許可に服し，裁判官は，合意が適用される可能性のある者の利益に適合していることを確認して合意に執行力を付与すると規定する。同条は，調停（médiation）と題する節に配置されているが，すべての合意が対象となっているので，調停における合意以外のものについても適用される条文であると理解することができる。このような和解内容の（義務的な）審査は一般に認められるものではなく，グループ訴訟の一つの特徴ということができる。また，同条 2 項において，関係する消費者に対しその合意に加入する機会を与えるために必要な公告の方法並びに当該加入の期間及び方式について当該合意において明らかにする旨が規定され，責任判決による場合と平仄が合わせられているのも，上記のような内容審査がなされることと一定の関係を有するものと考えられる。

---

92) SABARD, supra note 91, p. 136; HÉRON et LE BARS, supra note 81, p. 106.
93) Emannuel JEULAND, Substitution ou représentation ?-À propos du projet d'action de groupe, *JCP G* 2013, p. 927; CADIET et JEULAND, supra note 51, p. 313.
94) 次節 II **2** において改めて検討する。
95) さらに，消費法 L. 623-27 条 2 項や消費法 L. 623-29 条・消費法 L. 623-30 条により，裁判所による和解の許可と個人の請求権の時効中断や既判力の拡張が結び付けられ，判決と

4 競争法上のグループ訴訟

ここまでは典型的な消費者被害を念頭においた規定であるが，1 (2) で前述した通り，消費法上のグループ訴訟は，②その損害が商法典第4編第2編又はEU運営条約101条及び102条の意味での反競争的な行為によって生じたもの[96]（消費法L. 623-1条2号）も対象とされる。そのため，競争法に固有の事情に鑑みて，競争法に関するグループ訴訟の特則が規定されている。具体的には，(i)事業者の違法を確認し，もはや違法の確定に関する部分について不服申立てを受けない国内又はEUの機関又は裁判所による事業者に対してなされた決定に基づく場合にのみ，グループ訴訟で確認することができること（消費法L. 623-24条）[97]，(ii)グループ訴訟の前提となる当該決定は不服申立てができなくなった日から5年の期間を超えないものであること（消費法L. 623-25条），(iii)公示措置に関してのみ，責任判決の仮執行を命じることができること（消費法L. 623-26条）が定められている。

5 2016年法以降の状況と個別法に固有の事情

(1) 2016年法と個別法

2016年法[98]の提示する共通枠組みを検討する前に，同法の形式面において2014年法と大きく異なる点を一つ確認しておく。すなわち，2014年法とは異なり，2016年法は団体による差止訴訟を含む形でグループ訴訟を規定しているのである[99]。しかし，このような規定の仕方については，グループ訴訟の定義を曖昧にしているとの批判も加えられている[100]。たしかに，集団的利益に関わる差止訴訟と個別的利益を前提とするグループ訴訟は区別されるべきとされるものの，次節で後

和解で平仄が合うように調整されている。

96) 例えば，価格カルテルや優越的地位の濫用である。Daniel Mainguy, *L'action de groupe en droit français*, 2014, p. 79.

97) 本条2項には本条1項の適用について事業者の違法を反証することができない旨が規定されていたが，2017年3月9日のオルドナンス第303号により廃止された。

98) Loi n° 2014-344 du 17 mars 2014 relative à la consommation.

99) しかも，個人情報保護事件に関するグループ訴訟は事業者の義務違反の差止めのみを対象とする規定となっていた。ただし，同訴訟類型は2018年12月12日のオルドナンス第1125号1条によって廃止されている。

100) Soraya Amrani-Mekki, L'action de groupe du 21e siècle: un modèle réduit et réducteur ?, *JCP G*, 2015, p. 2030; Chainais et al., supra note 26, p. 1434; Julien, supra note 46, p. 640 note 95.

述するように，訴訟物に着目すれば，違法行為の差止めと同一の違法行為に起因する相手方の責任原因の存在の確認はかなり類似している。そして，2016年法のグループ訴訟も，基本的な訴訟構造は2014年法をベースにしており，単に訴訟物として違法行為の差止めも行うことができるとしているにすぎない。したがって，グループ訴訟の内容に差止訴訟としての要素が取り込まれていたとしても，個別的な請求権に係る団体による2段階型の賠償請求訴訟であるという内実は必ずしも失われないと解されよう。

2016年法の内容を概観すると，法律上又は契約上の義務の違反を共通の原因として，類似の状況におかれた数人が同一人によって引き起こされた損害を被ったとき，グループ訴訟が開始され（2016年法62条1項），原告の提出する個々の事案に鑑みて責任判決がなされる（2016年法66条）。しかし，2014年法と異なり，グループ訴訟の開始前に相手方に対して催告することが必要とされ，催告後4か月が経過しないとグループ訴訟が受理されない点（2016年法64条），第2段階における損害額の確定手続が詳細に規定された点が特徴的である。

いずれの点も，相手方と申立団体との間の合意による解決を促進することに期待したものである。まず，必要的催告については，4か月の猶予期間中に相手方にグループ訴訟に対応した準備をする猶予を与えることで，相手方は和解に応じやすくなるとされる。ただし，（消費法と同様に）公衆衛生法においてはこのような催告は必要とされず（公衆衛生法L. 1143-2条4項），労働法においては催告期間が6か月に延長されている（労働法L. 1134-9条3項）など，紛争の特性に応じた微妙な調整がなされている。

次に，第2段階の手続について，2014年法の手続は第1段階に相当の比重が置かれ，第2段階の手続に関する消費法L. 623-18条以下は極めて簡素な規定となっていたが，2016年法は，グループ訴訟を損害賠償のための個別手続（2016年

---

101) Projet de loi portant application des mesures relatives à la justice du XXIème siècle déposé le 31 juillet 2015, n° 661, p. 20.

102) 消費法及び公衆衛生法上のグループ訴訟は2016年法の制定前に既に創設されており，その段階で既に議論が尽くされている面があったことがその理由として挙げられる。

103) 差別事件はより和解的解決が望ましいからであるとされる。ただし，差別差止請求をしていた場合などには当該請求が催告に代替する。Maria-José AZAR-BAUD, Variations autour du régime de l'action de groupe, JCP E, 2017, n° 27, p. 1381参照。

法69条以下）と損害清算のための集団手続（2016年法72条以下）に分解し，対象消費者が賠償を得るまでの経過がより明らかなものとされた。その結果，差別事件と公衆衛生事件については，損害賠償のための個別手続のみが想定される（公衆衛生法 L. 1143-11条，労働法 L. 1134-10条）など，手続のあり方がより柔軟なものとなっている。

そのほか，2016年法の枠組みにおいては，簡易グループ訴訟の手続（消費法 L. 623-14条以下）が存在しない点が指摘できる。次節で後述するように，グループ訴訟と簡易グループ訴訟のような代位訴訟は法的性質が異なると考えるならば，簡易グループ訴訟はグループ訴訟それ自体の特質と関係するものではなく，消費者紛争の特性から特別に認められた例外的な手続であることになるだろう。また，訴訟の原告は，保険法 L. 124-3条の適用による責任者の民事責任を保証する保険者に対して直接訴えることができるとされ（2016年法83条），グループ訴訟の被告となり得る者が拡大されている。

また，2016年法の細目を定める2017年3月6日のデクレ第888号により，民事訴訟法典にもグループ訴訟に関する規定が挿入されるに至った（民事訴訟法典848条以下）。ここでは，特に裁判管轄などの手続的細目が整序されている。

最後に，公衆衛生法が友誼的賠償合意（la convention d'indemnisation amiable）として調停に関する規定を多く有している点も一つの特徴として挙げられる（公衆衛生法 L. 1143-6条以下）。[104]

(2) グループ訴訟の現況と評価

以上のように対象範囲が拡大されたにもかかわらず，2014年以降に提起されたグループ訴訟は32件のみで，そのうちの20件は消費者に関する事件であったとされる[105]。32件のうち，12件では請求が棄却され，14件はまだ進行中となっている。肯定的な結果が得られたのは6件（すなわち，20%未満）のみで，そのうち3件は責任判決に至り，3件は和解によって終了した。こうした調査結果と2020

---

104) その含意は必ずしも明らかではないが，公衆衛生紛争の特性に由来すると解されている。

105) 以下の記述につき，v. Proposition de loi n° 639 relative au régime juridique des actions de groupe, p. 2; Philippe GOSSELIN et Laurence VICHNIEVSKY, Rapport d'information n° 3085 sur le bilan et les perspectives des actions de groupe, 11 juin 2020. いずれの資料でも，グループ訴訟は満足のいく成果を得るには至っていないとの評価がなされている。

年11月25日の代表訴訟（representative actions）に関するEU指令を受け，2023年3月9日に一連のグループ訴訟に関する規定を改正する法案がセナ（Sénat）で可決されたものの，現実の立法には未だ至っていない。

---

106) EUの動向については，第2章**第1節**でまとめて後述する。
107) そのため，グループ訴訟の改正に向けた近時の動向については本書には収めず，八木敬二「グループ訴訟改正法案の動向について」成蹊法学101号（2025年）210頁以下にまとめている。

第2節　グループ訴訟の特質

｜　集団的利益の種差

1　グループ訴訟と集団的利益論の関係

1　グループ訴訟の立法段階における議論に照らして

第1節｜1で前述したように，グループ訴訟に関する議論は，その嚆矢であるCalais-Auloy教授による立案段階から2段階型の手続を指向するものであった上，Guinchard教授による実質的な修正によって理論的な正当性が付与されたことで現実的な立法化に耐え得るものとなっていた。ただ，事業者の責任を確認する1段階目の訴権がなぜ正当化されるかという点はなお不分明であったと評価される。例えば，グループ訴訟における原告団体は被害者ではないため何ら請求権を有してないことからすると，この訴権は一般的利益の問題ではないか，という疑問が生じる。このほか，個別的利益の亜種としての個別的利益の総和（somme des intérêts individuels）が措定されることもあるが，この個別的利益の総和という考え方には，個別的利益をまとめることで訴訟上の効率性などのメリットが生じるという実践的な意味しか仮託されていなかった。

2　Azar-Baud による再定位

(1)　集団的利益の種差

この個別的利益の総和に関する訴権について，Maria-José Azar-Baud 准教授は，集団的利益という観点から再定位する。すなわち，存在論的・経験論的にみ

---

108) Soraya AMRANI-MEKKI, L'action de groupe est-elle d'intérêt général ?, in: Gilles J. Guglielmi, *L'intérêt général dans les pays de common law et de droit écrit*, 2017, p. 182.
109) CHAINAIS et al., supra note 26, p. 165 (n° 197).

て，集団訴訟は広義の集団的利益（intérêt collectif *lato sensu*）の保護に関する訴訟であり，広義の集団的利益は，狭義の集団的利益（intérêt collectif *stricto sensu*）と個別的で均質な利益（intérêts individuels homogènes）に区分される。[110] そして，個別的利益の総和は個別的で均質な利益の問題にほかならず，グループ訴訟はこの個別的で均質な利益として扱われるものであるとした。[111]

具体的な場面の違いとしては，狭義の集団的利益は，そのメンバーの個人的な利益の全体を包含しながらもそれを超える一般的かつ抽象的な存在とみなされる集団体の利益が問題となる。[112] この集団的利益は，前述したように個別的利益を越えている点で個別的利益とは異なる性質を有する。[113] いわゆる拡散的利益（intérêt diffus）もここに分類されるべきものである。[114] これに対し，個別的で均質な利益は，グループのメンバーに共通する個別的利益の単純な並列関係が問題となる場面である。[115] そのため，メンバーが自己の固有の利益において直接的な侵害を受けていることが前提となる。[116]

両利益の理論的な違いは，そこに観念される法律関係が可分か不可分かという点である。[117] 狭義の集団的利益の場合，保護対象は消費者一般の不可分な利益であるが，個別的で均質な利益の場合の保護対象は消費者の可分な利益である。[118]

---

110) Azar-Baud, supra note 47, p. 33.

111) Azar-Baud, supra note 47, p. 33. そのほか，狭義の集団的利益が問題となるものとして私訴権・差止訴訟が存在し，個人的で均質な利益が問題となるものとして共同代位訴権が存在するとされる。

112) Azar-Baud, supra note 47, p. 33.

113) Azar-Baud, supra note 47, p. 33.

114) Azar-Baud, supra note 47, p. 33. 同 pp. 32-33, 62-63 によると，拡散的利益という概念は 1970 年代にイタリアで発展し，狭義の集団的利益に位置付けられるものであるが，比較法的に見た場合，拡散的利益の内容は，法的保護に値するか否かを問題とする方向性と特定可能性に着目する方向性に分けられるとされる。

115) Azar-Baud, supra note 47, p. 33. 現行のグループ訴訟に対する同種の指摘として，Maria-José Azar-Baud, Droits, prejudices et pretention processuelle dans les actions de groupe, *JCP E*, 2017, n° 26, p, 1358.

116) Azar-Baud, supra note 47, p. 33.

117) Azar-Baud, supra note 47, pp. 29, 71. 不可分性は，法律上又は事実上の見地から分離又は細分化が不可能な場合に認められる。V. Azar-Baud, supra note 47, p. 67.

118) Azar-Baud, supra note 47, pp. 29, 71. 必ずしも明言されていないものの，法律関係の可分性を前提とすることから，個別的で均質な利益は狭義の集団的利益と個別的利益の中間

このような形で個別的利益（の総和）と集団的利益を明確に区別することは，集団的利益の意義を確定する上で有用であり，その結果，集団的利益の侵害と個別的利益の侵害を区別し両者の共存を可能にする。すなわち，「消費者の集団的利益の侵害による直接又は間接の損害で，認可団体が賠償請求することができる損害は，侵害の直接の被害者が個別に被った損害でその者だけが賠償請求することができる損害とは混同されない」との従来的な理解とも整合する。狭義の集団的利益の場合に認められる損害賠償は個々人が受ける賠償とは異なるが，個別的で均質な利益の場合，まさに個々人が受ける賠償との関係が問題となる以上，グループ訴訟は個別的利益の賠償の延長に位置付けられるという整理がされることになる。

(2) 訴訟上の帰結への反映

訴訟法的な観点から分析する場合，Azar-Baud 准教授の指摘する集団的利益の種差は，1段階目の訴訟との関係では，訴えの利益及び当事者適格に関わる問題として顕在化する。

まず，訴えの利益については，実体的利益の所在と訴権の行使が切り離されなければならないが，それは狭義の集団的利益の考え方が応用できる。すなわち，訴えの利益は原告と請求の目的を結び付ける概念と位置付けられる。同時に，外在的に法によって付与される原告適格は，集団訴訟に関していえば，原告が保護対象の利益を代表しているか否かを内包する概念として体系化されることとなる。

特に原告適格について，狭義の集団的利益の場合には当事者は真正の代表と仮定される。すなわち，消費者団体への認可の付与は，消費者の集団的利益の保護のための代表性の識別を支えるものであり，代表性に関する反証を許さない推定（presomption *iuris et de iure*）を導くものである。これは，狭義の集団的利益が不可分な法律関係に関わる利益であることから，そこでの紛争は閉鎖的なものであり，代表者が尊重する他の利益は存在しない。これに対し，個別的で均質な利益が問題となる場面では，信託的な代表であるにすぎず，その代表性は反証を許す推定

に位置付けられるような利益であると考えられる。

119) Cass. crim. 20 mai 1985, Bull. crim. n° 190. V. Cass. civ. 1re, 9 mars 2004, Bull. civ. I, n° 80.
120) Azar-Baud, supra note 47, p. 283.
121) Azar-Baud, supra note 47, pp. 373 et s. そのほか，既判力及び時効の更新・完成猶予に関する検討もなされている。

(presomption *iuris tantum*) によって支えられているにすぎない[122]。このことは，個別的で均質な利益における法律関係は可分であり，したがって手続対象者の（主観的）権利に関する解決がいくつかの道に開かれている（換言すれば，グループメンバー間の利益対立を招来せしめるおそれがある）ことに由来する。ここでの代表性の欠缺は，相手方又はグループのメンバーによる異議によって反証され，代表性を監督する役割は裁判官に認められることとなる。

(3) 評　価

Azar-Baud 准教授の博士論文は，2014 年にグループ訴訟が制定される前の 2011 年に同論文が提出され，2013 年に書籍として出版されたこともあって，グループ訴訟の導入を推奨すると同時に主要な問題点について検討を深めることに眼目が置かれている。そのため，現行のグループ訴訟とは異なる立法提案もあり，Azar-Baud 准教授の博士論文においてなされた議論がそのまま現行のグループ訴訟に妥当すると考えられるわけではない。そこで，集団的利益の種差という総論部分と訴えの利益などに関する各論部分を分け，現行グループ訴訟との関係を確認する。

(a) **集団的利益の種差について**　集団的利益論の再定位という点に限っていえば，同論文の書籍化の際に序文を執筆した Loïc Cadiet 教授は，その序文において，「この区別は本質的なものである。なぜなら，伝統的な個人主義に基づく自由な手続の欠点は 2 つの場合において同じものではなく，したがってその 2 つを仮定したとき，集団的な訴訟手続（procès collectif）は同一のシステムには服しないからである」と述べている。また，前述した 2016 年法案について，この 2 つの利益状況の区別を重視し，差止訴訟を含む形でのグループ訴訟という呼称について，action d'un groupement と action de groupe を混同することになるとの批判が加えられていること[123]からも，集団的利益の種差が意識されていると考えられる。

しかし，この action d'un groupement と action de groupe を混同することになるとの指摘を見てもそうであるように，個別的で均質な利益という分類が現行の

---

122)　現行グループ訴訟に対する同種の指摘として，Azar-Baud, supra note 103, n° 27, p. 1381.
123)　Amrani-Mekki, supra note 100, p. 2030.

グループ訴訟に対して与えた影響の程度は明らかとは言い難い。ただ，前述したCalais-Auloy 教授による法律案の Guinchard 教授による実質的な修正という経緯と Cadiet 教授による Azar-Baud 准教授の博士論文に関する評価を参照する限り，現行のグループ訴訟との関係でいえば，団体による 1 段階目の手続における訴権を理論的に裏付けたのが Azar-Baud 准教授であると評価することができるだろう。そして，前述したように法律関係の可分性を前提とすることや集団的利益の保護に係る訴訟と個別的利益の総和の保護を図るグループ訴訟を区別する記述があることを併せて考えると，[124] 個別的で均質な利益は，職業集団や消費者一般といった保護対象の属性に着目した集団的利益とは異なり，保護対象が一定の属性を有しない（だからこそ被害者が不特定であっても許される）グループに訴権を付与する理論構成であると考えることができる。このグループは 1 段階目の手続においては顕在化せず，1 段階目の手続で審理されるのは責任判決の対象となる集団的な既判事項であるため，客体（個別的な請求権）の集団性に着目したのが個別的で均質な利益であるということもできるだろう。

　(b)　**各論について**　各論部分をみると，Azar-Baud 准教授は，原告団体の代表性の統制手法として，被告及びグループのメンバーによる異議又は裁判所による監督といった方法を認めているため，そのまま現行のグループ訴訟に当てはめて考えることはできない。しかし，特に当事者適格に関して，従来的な集団的利益との関係でグループ訴訟を把握しようとした点に現行グループ訴訟にも妥当する理論構成が見出せるように思われる。すなわち，狭義の集団的利益の場合と類比したとき，個別的で均質な利益について代表性に不足があり，その統制について裁判所が介入すべきとしている点が注目される。[125] Azar-Baud 准教授が個別的で均質な利益において想定していたのは訴訟全体に係る代表性であるが（だからこそ相手方又はグループのメンバーによる異議による解決を試みる），現行の 2 段階型

---

124)　CHAINAIS et al., supra note 26, p. 1434.
125)　Maria José AZAR-BAUD, L'entrée triomphale (?) de l'action de groupe en droit français, *D.* 2013, p. 1488 でも，裁判官による統制権限は適格消費者団体にアドホックに原告適格を認めるための手段であり，原告団体（ただし弁護士は含まれない）又はその補助者の不十分な代表性に関わるものと整理される。このこととの関係で，2014 年法により認められるグループ訴訟が暫定組織にすぎない団体や弁護士といった主体の原告性を排除することは，例えば被告の競業者によるグループ訴訟の濫用を防止することにつながるとして肯定的に評価されている。

のグループ訴訟にこの理論を当てはめた場合，狭義の集団的利益の場合と同様に適切な代表性が観念できる段階（第1段階）と不十分な代表性しか観念できない段階（第2段階）に分けることができる。その結果，責任判決までは認可消費者団体による差止訴訟類似の確認訴訟で，2段階目は加入消費者の授権によって団体の当事者適格が基礎付けられるという形で手続の構造を把握することが可能になる。また，IIにおける和解の検討との関係で，詳細は後述するが，代表性を補完する裁判所による統制は，2014年法及び2016年法がmédiationを規律する節で「グループの名でする合意」について裁判所による和解の内容審査及び許可を要求すること[126]，同様に2016年法における損害清算のための集団手続の際には裁判所が合意の内容を審査して許可を与えることとの関係で一定の示唆を与えるものであるように思われる。[127]

3 立法におけるグループ訴訟の位置付け

(1) 2014年法の立法理由

次に，立法理由を見ることでAzar-Baud准教授の見解との距離を測定する。

---

126) 消費法L. 623-23条1項（2016年法76条1項も全く同じ規律である）
　　「グループの名でされるすべての合意は，裁判官の許可に服する。裁判官は，合意が適用される可能性のある者の利益に適合していることを確認し，合意に執行力を付与する。」
127) 2016年法73条
　　「1　責任判決をした裁判官は，被害者のグループへの加入のために66条所定の判決によって定められた期間内に，場合によっては部分的に，関係するグループのメンバーに受け入れられた当事者間の合意の許可の申立てを受ける。
　　2　裁判官は，68条所定［筆者注：損害清算のための集団手続の実施］の決定の期限に関して当事者及びグループのメンバーの利益の保護が不十分と思われる場合には，許可を拒否し，新しく2か月間の交渉を言い渡すことができる。
　　3　全体の合意がない場合，裁判官は，残存する損害額の確定のために本条1項で定められた期間において付託される。このとき，裁判官は，同じく68条所定の決定で定められた制限において裁判をする。
　　4　前記68条所定の判決が既判力を有することになる日から1年以内に提訴がなければ，グループメンバーは，66条所定の判決によって責任があるとされた者に対し，賠償請求をすることができる。このとき，本準節第1パラグラフで規定された損害賠償の個別手続が適用され得る。
　　5　68条所定の判決に基づき遅延的又は濫用的な形で合意が締結されたとき，訴訟手続の原告又は被告に対して，最大50,000ユーロの民事罰金が言い渡される。」

2014 年法の問題意識は，消費者契約に関する紛争は非常に多くの消費者に関わるものであるが，訴額があまりに少ないため，個別訴訟を断念する消費者は相当数にのぼると考えられる点にあった[128]。このような大量の消費者紛争の処理に最も適合的な賠償訴訟がグループ訴訟であり，この訴訟を通じて同一事業者の違法行為又は濫用行為によって同一又は類似の被害状況に置かれた多数の消費者の賠償請求を集束することが可能とする[129]。もっとも，法的安定性及び経済的安定性の観点から，訴訟の対象となる損害の範囲，原告適格者，裁判管轄を制限する必要があった[130]。そして，原告適格を有する認可消費者団体は，消費者の集団的利益の保護を定款の目的とすることから，未特定の被害消費者のグループを代表する訴えの利益及び原告適格に関する正統性が認められる[131]。認可によって事業者の利益に対する独立性が担保され，競業者の傀儡となって手続の遅延を引き起こすリスクも避けることができる[132]。2 段階目は消費者が賠償を得るための手続で，基本的には合意によって処理されるが，それが難しい場合には裁判所の決定によって紛争が解決される[133]。

　以上の 2014 年法の立法理由は，訴訟の目的が集団的利益の一種に関わることを必ずしも明示するものではないが，原告適格者である認可消費者団体が消費者の集団的利益の保護を任務とすることに着目しており，集団的利益を前提とした議論との一定の関係性が窺われる。

(2) 2016 年法の立法理由

　その後成立した 2016 年法は，2014 年法が消費者及び競争関係の紛争のみを対象とする限定的な法律であることから，同種の手続を（立法によってグループ訴訟の導入が選択される）その他の紛争にも適合するような一般的な枠組みとして構築することを試みる。この試みは，差止訴訟のみならず損害賠償訴訟についても集団的な権利保護を要請する 2013 年 6 月 11 日付の EU 勧告に対応するものでもあっ[134]

---

128) Projet de loi n° 1015 du 2 mai 2013 sur le droit de la consommation, p. 3.
129) Projet de loi, supra note 128, p. 3.
130) Projet de loi, supra note 128, p. 4.
131) Projet de loi, supra note 128, p. 4.
132) Projet de loi, supra note 128, p. 4.
133) Projet de loi, supra note 128, p. 5.
134) Recommendation 2013/396/EU of the European Commisssion of 11 June 2013 on common principles for injunctitve and compensatory collective redress mechanisms in the

た。

2016年法の立法理由によれば，共同的な訴えの利益が存在することでグループ訴訟が認められるところ，損害の個別化の程度によって異なる手続的アプローチが必要となるとされる[136]。すなわち，損害賠償のための個別手続は，人身損害などの個別性が強い場合に実施され，同手続における原告団体に対するグループへの加入申出は原告団体が当該申出人を裁判上代位するための委任を意味するとされる（相手方に対し直接グループへの加入申出をするときはこの限りでない）[137]。これに対し，損害清算のための集団手続は，責任判決の時点で金額が判明していた又は総額が判明し得る損害といったシンプルな事案に対応しようとする手続である[138]。このほか，無益な裁判を避け，合意による解決を重視し，事前の催告を必要的なものとしたとされる[139]。

以上の2016年法の立法理由を見ると，個別性の強い事案に対応するため，2段階目の手続を個別手続が主軸となるよう2014年法の手続を再構成したように見受けられる。そして，簡易グループ訴訟として認められるような事案について，損害清算のための集団手続を用意することで，簡易迅速な手続が可能となるよう配慮したものと考えられる。

4　Jeulandの見解

以上のように，2014年法の段階では集団的利益の保護に近いことを窺わせる記述があるのに対し，2016年法の段階では集団的利益論を窺わせる記述が消失していることからすると，（集団的）利益の性質に着目してグループ訴訟を基礎付けるAzar-Baud准教授の見解とは異なり，訴訟における消費者団体の地位を分析して既存の手続との連関を見出すEmannuel Jeuland教授の見解も注目すべきであるように思われる。Jeuland教授は，消費法上のグループ訴訟について，1

Member States concerning violations of rights granted under Union Law [2013] OJ K 206/60. この勧告については，第2章**第2節**|**1**|で後述する。

135)　Projet de loi, supra note 101, n° 661, p. 19.
136)　Projet de loi, supra note 101, p. 19.
137)　Projet de loi, supra note 101, p. 20.
138)　Projet de loi, supra note 101, p. 20.
139)　Projet de loi, supra note 101, p. 20.

段階目の責任判決までが法定代位（substitution）であり，それが2段階目の対象消費者の加入によって任意代位（représentation）に転換すると考える[140]。そして，この2段階目における対象消費者の加入は委任（mandat）を意味するものの，消費者に分配する前に金銭を受領するためだけに規定されたものと理解する[141]。このような代位構成の根拠としては，集団的利益論と異なり個別的な請求権を前提とすること，団体が訴訟の名義人となるのは特に損害額が非常に少なくて訴訟を提起しない者に代わってその者の訴権を行使することに手続の意義が認められること，グループ訴訟によって手続対象者の時効期間が中断されること[142]，他の適格団体による権限代行が認められていること[143]の4点に求められている[144]。

同様の理解は2016年法によって創出されたその他のグループ訴訟についても維持しているが，2016年法によって損害清算のための集団手続（procédure collective de liquidation des préjudices）[145]が新たに整えられたことを重視し，2016年法の手続

---

140) JEULAND, supra note 93, p. 1609 (n° 927). représentation は直訳すると「代理」であるが，当事者は団体で訴訟物の実体的帰属者がグループのメンバーであると理解されているので，代位損害賠償のような一種の任意代位であると解される。これとの対比で substitution を法定代位と意訳している。

141) JEULAND, supra note 93, p. 1609 (n° 927).

142) 消費法 L. 623-27 条
「1　L. 623-1 条所定の訴えは，L. 623-4 条又は L. 623-14 条所定の判決により確定された違法によって生じた損害の賠償に係る個人の請求権の時効を中断する。
2　L. 623-4 条もしくは L. 623-14 条の適用によりされた判決がもはや不服申立てを受けなくなった日又は L. 623-23 条所定の許可の日から，時効期間が再度進行する。ただし，この期間は6月を下回ることはない。」

2016年法77条
「1　グループ訴訟は，裁判官によって確定された違反又は76条の適用により許可された合意において取り上げられた違法によって生じた損害の賠償に係る個人の請求権の時効を中断する。
2　判決がもはや不服申立てを受けなくなった日又は合意が許可された日から，時効期間が再度進行する。ただし，この期間は6月を下回ることはない。」

143) 消費法 L. 623-31 条（2016年法81条も実質的に同一の規定である）
「全国レベルで活動し，L. 811-1 条に基づき認定を受けたあらゆる消費者保護団体は，原告団体の懈怠の場合には，L. 623-1 条の適用による提訴の後いつでも，その権限の代行を裁判官に求めることができる。」

144) JEULAND, supra note 93, p. 1610 (n° 927).

145) 3 (2) 参照。

においては2段階目の手続までが法定代位であり，強制執行のみが任意代位となると把握する。そして，損害清算のための集団手続（及びグループ訴訟の用意するmédiationの規律）は，非訟手続に近く，これを指し示す適切な用語が存在しないが，訴訟手続関係（lien d'instance）とは別個の保護手続関係（lien procédural de protection）であると位置付ける。この保護手続関係における団体は，企業の保護手続における裁判上の管理人，企業の清算手続における債権者の代理人又は裁判所の定める清算人と類似する。このような理解は，手続対象者がグループ訴訟に参加する（participer）にすぎず，当事者は常に団体であることからも裏付けられる。

5 整理

グループ訴訟は，クラス・アクションと比較すると，消費者は，事業者の責任が確認された後にグループへ加入するかどうかを決断する点に独自性がある。また，グループ訴訟がなされていたとしても，グループに加入していないのであれば別途個別訴訟をすることも可能である。そのため，2014年法と2016年法を問

---

146) Emannuel JEULAND, Retour sur la qualification de l'action de groupe à la lumière de la loi de modernisation de la justice du XXIe siècle, JCP 2017, n° 354. イタリアのクラス・アクションにおける代位の理解に示唆を受けた見解であるとされる（ただし，イタリアの手続は消費法にのみ認められた財産管理関係に近く，確認判決を経由する2段階型であるとの性質決定をするには慎重な検討が必要であるように思われる）。

147) JEULAND, supra note 146, pp. 626-628 (n° 354). 保護手続関係の特徴は，非訟的であること，そのため解決に期間がかかることであるとされる。

148) JEULAND, supra note 146, pp. 626-628 (n° 354). 字義的にも両手続の類似性は看取される。なお，清算人とは，裁判所の裁判に基づき，債権者を代表し，場合によっては企業の清算手続を遂行することをその任務とする司法代理人である。その詳細については，山本和彦『フランスの司法』（有斐閣，1995年）351頁以下参照。

149) JEULAND, supra note 146, p. 628 (n° 354).
消費法L. 623-32条（2016年法82条も全く同じ規律である）
「ある者に対してグループ訴訟に参加する（participer）ことを禁じることを目的とした条項又はそのような効果を有する条項は，すべて書かれていないものとみなす。」

150) HÉRON et LE BARS, supra note 81, p. 104. 同書p. 108では，クラス・アクションの場合，クラスの外延が画定されるだけであるが，判決の段階と選択の段階を逆転させたものと評されている。

151) 実際，2015年にフォルクスワーゲン社の排ガス不正事件が問題となったとき，弁護士によって個別の訴訟がまとめられるという動きがあったようである。

わず，グループ訴訟がいわゆる2段階型の手続であることは明らかであるように思われる。

問題は，Azar-Baud 准教授のように集団的利益の一種としてグループ訴訟を理解するか，Jeuland 教授のように代位訴訟の一種として理解するか，である。Jeuland 教授の指摘するように，団体が2段階目においてもある意味で専権的に手続を追行する場合があることからすると，代位訴訟であるとの理解にも相応の説得力があるように思われる。しかし，前述した2016年法の立法理由によれば，損害清算のための集団手続は損害額の算定が容易な事案を対象とするものにすぎず，むしろ個別手続が後続するのがデフォルトの構造になると理解されているように見受けられる。このことは，2016年法73条4項が，原告団体による手続の進行がなければ損害賠償のための個別手続が実施される旨を規定していることからも窺われる。関連して，1段階目の手続において他の適格団体による権限代行が認められることと対比すると，2段階目の手続は1段階目の手続とは状況が異なるように思われる。すなわち，2段階目の手続においては，手続対象者はその主体性が回復され，自ら手続に関与することが期待される構造に変容しているとの理解は，2016年法によっても変わらない。

このように，2016年法は，Jeuland 教授のような代位構成を補強するものではなく，むしろグループ訴訟が代位訴訟ではなく明確な2段階型の手続であることを明らかにしているように見受けられる。そして，2016年法の対象事案が個別性の強い人身損害を除外しないものであることからすると，Jeuland 教授が代位構成の前提とする少額性に起因する個別提訴の困難が認められるかには疑問がある。人身損害の場合，個別性が強いがゆえに個別訴訟が期待できる度合いが物的損害よりも大きいと考えられ，金額も少額にとどまらない場合がそれなりに存在すると予想される。前述した2014年法の立法理由も，必ずしも消費者の脆弱な地位や少額性を前提とせず，個別的な請求権を集束することに重きを置いている。

---

152) 2016年法73条4項
「前記68条所定の判決［筆者注：損害清算のための集団手続を実施することを決定する判決］が既判力を有することになる日から1年以内に提訴がなければ，グループメンバーは，66条所定の判決［筆者注：責任判決］によって責任があるとされた者に対し，賠償請求をすることができる。このとき，本準節第1パラグラフで規定された損害賠償の個別手続が適用され得る。」

以上のような立法状況からすると，Jeuland教授の見解は必ずしも現行法と一致しない。実際，Jeuland教授は2段階目において個別訴訟が可能であることに批判的である。[153]

このように分析すると，Jeuland教授の見解よりも，集団的利益の一種としてグループ訴訟を理解するAzar-Baud准教授が現行のグループ訴訟の理論的基礎として適合的であり，本目1及び2で前述した立法経緯などからすると，大方の理解もAzar-Baud准教授の見解を前提としているように思われる。ただ，Azar-Baud准教授の見解が現行のグループ訴訟にどこまでの影響を与えているかは必ずしも明らかではない。2016年法73条2項によって整備された和解の方法，すなわち損害清算のための集団手続で当事者及びグループメンバーの利益の保護が不十分と思われる場合に，裁判官が許可を拒否し，新しく2か月間の交渉を言い渡すことができるという規律は，Azar-Baud准教授の見解に影響されているようにも見て取れる。仮にAzar-Baud准教授の見解が前提とされているのであれば，グループの名でする合意に対する裁判所による統制の内容も同様の規律と位置付けられる。[154]

ここでいえることは，Azar-Baud准教授の見解によれば，代表性の反証を許さない以上，グループ訴訟における原告団体の訴訟追行権限は1段階目の手続にしか認められないということである。この理解は，上記和解の前提を成すものであるように思われるが，この点に関する手続法的な議論は必ずしも十分になされていない。そのため，Ⅱで実体法的な考察を踏まえた検討を改めて行うこととする。

2 グループ訴訟の一般性

1で述べたように，グループ訴訟が集団的利益の一種である個別的で均質な利益によって基礎付けられると考えた場合，個別的で均質な利益が代表されているのであれば，手続対象事案を限定する理由は存在しない。このことは，2014

---

153) JEULAND, supra note 93, p. 1610 (n° 927). ただし，裁判上の清算人などとの類似性を見出すのであれば，なおさら他の財産管理人が選任されずに個別訴訟に委ねられる点が説明し難いようにも思われる。

154) JEULAND, supra note 146, p. 629 (n° 354) も，損害清算のための集団手続とグループ訴訟で用意されるmédiationを統一的に把握している。

年法の段階で，手続の実効性を確保するために個別性の強い人身損害及び精神的損害は適用対象から外されることとなったものの，2016年法は人身損害にも対応する手続構造を明確にしていることからも明らかである。

そこで，まず，消費法に関する適用範囲を見ると，2018年11月23日の法律第1021号により，グループ訴訟の対象となる事業者の義務違反が消費法上の義務違反に限定されないこと，不動産賃貸借が適用範囲に含まれることが明確にされている。これは，グループ訴訟が実体法としての消費法の影響を受けないこと，すなわち消費者という被害者の主体的属性と結び付けられる議論の参照を必要としないことを表しているといえるだろう。

次に，適用法領域に関して，消費法上のグループ訴訟の一環として認められる競争法を見てみると，商法典第4巻第2編又はEU運営条約101条及び102条，すなわちカルテル又は優越的地位の濫用に関する事案が手続の対象となっている（L. 623-24条）。2014年法の立法理由でも，携帯電話に関する価格カルテルが典型的な適用事例として挙げられている。このような反競争行為は，消費者に集積的損害を生じさせるものとして一般に認められている類型であり，実体法上の必要に基づいて手続の対象とすることが認められている。また，競争法違反を認定する当局等による判断の前置を要求する点について，そのような判断がないと事実上裁判所は判断することができないことがその理由であるとされる。ただ，グループ訴訟を審理する裁判所が当局等による判断に拘束されるわけではない。その

---

155) Projet de loi, supra note 128, p. 4.
156) 前掲注82) 参照。
157) 消費法 L. 623-24条
　「事業者に対して主張された違法が商法典第4巻第2編又はEU運営条約101条及び102条で定められた規則に関するものであるときは，事業者の責任は，その違法を確認し，もはや違法の確定に関する部分について不服申立てを受けない国内又は欧州連合の機関又は裁判所による事業者に対してされた決定に基づく場合にのみ，L. 623-1条所定の訴訟において確認することができる。」
158) Daniel MAINGUY, *L'action de groupe en droit français*, 2014, p. 79.
159) Projet de loi, supra note 128, p. 4.
160) MAINGUY, supra note 158, p. 79.
161) MAINGUY, supra note 158, p. 79.
162) 2014年法の時点では当局等による判断が裁判所を拘束する旨が規定されていたが，2016年法の制定に伴う改正によって裁判所に対する拘束性が否定された（L. 623-24条参

ため，当局等による判断を前置することの意義は後退している。

　また，2016年法は，公衆衛生法及び環境法上のグループ訴訟について，人身損害を対象とすることを認めている（公衆衛生法L. 1143-2条，環境法L. 142-3-1条）。これらの規定は，2016年法の立法過程で適用対象が定められたわけではなく，公衆衛生法で既に定められていたグループ訴訟の適用対象と，生物多様性，自然及び景観の保護に関する法律（loi n° 2016-1087 pour la reconquête de la biodiversité, de la nature et des paysages）の立法過程で草案に規定されていたグループ訴訟の適用対象が2016年法に集約された，という経緯の下で定められたものである。

　公衆衛生法については，ここ数十年の間に健康被害に関するスキャンダルがいくつか発生し，2002年3月4日法によって実施されたCRCI（地方医療事故損害調停委員会）における友誼的紛争解決手続も一定の成果を得たものの，未だ十分な提訴数に達していないことから，より広く実効的な手続としてグループ訴訟を創設するものとされる[163]。他方で，環境法については，2016年1月18日の元老院第一読会での検討においてグループ訴訟に関する規定が設けられた。その理由としては，想定される被害に比して提訴数が少ない点が挙げられている。

　これらの立法理由からすると，グループ訴訟が用意されたのは通常想定される提訴数に達していない現状を打破するためであり，手続の対象となる損害類型が限定されているのも，通常想定される提訴との関係で設定されたものであると考えられる。すなわち，手続対象となる損害類型の限定は，グループ訴訟の無限定な拡大を防止するという法政策上の問題であると理解される[164]。グループ訴訟の共通枠組みを提示した2016年法の立法経緯からしても，グループ訴訟は現行法で妥当する領域に限定されるものではないだろう。したがって，2段階型の手続は，損害額など2段階目の手続で審査される判決事項の個別性の強さにかかわらず，

　　照）。

163)　医療事故が発生した場合，CRCIは，患者から補償の申立てを受け，鑑定や書類審査を実施した後，医療者の過失の有無や損害の程度などについて裁定を下すこととなる。この裁定は法的拘束力を有しないが，ONIAM（国立医療事故補償公社）が裁定に従うことで紛争解決の実効性が担保されることになる。フランスの医療ADRについては，我妻学「フランスにおける医療紛争の新たな調停・補償制度」首都大法学会雑誌46巻2号（2006年）49頁以下，山本和彦「医療ADRの可能性」同『ADR法制の現代的課題』（有斐閣，2018年）342-344頁なども参照。

164)　AMRANI-MEKKI, supra note 100, p. 2030参照。

認められ得るものであるといえる。

II グループ訴訟における集合的和解

1 一般的な和解との差異

1 一般法上の合意の許可の方法

　従来，民事訴訟法典は，和解の許可について，1441-4条[165]で執行力を付与する手続を定めていた。しかし，条文上許可に際して具体的に何が審査されるかが必ずしも明らかでなかったところ，破毀院2011年5月26日判決[166]は，「大審裁判所所長は，民事訴訟法典1441-4条の適用により和解に執行力を付与するための請求について裁判するが，その統制は合意の性質及び公序良俗との一致にのみ向けられる」と判示し，和解の許可手続のあり方を明らかにした。ここでいう合意の性質としては，合意内容の執行可能性などが想定される。

　その後，2012年1月20日のデクレ第66号45条によって上記1441-4条は削除されたが，同デクレによって和解に執行力を付与するための新たな規定が設けられた。具体的には，民事訴訟法典1565条[167]，1566条[168]，1567条[169]が創設され，調停

---

165) 民事訴訟法典1441-4条
　「大審裁判所所長は，和解の当事者による申請を受理し，提出された証書に執行力を付与する。」
　　同条は，1998年12月28日のデクレ第1231号によって創設されたものである。同様の規定は調停の結果として得られた合意についても存在し，1995年2月8日法21-5条は，調停合意は「裁判官による許可に服し，裁判官は当該合意に執行力を付与する」と規定する。
166) Cass. 2e civ., 26 mai 2011, n° 06-19. 527, Bull. civ., II, n° 120.
167) 民事訴訟法典1565条
　「1 調停，勧解又は参加型手続（procédure participative）の当事者が獲得した合意は，執行力の付与のため，当該事案において訴訟を受け持つ権限のある裁判官の許可を受けることができる。
　2 合意について付託された裁判官は，その文言を修正することができない。」
　　なお，参加型手続とは，裁判官又は仲裁人への申立てがなされていない紛争の当事者が，協同し，かつ誠意を持って当該紛争の友誼的解決又は訴訟の準備を行う旨の契約に基づく合意ベースの手続である（民法2062条1項参照）。
168) 民事訴訟法典1566条

による合意などを含む和解に関する手続的なあり方が明確化された。

　まず，調停の結果として得られた合意か単なる和解かは，互譲の有無によって区別される[170]。そして，和解については，上記破毀院 2011 年 5 月 26 日判決が妥当すると考えられる[171]。すなわち，裁判官による審査の対象は合意の性質及び公序良俗違反の有無であり，詐欺又は強迫のような潜在的な合意の瑕疵を考慮することは許されない[172]。このような形式審査のみであるから，対審的な審理なく，当事者は執行名義を得ることができると理解される[173]。

2　グループ訴訟における集合的合意の許可の方法

　グループ訴訟では，グループの名でする合意には，上述した形式上の審査のみならず，和解内容の審査及び許可が必要であるとされている（消費法 L. 623-23 条）[174]。これは，次の 2 つの点で裁判所の権限を拡大するものである。一つは，通常の許可は裁判所によって任意になされるにすぎないのに対し，グループ訴訟に

　　「1　裁判官は，当事者の聴取を必要と考える場合を除き，申請について弁論なしで裁判する。
　　　2　裁判官が申請を認容するならば，すべての利害関係者は，その裁判をする裁判官に決定を仰ぐことができる。
　　　3　合意の許可を拒否する決定は，控訴の対象となる。この控訴は，控訴院書記課への申告によってなされる。控訴は非訟手続に応じて裁判される。」
169)　民事訴訟法典 1567 条
　　「1565 条及び 1566 条の規定は，調停，勧解又は参加型手続によることなく締結された和解に適用される。そのとき，裁判官は，和解の任意の当事者又は和解当事者全員による申立てを受ける。」
170)　Thierry Le Bars, Le contrôle de la médiation de la consommation par le juge, in: Vincent Thomas, La médiation de la consommation, 2017, p. 141.
171)　Le Bars, supra note 170, p. 141.
172)　Le Bars, supra note 170, p. 141.
173)　RTD civ. 2011, p. 594, obs. Roger Perrot.
174)　消費法 L. 623-23 条
　　「1　グループの名でされるすべての合意は，裁判官の許可に服する。裁判官は，合意が適用される可能性のある者の利益に適合していることを確認し，合意に執行力を付与する。
　　　2　当該合意は，関係する消費者に対しその合意に加入する機会を与えるために必要な公示の方法並びに当該加入の期間及び方式について明らかにする。」

おいては義務的である点に認められる。もう一つは、一般法上の和解を許可するときには合意の性質並びに公序良俗との一致だけを審査するのに対し、グループ訴訟の場合、さらに、裁判官は合意が「適用される可能性のある者の利益に適合している」かどうかを審査しなければならない点に認められる。すなわち、グループ訴訟における裁判官の任務はより重要になっているのである。

　この規定は、法案提出段階で構想されたものではなく、和解的解決を促進する趣旨で国民議会において追加されたものである[175]。そのためか、必ずしもその方法や根拠が理論的に解明されているわけではないように見受けられる。審査の方法も、グループ訴訟に関する規律の中に特則が設けられていない以上、前述した一般法上の合意の許可と同一のものが妥当するようにも思われる。しかし、消費法L. 623-22条[176]が、上記民事訴訟法典ではなく、1995年2月8日の法律第125号第2編第1章を指定していることからすると、上記民事訴訟法典1566条に定められているような当事者の聴聞が必ずしも認められるわけではないように思われる。そして、裁判官が弁論なしで、すなわち当事者を聴聞することなく判断するにもかかわらず、合意の内容を入念に審査する必要があるというのは適切でないとされている[177]。

　そうだとすると、手続対象者に対する聴聞手続を用意しておらず、一般法に従って和解審査のための手続がなされるグループ訴訟における集合的合意の許可は、和解の文言や消費法L. 623-23条2項によって要求される形式を備えているかといった観点から、裁判所が判断することのできる限度でなされると整理することが許されよう。

---

175) Jeuland, supra note 93, n° 927.
176) 消費法L. 623-22条
　　「司法組織並びに民事、刑事及び行政の訴訟に関する1995年2月8日の法律第125号第2編第1章所定の条件の下、L. 623-1条所定の個人的な損害の賠償を得るための調停には、原告団体のみが参加することができる。」
177) Le Bars, supra note 170, p. 141.

2 集合的和解の統制手法

1 集合的和解の実体法上の法律構成

　グループの名でされた合意の法律構成についても，必ずしも活発な議論がなされているわけではないが，同様にアメリカの和解クラス・アクションを参考にした集団的調停（médiation collective）[178]は，第三者のためにする契約（stipulation pour autrui）[179]であるとされている。

　第三者のためにする契約は，元々は改正前民法 1121 条[180]に限定的に規定されているだけであった。しかし，特に贈与との関係でそのような規律のあり方に反省が迫られた結果，判例及び学説によって許容範囲の拡大が図られることになる。具体的には，「自身のためにする契約」との関係で，無形の利益でも「自身のため」であると拡大的な解釈が図られ[181]，「他人のためにする贈与」は負担付贈与も許されると理解された[182]。今日では，2016 年 2 月 10 日のオルドナンス第 121 号により，現在の民法 1205 条以下に規定されるような一般的な類型として認められ

---

178) Héron et Le Bars, supra note 81, p. 99. 同書によれば，集団的調停は通常 1 対 1 でなされる調停を集団的に行う実務的な工夫であり，グループ訴訟における調停も集団的調停の一種であるとされる。もっとも，集団的調停それ自体が理論的に深められているわけではなく，グループ訴訟のように特別の規定が存在するわけでもない。

179) Lionel Ascensi et Sabine Bernheim-Desvaux, La médiation collective, solution amiable pour résoudre les litiges de masse ?, CCC, 2012, n° 9, p. 8.

180) 旧民法 1121 条
　「同様に，それが自身のためにする契約又は第三者のためにする贈与の条件であるときは，第三者の利益のために（au profit d'un tiers）契約することができる。この契約を締結した者は，第三者が受益の意思を表示したときは，これを撤回することができない。」

181) Marcel Planiol et Georges Ripert, Traité pratique de droit civil français VI, 1930, p. 485 (n° 353).

182) Planiol et Ripert, supra note 181, p. 458 (n° 353).
　もっとも，ここで想定された負担付贈与は，第三者に負担を負わせるものではなく，諾約者に負担を負わせるものである。

183) 次の民法 1205 条及び 1206 条が第三者のためにする契約の基本構造を規定している。
民法 1205 条
　「1　他人のために契約することができる。
　2　一方契約者である要約者は，他方契約者である諾約者が第三者である受益者の利益において給付をなすよう約束することができる。この受益者は将来の人でもよいが，

ている。[184]

　もっとも，和解は互譲によって特徴付けられることからすると，第三者のためにする契約によって和解がなされる場合，第三者に債権を与えるだけではなく，既存の権利の処分を伴う和解になることが多いだろう。これは，一定の負担を伴う第三者のためにする契約であり，そのような第三者のためにする契約が許されるかについては，前述した2016年改正後の民法は沈黙している。[185]

　学説に目を向けると，「伝統的に，第三者のためにする契約は，第三者である受益者の利益のための権利のみを生じさせることができた」[186]とか，旧民法1121条については民法1165条（契約の相対効の原則）に関する消極的な例外，すなわち第三者を債務者とする契約を認めるものではないと指摘されており[187]，第三者に負担を伴うことについては否定的な見解が一般的であったように見受けられる。そして，旧民法1119条[188]のいわゆる請合いの約束については，第三者が債務者となるのではなく，特定の第三者の行為を約束した契約者のみが義務を負うと理解されていた。[189]そのような状況において，この問題に関する議論を活性化させる端緒

　　　　正確に指名されるか又は約束の履行のときに特定され得る者でなければならない。」
　　民法1206条
　　「1　受益者は，当該契約により，諾約者に対して給付を求める直接的な権利を与えられる。
　　　2　しかし，要約者は，受益者が承諾するまでは，契約を自由に撤回することができる。
　　　3　当該契約は，受諾が要約者又は諾約者に到達した時から撤回できなくなる。」
184）　Projet de loi ratifiant l'ordonnance n° 016-131 du 10 février 2016 portant réforme du droit des contrats, du régime général et de la preuve des obligations の理由説明によれば，当事者間の契約の効果の相対性の原則と第三者との関係を明確にすることが目的の一つとされている（第三者のためにする契約に固有の理由を説明する記述は認められない）。
185）　François Terré et al., Les obligations 12ᵉ éd, 2018, p. 776（n° 699）; Alain Bénabent, Droit des obligations, 18ᵉ éd, 2019, p. 226（n° 260）.
186）　Philippe Malaurie et al., Les obligation, 5ᵉ éd, 2011, p. 427（n° 819）.
187）　Henri Mazeaud et al., Leçons de droit civil II obligations théorie général, 9ᵉ éd, 1998, p. 894（n° 767）（1956年の初版から同様の記述が維持されている）. 同様に，François Terré et al., Les obligations, 7ᵉ éd, 1999, p. 621（n° 538）も，第三者に義務を負担させることには利用できないとする。
188）　旧民法1119条
　　「一般に，自分自身のためにのみ義務を負い，自己の名で約定することができる。しかし，第三者の行為を約束して，第三者のために請け合うことはできる。」

となったのが，破毀院1973年4月10日判決を初めとする一連の破毀院判決である。同判決は，「第三者のためにする契約は，第三者の利益のための権利のみを生じさせることができ，その第三者の関与なく約定された義務をその負担で設定することはできない」として，一見すると第三者に負担を伴う契約は許されないとの判断を示したとも考えられる。しかし，その後に登場した破毀院1978年11月21日判決では，第三者が運送代金支払義務を負う形の第三者のためにする運送契約がなされた事案について，第三者のためにする契約であることを前提とした判断がなされている。そして，この問題に関する原理的解決を図ったのが，破毀院1987年12月8日判決である。同判決は，第三者のための贈与に受贈者による15年間の譲渡禁止条項などが付されていた事案について，「第三者のためにする契約は，受益者によって承諾されているのであれば，一定の義務に拘束されることを排除しない」として，広く第三者のためにする契約を認めるに至った。

この破毀院1987年12月8日判決に対する学説の応答は，伝統的な第三者のためにする契約との関連で説明する見解と，もはや第三者のためにする契約ではないとする見解に分かれている。前者の見解によれば，第三者のためにする契約の時点で第三者に直接的な権利が認められ，その付随的な合意として第三者による一定の義務の引受けが認められる。そして，当該義務は，第三者が承諾した場合に初めて発生するとされる。この場合，第三者が承諾するか否かの判断を可能とするために，予定される義務を明確に規定しておくことが求められる。これに対し，後者の見解によると，第三者が義務に拘束されることなく権利を得ることは

---

189) Mazeaud et al., supra note 187, p. 895 (n° 768).

190) Cass. Civ. 3ᵉ, 10 avr. 1973, Bull. civ. III, p. 197 (n° 273).

191) Boris Starck et al., Obligations 2. Contrat, 5ᵉ éd, 1995, p. 550 (n° 1338) は，受益者によって獲得される諾約者に対する権利はすべての負担を伴わないことを認めた判決であると分析する。

192) Cass. Civ., 1ʳᵉ, 21 nov. 1978, Bull. civ., I, p. 276 (n° 356).

193) Cass. Civ. 1ʳᵉ, 8 déc. 1987, Bull. civ., I, p. 246 (n° 343).

194) 一連の破毀院判決について，Alain Sériaux, *Droit des obligations*, 1992, p. 194 (n° 52) は，破毀院による試行錯誤 (tâtonnement) であったと評する。

195) D. 1989, Som. p. 233, obs. Jean-Lue Aubert.

196) Aubert, supra note 195, p. 233.

197) Aubert, supra note 195, p. 233.

ないため，もはや民法1165条（契約の相対効の原則）の例外ではなく，第三者による承諾の時点で権利及び義務が発生すると分析される。[198]

現在の状況を見るに，破毀院1987年12月8日判決を伝統的な第三者のためにする契約の枠内で説明する見方が多数であるように思われる[199]。この場合，第三者による承諾の存在が決定的なものと見られることとなる[200]。すなわち，通常の第三者のためにする契約の場合には承諾はその前に生じている権利の帰属を確定され撤回できないものにするだけだったのに対し[201]，負担を伴う第三者のためにする契約ではまさに義務の発生に承諾が必要なものとされ，第三者が承諾なく義務を負わされることで合意の相対効の原則が侵害されるのを防ぐという役割を果たすことになる[202]。受益者は，受諾するか拒否するかは自由なので，その意思に反して負担を強制されることはない[203]。ただし，受諾する場合は利益と負担をまとめて受け入れなければならないという合意対象の一体性が認められる[204]。

---

198) Christian LARROUMET, *Droit civil III les obligations, le contrat*, 5ᵉ éd, 2003, n° 807 bis pp. 967-968.
199) TERRÉ et al., supra note 185, p. 783 (n° 711); BÉNABENT, supra note 185, p. 226 (n° 260); Muriel FABRE-MAGNAN, *Droit des obligation*, 4ᵉ éd, 2016, p. 597 (n° 532); Guy VENANDET, La stipulation pour autrui avec obligation acceptée par le bénéficiaire, *JCP*, 1989, I. p. 3391; Didier R. MARTIN, La stipulation de contrat pour autrui, *D*. 1994, p. 145.
200) RTD civ. 1988, p. 532, obs. Jacques MESTRE; BÉNABENT, supra note 185, p. 226 (n° 260).
201) TERRÉ et al., supra note 185, p. 783 (n° 711). 撤回については，前述した2016年2月10日のオルドナンス第121号によって詳細な規定が設けられた。
　　民法1207条
　　「1　撤回は，要約者又はその死亡後はその相続人だけがなし得る。要約者又はその相続人は，受益者に承諾のための催告をした日から3か月の期間が満了後にのみ撤回をすることができる。
　　2　新たな受益者の指定を伴わないのであれば，撤回は，場合に応じて，要約者又はその相続人に利益となる。
　　3　撤回は，第三者である受益者又は諾約者がそれを知ったときから効力が生じる。
　　4　遺言によってなされた場合は，死亡時に撤回の効力が認められる。
　　5　最初に指定された第三者は，その利益のためになされた契約を一度も享受していないものとみなされる。」
202) TERRÉ et al., supra note 185, p. 783 (n° 711).
203) BÉNABENT, supra note 185, p. 226 (n° 260).
204) BÉNABENT, supra note 185, p. 226 (n° 260).

2 グループ訴訟における集合的和解[205]

(1) 条文の規定

　グループ訴訟では最終的な賠償額や認容判決の公示の結果として生ずるレピュテーションリスクが不確定であるから，訴訟に伴うリスクをコントロールするため，事業者が和解したいと考えるような場面は十分に想定される。そして，消費法は，集合的和解に関する規定を2つ用意している。その一つである消費法 L. 623-22 条は，「司法組織並びに民事，刑事及び行政の訴訟に関する 1995 年 2 月 8 日の法律第 125 号第 2 編第 1 章所定の条件の下，L. 623-1 条所定の個人的な損害の賠償を得るための調停には，原告団体のみが参加することができる」と規定する。これは，認可消費者団体によってなされるグループ訴訟の手続中に裁判所による調停がなされる可能性を示すとともに[206]，消費者がその当事者となることを排除するものである。もう一つの消費法 L. 623-23 条は，「グループの名でされるすべての合意は，裁判官の許可に服する。裁判官は，合意が適用される可能性のある者の利益に適合していることを確認し，合意に執行力を付与する。当該合意は，関係する消費者に対しその合意に加入する機会を与えるために必要な公示の方法並びに当該加入の期間及び方式について明らかにする」と規定する。これは，一般法に基づく和解と比べてユニークな規定である。

(2) 適用範囲

　消費法 L. 623-22 条及び同 23 条が「médiation」と題された節に位置することから，これらの規定は調停の場合にだけ適用されると考える余地もある。実際，憲法院は，グループ訴訟の合憲性の審査の判断の中で，消費法 L. 623-23 条（旧 L. 423-16 条）が調停に関する規定であるかのような説明をしている。すなわち，「L. 423-15 条［注：現 L. 623-22 条］及び L. 423-16 条［注：現 L. 623-23 条］は，調停に関するもので，かつ手続の第 1 段階を始めた団体だけが調停に参加し，その合意が裁判官による許可を得るであろうと規定する」[207]と述べている。

　しかし，調停（médiation）と勧解（conciliation）は法的性質において異なることはなく，その手続主宰者が全くの第三者か裁判官・勧解人であるかの違いがあるに

---

205) 以下は Matthieu Brochier, la «transaction de groupe», *JCP E*, 2014, p. 1622 (nº 49) に負うところが大きい。

206) Brochier, supra note 205, p. 1622 (nº 49).

207) Cons. const., déc. nº 2014-690 DC, 13 mars 2014, consid. 8.

すぎないとされるのが一般的である[208]。そうだとすると，médiation は勧解，ひいては当事者間の和解一般を対象としていると理解するのも不可能ではないだろう。

そして，調停に起因する和解だけでなくグループ訴訟におけるすべての和解に消費法 L. 623-23 条が適用されると考えるべきだと考えられる[209]。その理由は，法律の文言が「グループの名でされるすべての合意」という一般的なものになっていることが挙げられる。また，すべての和解を含むと広く解釈することは，消費者を保護し，消費者への賠償を容易にするという法の精神にも合致する。

(3) 和解内容の審査と和解内容の制限

消費法 L. 623-23 条は，「合意が適用される可能性のある者」の利益に適合しているかどうかを確認するという任務を裁判官に課している。「合意が適用される可能性のある者」には，まだ明らかとなっていない関係消費者だけではなく，被告事業者も含まれると考えられる[210]。

また，消費法 L. 623-23 条は，締結された和解が「関係する消費者に対しその合意に加入する機会を与えるために必要な公示の方法並びに当該加入の期間及び方式」を明らかにしなければならないとして，当事者の契約自由性に一定の制限を加えている。これは，責任判決後の公示及び加入と平仄を合わせた規定でもある。

これらの規定については，消費者保護の公序であるとの指摘があり[211]，この理解によれば，裁判所による許可又は公示等を欠く和解は無効であると理解されることとなる。

(4) あり得る和解の具体例

(a) 事業者と一人又は複数の個別消費者との和解　被告事業者は，認可消費者団体によって既に提訴されていたとしても，関係する一人又は複数の消費者

---

208) HÉRON et LE BARS, supra note 81, p. 943. 勧解とは，手続主宰者による和解勧試を意味する。フランスにおける médiation の位置付けなどについては，垣内秀介「フランスの ADR 法制」法律時報 85 巻 4 号（2013 年）50 頁以下，同「フランスにおける ADR」仲裁 ADR 法学会＝明治大学法科大学院編『ADR の実際と展望』（商事法務，2014 年）139 頁以下も参照。

209) BROCHIER, supra note 205, p. 1622 (n° 49). また，MAINGUY, supra note 96, pp. 81 et s. は，グループ仲裁の整備を指向する。

210) BROCHIER, supra note 205, p. 1622 (n° 49).

211) BROCHIER, supra note 205, p. 1622 (n° 49).

と直接かつ個人的に和解することができる。これは，民法 2044 条所定の一般法規範の適用の帰結である。同様に，消費者も，個人で訴えを提起しない又はグループ訴訟を利用しない代わりに賠償を得るという目的で事業者と個人的に和解を締結することができる。

　このような形での和解は最初のグループ訴訟で既に想定されており，Foncia 社に対するグループ訴訟を開始した UFC-Que choisir[212]は，自己のインターネットサイトで次のような内容を消費者に向けて公表した。すなわち，手続対象者は Foncia によって提案された和解を自由に受け入れることができるが，その金額が最終的に裁判官によって採用される賠償より少なくてもグループ訴訟を利用することができなくなる旨を教示したのである[213]。これは，上記のような理解を前提とするものと考えられる。

　この和解の場合，特定人を対象とするものであるから，「グループの名でされる合意」（消費法 L. 623-23 条）が問題となるわけではない。つまり，消費法 L. 623-23 条は適用されず，一般の和解の規律に従うこととなる。したがって，和解は当該合意に署名した当事者間でのみ既判力を有することとなり（民法 2052 条），その当事者は，任意で一般法上の許可を要求することができる。そして，その他の関係消費者は，この特定人のための和解の適用を主張することができず，事業者と別の和解を交渉するか又は個人で訴えを提起しなければならないこととなる。

　(b)　事業者と認可消費者団体との間でなされる和解
　（ⅰ）　グループ訴訟前の和解　　事業者と認可消費者団体の和解については，まず，グループ訴訟の前に和解をするという場面が考えられる。民法典 2044 条は「将来の紛争を予防する」ための和解を許容しているため，そのような和解も同条の射程に含まれる。

　現に，団体によるグループ訴訟前の和解（裁判外の和解）が正当化されることを前提とすると見られる動きが散見される。具体的には，法務大臣による 2014 年 9 月 26 日の通達は[214]，「グループ訴訟が開始されていないならば，訴訟係属の前に，つまり裁判外で，認可消費者団体が関係する事業者と調停の方法を試みることは

---

212)　フランス最大の消費者団体である。
213)　v. Brochier, supra note 205, p. 1622 (n° 49).
214)　Circulaire du 26 septembre 2014 de présentation des dispositions de la loi n° 2014-344 du 17 mars 2014 relative à la consommation.

妨げられない」との見解を示している。

このように，グループ訴訟前の和解が観念され得るとしても，手続法的な観点からそのような和解に制限を加える余地は存する。例えば，消費法L. 623-1条によって認可消費者団体に与えられた授権は裁判上の訴えに限定され，しかも「消費者が被った個人的な損害の賠償を得る」ためにのみ許されているのは，厳格に解釈されるべき「何人も代理人によって訴訟せず」との原則の例外であるから，法定範囲でのみ認可消費者団体は行動することができる旨の指摘がなされている[215]。

(ⅱ) グループ訴訟後の和解　次に，グループ訴訟の開始後に事業者と原告消費者団体が和解する場合はどうか。消費法L. 623-23条の想定通り，原告消費者団体は，「グループの名で」事業者と和解することができる。もちろん，当該和解に加入しない消費者はこの和解に拘束されず，個人的に訴えを提起する又は個別的な和解を申し出ることができる[216]。

それでは，グループ訴訟開始後に裁判外の和解をすることも可能であると考えることができるか。この点について，(ⅰ)で前述した2014年9月26日の通達は，グループ訴訟開始後は裁判外の和解であっても消費法L. 623-23条の適用を受けることを前提としているように読める。同通達がどこまで想定したものかは必ずしも明らかではないが，(3)で前述した通り消費法L. 623-23条が消費者保護の公序を構成するのであれば，裁判所の許可を経なければならないと解する余地がある。実際，消費法L. 623-23条は裁判内／外を区別することなく「グループの名でされるすべての合意」が裁判所の許可に服するとしている。同条の趣旨が(主に)消費者の利益保護にあり，裁判所の許可を受けて執行力を有する和解の方が消費者に有利であることからすると，同条は消費者により有利な裁判上の和解のみを認めたと理解することもできる。

3 消費法以外のグループ訴訟における和解的解決

2016年法では，集合的和解について，消費法L. 623-22条及び同23条に相当

---

215) BROCHIER, supra note 205, p. 1622 (n° 49).
216) BROCHIER, supra note 205, p. 1622 (n° 49). もっとも，同論文では，団体によってなされた和解よりも高額の支払が認められるとは想像し難いとされる。

する規定がそれぞれ75条及び76条に規定されている。したがって，消費法以外のグループ訴訟においても上記の議論がそのまま妥当すると考えられるが[217]，1つだけ異なり得る点として，2016年法64条2項がグループ訴訟の開始を催告から4か月後にのみ認めていることから[218]，前述したグループ訴訟前の和解がなされる場面が増加する可能性があることを指摘することができる。

　この64条2項は，前記通達も認める通り，グループ訴訟開始前には裁判所による義務的許可等に関する規定が適用されないことを前提としたものであるが，その理由は必ずしも明らかではない。

---

217) 公衆衛生法L. 1143-6条以下はより詳細に調停の実施方法について規定しているが，2016年法に含まれているように，その実質において異なるところはない。
218) 第*1*節‖**2**5参照。

第3節 小　　括

　ここまでの検討からすると，まず，先行的な確認訴訟の理論的基礎について，グループ訴訟は，一種の集団的利益である個別的で均質な利益を前提に，当該利益に基づき先行的な確認訴訟を認めたものであると理解できよう。これは，第1段階目の手続に限って見れば，従来認められていなかった原告団体に訴権，具体的には確認の訴えの利益を認める理論構成であると考えられる。その背景には，私訴権に関する議論に見られるように，集団的利益論が未確定の実体的利益を訴訟物として認める理論構成であり，必ずしも権利性を含意せず展開されたことから，個別的利益（の侵害を理由とする損害賠償請求訴訟）との両立が求められるグループ訴訟に応用する余地があったという点が重要である。

　また，個別的で均質な利益論を前提とすると，手続対象者がグループに加入する前の段階では，原告団体は2段階目の手続における訴訟追行資格を有しないこととなる。そのことを反映してか，グループ訴訟は，グループの名でされる和解（損害額等に関する合意を含む和解）について，裁判所による和解内容の審査及び許可という規律を特別に用意している。この規律は必ずしも理論的に整理されているわけではないが，このグループの名でされる和解を構成する実体法及び手続法上の諸要素を考慮すると，一定の示唆を得ることが可能であるように思われる。まず，実体法の観点からいえば，ここでの和解は第三者のためにする契約による和解であると考えられる。そして，和解が互譲によって特徴付けられることからすると，第三者のためにする契約による和解は第三者の権利を処分する性質を有しており，その意味で第三者に一定の負担を伴う第三者のためにする契約となる。このような負担を伴う第三者のためにする契約が認められるかについては実体法上議論の余地があるものの，第三者の承諾を要件として負担の発生を許容するのが今日における多数の見解であることが確認できた。ただ，この種の第三者のためにする契約は，第三者が承諾の判断をすることが前提となるから，第三者が和解内容などを確認できる状態にあることが望ましい。裁判所による和解内容の審査及び許可も，このような第三者保護の措置を担保することに資するだろう。他

方で，手続法上の観点から見ると，手続対象者の聴聞を前提としない以上は踏み込んだ審査はなされないと考えられることから，和解文言などを通じて，グループの名でする和解が手続対象者の利益に適合しているか否かが審査されることとなる。このような緩和的な審査で足りるとの理解は，和解がなお当事者の意思に基づいているとの上記前提に支えられていると考えられる。その意味で，ここでの手続的な規制は，当事者が自らの意思に基づいて判断するための前提を整えるものと位置付けることになるだろう。

　最後に，手続対象範囲についても，実体法上の議論と手続法上の議論を分けて考えることができる。実体法及び手続法で共通する視点（立法理由）としては，通常想定される提訴数におよそ達していない紛争類型について，グループ訴訟が創設されているという点が挙げられる。もっとも，個別的で均質な利益という理論構成を前提とすると，手続理論的には2段階型の訴訟を制限する必要はなく，2016年法によってもグループ訴訟の共通枠組みが明文化されているところである。実体法的な消費者などという属性も特に重視されていないところであった。これに対し，実体法の観点からすると，グループ訴訟を創設するのは提訴数の少なさを補うためであり，提訴数の少ない事例における典型的な被害の救済が図られれば一応の目的は達せられる。すなわち，典型的に想定される損害以外の損害については，通常想定される提訴の中に含まれず，グループ訴訟の立法理由が乏しい状況にあるといえる。このような2つの視点を併せて考えると，実体法的に救済されるべき典型的な損害（財産的損害と人身損害の2つが想定されている）が個別的に規定されていることにも意味があり，手続対象範囲を拡大する意義を考える上で一定の示唆があるように思われる。

第 2 章
ドイツ法

第 1 節　個別的な権利の集束

I　ムスタ確認訴訟に至るまで

　消費者裁判手続特例法上の手続に相当するドイツの民事手続は，IIで後述するムスタ確認訴訟（Musterfeststellungsklage）であった（2023年改正前ドイツ民事訴訟法（以下「ZPO」という）606条から614条）[1]。ムスタ確認訴訟は，IIで後述する投資家ムスタ手続と基本的な考え方を同じくしつつ，消費者保護に合わせた形でムスタ手続を再設計したものと考えられる。このムスタ手続と次で検討する差止訴訟に係る集団的利益論とは一見すると無関係であるように思われるが，同じく公共の利益における訴え（Klagen im Allgemeininteresse）との分類によって語られ[2]，裁判所による訴額の算定には確認目標に関わる公共の利益（Interesse der Allgemeinheit）が考慮される旨が示唆される[3]など，ムスタ手続は個別的な訴訟を超える意義を有する

---

1) 後述するように，現在では2023年10月13日に施行された消費者の権利の集束的な実現に関する法律（Gesetz zur gebündelten Durchsetzung von Verbraucherrechten，以下「VDuG」）によって規律が再整備され，ZPO 606条から614条の規定は廃止された。これより，ムスタ確認訴訟の規律が微修正されるとともに，2段階目の手続を個別訴訟に委ねない新たな訴訟類型としての被害救済訴訟（Abhilfeklagen）が認められた。Abhilfeklagen は，1段階目の手続主体（適格団体）と2段階目の実質的な手続主体（管財人ひいては個別消費者）を区別するという意味では本書の議論ないし結論をサポートするものと考えられるが，その最大の特徴は損害額の取扱い方にあると解されるため，本書で直接の検討対象とするのではなく，金銭配分業務に関わる2段階目の手続に焦点を当てて論じる機会に改めて詳論することとしたい。以下では旧法の規律を引用する。
2) *Rosenberg/Schwab/Gottwald*, Zivilprozessrecht, 18. Auflage, 2018, § 47 S. 254 ff.
3) BT-Drs. 19/2439, S. 29. ただし，BT-Drs. 19/2439, S. 15 では，消費者の裁判所へのアクセスが改善されることによって機能的かつ信頼の置ける法取引に係る公共の利益が守られるとされ，公共の利益の保護は二次的な位置付けにとどまる点は留意すべきである。既存の個別訴訟を集束するにすぎない投資家ムスタ手続が存在することからしても，ムスタ手続の特性と公共の利益の特性のどちらがムスタ確認訴訟に影響を与えるものかは慎重に検討する必要がある。

手続である点で一定の関連性が認められる。そこで，以下では，ドイツにおける集団的利益論の展開を概観した後，個別的な請求権の集束がムスタ手続の形で実現されるに至る流れを確認することで，Ⅱ以降で詳述するムスタ手続を既存の議論との関係で適切に位置付けるための素材を調達する。

1 集団的利益論の停滞

1 集団的利益論の端緒

(1) 公益保護のための差止訴訟

ドイツにおける団体による差止訴訟は，1896年に不正競争禁圧法（Gesetz zur Bekämpfung des unlautern Wettbewerbs）によって認められたのが始まりである。同様の規律は1908年の不正競争防止法（UWG）に引き継がれ，競業者及び営業利益促進団体が差止めの訴えを提起できる旨が定められた。団体による差止めの訴えを許容する趣旨は，真実に反する内容の宣伝の防止を個々の競業者の決断にのみ委ねることを避けるため，当事者能力を有することを条件に営業利益促進団体に個々の競業者と同一の権限を与えたものであるとされる。

この差止訴訟は，市場統制のための手段として創設されたものであることから，公的利益（öffentlichen Interesse）又は公共の利益（Interesse der Allgemeinheit）の保護の

---

4) 相対的な訴訟を超える意義を有するのは，ムスタ手続の一般的な特徴の一つである。Vgl. *Ludwig Kempf*, Problematiki des Musterprozesses, ZZP 73, 1960, S. 342.
5) Gesetz vom 27. Mai 1896, RGBl. S. 145.
6) ドイツの団体訴訟（Verbandsklage）については，一時期，日本の民事訴訟法学から強い関心を寄せられていた。例えば，ゴットフリート・バウムゲルテル（竹下守夫訳）「団体訴訟（Verbandsklage）」民事訴訟雑誌24号（1978年）154頁以下，ペテル・アーレンス（霜島甲一訳）「消費者保護における団体訴訟」民事訴訟雑誌24号（1978年）183頁以下，マンフレート・ヴォルフ（井上正三＝佐上善和訳）「ドイツ連邦共和国における団体訴訟（Verbandsklage）の理論と実際（一）～（三・完）」民商法雑誌80巻3号253頁以下，4号396頁以下，6号686頁以下（いずれも1979年），ペーター・ギレス（小島武司＝上原敏夫訳）「西ドイツにおける消費者団体訴訟をめぐる新たな政策と訴訟理論（上）（下）」ジュリ750号140頁以下，751号96頁以下（いずれも1981年）など。
7) Verhandlungen des Reichstags, Bd. 151, 9. Leg. IV Sess. (1895-1897) S. 104. なお，この団体が当該宣伝行為によって被害を受けた営業分野の保護を特別の目的としているか，あるいはより一般的な目的を有しているかは問わないとされる。
8) RGZ 120, 49; BGH, GRUR 1967, 432.
9) RGZ 128, 330; BGH, GRUR 1968, 106-107.

ための訴訟であると理解された。この状況は，不正競争防止法の保護対象に営業者又は営業利益促進団体のみならず消費者も含まれると理解され[10]，1965年の改正によって消費者団体にも差止訴訟が認められるに至っても変わらなかった。1965年改正の理由をみても，競業者又は営業利益促進団体の相互監視に基づく従来の規律では競争に係る消費者の利益は十分に守られず，訴訟を行う熱意も費用負担能力もない個々の消費者に独自の提訴権を与えても実効的でないことから，消費者団体に提訴権を与えられたにすぎないと説明される[11]。しかし，公的利益又は公共の利益の保護のためであるという説明だけで団体の提訴権が独立的に認められることが正当化できるわけではない[12]。営業利益促進団体に認められる提訴権については，第三者の権利の侵害又はその危険の排除が法定訴訟担当に基づき団体によって主張される[13]とすることで正当化する余地があったものの，消費者団体の提訴権については被担当者として想定される消費者に提訴権が認められていないことから，その利益が侵害され提訴権の認められる個々の消費者を媒介とした請求権が観念されず，直接的に消費者団体に提訴権を認める理論構成が必要となる。

(2) Wolfによる立法理由の敷衍

このような状況において，中間的利益を析出し，当該利益の消費者団体への帰属を認めることによって団体に独立した実体権が認められることを敷衍したのがManfred Wolf教授である[14]。Wolf教授は，団体訴訟の基礎には「競争法においては個人の利益侵害を確定できないことや時間的に後にならなければ利益侵害を確定できないことが多い」という事情への配慮があることを看破する。すなわち，不正な競争行為の結果，特定の個人の利益が侵害されたことが明らかとなる前に多数の関係人が不利益を受ける危険に晒されており，立法者は，この状態を放置しておくことはできないと考え，利益保護を時間的に早期に実現するため団体に

---

10) *Baumbach/Hefermehl*, Wettbewerbsrecht, 14. Aufl., 1983, § 13 UWG Rn. 20.
11) BT-Drs. IV/2217 S. 3 f.
12) BGHZ 41, S. 318; BGH GRUR 60, S. 379; 67, S. 430 ff; 68, S. 107; BGHZ 52, 396 = BGH NJW 1970, S 243.
13) *Walther J. Habscheid*, Die Wiederholung der abgewiesenen Heimtrennungsklage, GRUR 1952, S. 221 f; *Hans Berg*, Die Prozeßführungsbefugnisim Zivilprozess, Jus 1966, S. 461.
14) 以下の記述につき，vgl. *Manfred Wolf*, Die Klagebefugnis der Verbände, 1971, S. 16 ff.

よる差止訴訟を用意したのだと斟酌する。ただ，特定個人を保護主体とすることはできないため，営業者又は消費者の全体という集団を主体とするグループの利益 (Gruppeninteresse) が保護法益として措定され，この利益が侵害された場合に集団的利益の担い手たる団体が被害者として提訴権を与えられる。この帰結は，利益全体が侵害の危険にさらされた場合に不作為の訴えを提起することができるという一般原則の適用の結果にすぎない。したがって，集団的利益が追求されるときは，(旧) UWG 13 条の類推適用によって団体訴訟が許容される。

この Wolf の見解は，特に法律がなくとも団体訴訟を許容する点において強い批判を受けたものの，団体に独立の実体権が帰属することを正当化するための理論構成としては優れており，後述するように現行制度も同様の理解によって理論的に説明される。もっとも，Wolf の見解と対照的に純然たる訴訟上の提訴権であって実体法上の請求権を基礎とするものではないと捉える方向性もなお有力であり，この捉え方は一面において単なる利益侵害しかないようにも思われる団体訴訟の実態を良く表しているものと思われる。

(3) Thiere による中間的利益の精緻化

その後，この議論を理論的に精緻化し，公的規制への発展可能性を見出したのが Karl Thiere 教授である。Thiere 教授は，利益 (Interesse) とは，主体が客体に示す積極的な価値評価を意味し，個別的利益 (Individualinteresse) は，対象への

---

15) 旧 UWG13 条
「……［注：UWG の定める実体法の違反がある場合,］啓蒙及び助言により消費者の利益を保護することを定款上の任務とする団体で民事訴訟を提起できる者も，差止請求をすることができる。……」

16) *Karl August Bettermann,* Zur Verbandsklage, ZZP 85, 1972, S. 133. 権利保護を与えるための要件としては不明確で，具体的権利が侵害された又は侵害される危険があるという主張のみが裁判所による権利保護の要求を正当ならしめると指摘される。*Rosenberg/Schwab/ Gottwald,* a. a. O. (Amm. 2), § 47 Rn. 2 によれば，現在も，法律上認められた場合を越えて団体が差止訴訟を行うことはできないとされる。

17) *Walther Hadding,* Die Klagebefugnis der Mitbewerber und der Verbände nach § 13 Abs. 1 UWG im System des Zivilprozeßrechts, JZ 1970, S. 306; *Eberhard Keller,* Das Gesetz zur Regelung des Rechts der Allgemeinen Geschäftsbedingungen (AGB-Gesetz), MDR 3/1977, S. 187.

18) *Rosenberg/Schwab/Gottwald,* a. a. O. (Amm. 2), § 47 Rn. 2. 訴訟上の権限として捉える有力説として，*Axel Halfmeier,* Popularklagen im Privatrecht, 2006, S. 203 がある。

（主観的）関心又は対象を通じて獲得する（客観的）効用であると理解する[20]。これに対し，公的利益に位置付けられる訴訟，すなわち超個人的な利益（überindividuellen Interesse）の保護が問題となる訴訟の存在も指摘する[21]。この超個人的な利益は，その担い手が個々人にとどまらない利益に関する上位概念として措定され，個別的利益と公的利益の中間に位置するグループの利益と区別されることとなる[22]。超個人的利益との対比によって把握される集団的利益は，2人以上の者が特徴のある統一的な客観的指標に基づいて他の人々から区別され，そこにある集団が仮定される場合に認められる[23]。

　Thiere 教授による中間的利益論の精緻化は，個別的利益に還元できない中間的利益から行政訴訟における団体の一定の関与を理論的に基礎付ける契機を生んだものの[24]，それに伴って中間的利益論の主戦場は行政訴訟に移り，他方で，民事訴訟法学は後述する損害類型に着目することで個別的利益の集束に関心を移すこととなる。

(4)　現行制度の理解と集団的利益論の分化

　現行の差止訴訟については[25]，立法によって消費者団体に実体権が帰属するとの

---

19)　*Karl Thiere,* Die Wahrung überindividueller Interessen im Zivilprozess, Bielefeld 1980, S. 24; *Detlef Haß,* Die Gruppenklage, 1996, S. 23; *Regina Viotto,* Das öffentliche Interesse, 2009, S. 17.
20)　*Thiere,* a. a. O. (Amm. 19), S. 28; *Halfmeier,* a. a. O. (Amm. 18), S. 203.
21)　*Thiere,* a. a. O. (Amm. 19), S. 3.
22)　*Thiere,* a. a. O. (Amm. 19), S. 4, 72.
23)　*Thiere,* a. a. O. (Amm. 19), S. 28.
24)　ドイツの行政訴訟における環境団体訴訟については，かねてから日本でも関心が寄せられているところである。例えば，マルネス・レーネンバッハ（松本博之訳）「環境保護の個別的・集団的手段としての請求権と訴権」松本博之ほか編『環境保護と法』（信山社，1999年）213頁以下，大久保規子「ドイツにおける環境団体訴権の強化」季刊行政管理研究105号（2004年）3頁以下，同「ドイツにおける環境・法的救済法の成立 (1) (2・完)」阪大法学57巻2号（2007年）203頁以下，58巻2号（2008年）279頁以下，同「混迷するドイツの環境団体訴訟」新世代法政策学研究20号（2013年）227頁以下，小澤久仁男「ドイツ連邦自然保護法上の団体訴訟」立教大学大学院法学研究39号（2009年）51頁以下，同「環境法における団体訴訟の行方」香川大学法学会編『現代における法と政治の探求』（成文堂，2012年）51頁以下，岸本太樹「環境団体訴訟の法制化」法律時報91巻11号（2019年）51頁以下など。
25)　2001年11月26日の法律によって差止訴訟法（UKlaG）が制定されるとともに基本的な

条文に改められたこともあって，違反行為が消費者の集団的利益（Kollektivinteresse）に関わるものであることが差止訴訟の前提と理解されている。Gruppeninteresse から Kollektivinteresse という分類に移っているのは，競争法の観点から，今まで集団的利益としてまとめられていた保護法益について，競争における消費者という人的集団の集団的利益（Kollektivinteresse）と純粋な競争に係る公衆の利益である公共の利益（Allgemeininteresse）又は公的利益を区別し，後者の規律を後述する損害類型とも関連付けて超個人的利益として分析する見解に示唆を受けたものと考えられる。このように Kollektivinteresse という呼称によって集団的利益を把握することは，消費者保護のために一定の団体による差止訴訟の創設を求める EU 指令 2009/22(この指令は，後の EU 指令 2020/1828 によって発展的に廃止されている）が，差止訴訟で問題となる消費者の利益を collective interests（Kollektivinteressen）としているのにも整合する。

ここまでの議論をまとめると，ドイツにおける集団的利益論は，未解明の実体的利益を解釈によって措定するというよりも，立法によって団体に付与された提

仕組みが体系的に整理され，現在では，不正競争防止法8条3項2号ないし4号，5項，普通契約約款の保護に関する差止訴訟法1条以下，その他の消費者保護法に対する違反の保護に関する同2条以下，及び独占禁止法33条2項に基づく差止訴訟が許容される。

26) *Reinhard Greger*, Neue Regeln für die Verbandsklage im Verbraucherschutz-und Wettbewerbsrecht, NJW 2000, S. 2457-2462; *Ekkehard Becker-Eberhard*, Neue dogmatische Einordnung der Verbandsklage kraft Gesetzes?, Festschrift für Dieter Leipold zum 70. Geburtstag, 2009, S. 12 ff.

27) *Rosenberg/Schwab/Gottwald*, a. a. O.（Amm. 2），§ 47 Rn. 5.

28) *Christian Alexander*, Kollektiver Rechtsschutz im Zivilrecht und Zivilprozessrecht, JuS 2009, S. 591. 集団的利益論と後述する拡散損害が関連付けられた結果，利益剥奪訴訟が超個人的利益に関わる問題として整理されることとなる。

29) Directive 2009/22/EC of the European Parliament and of the Council of 23 April 2009 on injunctions for the protection of consumers' interests [2009] OJ L 110/30（以下「2009年指令」という）．当時の EU の動向を踏まえた議論につき，出口雅久「ドイツにおける団体訴権の経験と EU の消費者保護——日本への示唆と議論の論点——」国民生活研究44巻1号（2004年）1頁以下。

30) 2009年指令（3）。これに対し，近時，*Caroline Geiger*, Kollektiver Rechtsschutz im Zivilprozess, 2015, S. 13 は，上位概念として集団的利益（Kollektivinteresse）を措定し，その中に超個人的な利益（公共の利益）と集団の個別的利益（集団的利益）を観念すべきであるとするが，その含意は定かでない。

訴権の背後に控えているように見える差止請求権が独立の実体権として団体に帰属することを正当化するための理論構成として生み出されたものであった。このことは，必ずしも団体に固有の実体権が帰属することを含意しない超個人的利益と集団的利益が区別されるようになったことからも窺われる。訴訟上の請求権のみを認める超個人的利益と異なり集団的利益論が実体権の創出を導くのは，保護法益の特性，すなわちあくまで人的関係（例えば，消費者一般という主体の集団性）に求められる。しかし，ここからさらに進んで，主体の集団性ではなく客体の集団性に視点をずらし，集団的利益論を積極的に応用しようという動きは現在のところ認められない。その代わり，次に述べる損害類型に着目することによって客体の集団性を理論的に整理しようという動きが観測される。

2 集合的な権利保護と損害類型

個別的利益を前提とした請求権（客体）の集団性については，新たな実体的利益を措定する集団的利益論からは少し離れ，損害類型に着目した大量損害（Massenschäden）という議論設定によって整理されることとなる。その端緒は，Detlef Haß 教授の議論に求められる。Haß 教授は，大量損害として，「人々の多数が同一又は同様の原因によって被害を受け，かつ一人又は少数の責任ある者に対する損害賠償請求権に依拠している」場合であると特徴付けた。[31] その中でも，被害者の多数が一つの行為によって侵害された場合として，拡散的な環境被害を引き起こす重大事故や薬剤・製造物責任の事案を想定し，被害者の多数が複数の行為によって侵害される場合として，当事者間の同種の契約関係，特に目論見書責任，競争違反及び無効な約款の利用が認められる事例を想定する。[32] その意図は，このような分類を試みることで個別的な請求権を集束すべき事案を明らかにする点に認められる。しかし，この議論に対し，von Bar 教授は，大量損害に法的含意はなく，「それによって多数人の権利及び法益が侵害される損害事件」を表現しているにすぎないと論難する。[33]

---

31) *Haß*, a. a. O.（Amm. 19), S. 19. *Sonja Lange*, Das begrenzte Gruppenverfahren, 2011, S. 12 もこの定義に同意する。

32) *Haß*, a. a. O.（Amm. 19), S. 5-7.

33) *Christian von Bar*, Verhandlungen des 62. Deutschen Juristentages Bremen 1998, Band I Gutachten, 1999, S. 9.

その後，大量損害のような損害類型論を理論的に発展させたのが Gerhard Wagner 教授である。Wagner 教授は，損害類型について，大量損害のほかに，拡散損害（Streuschäden）と共同財損害（Gemeinschaftsgüterschäden）を区別することを提唱する。[34] このとき，大量損害は，個別の被害者について高額の損害が発生しており効果的な個々の権利行使が困難となる損害を指し，列車・航空機事故，製造物責任，投資市場操作などに関する事案がここに分類される。これに対し，拡散損害は，損害額が低いため，被害者が提訴する甲斐がないが被害者の数はかなり多くなるため提訴を放棄することは問題であるような損害を指し，20 g と表記されたお茶が実際は 19 g だった事案，振替送金の遅れによる利息損害の事案などがここに分類される。そして，共同財損害は，個々の法主体にもそのグループにも分類されない法益又は利益に関する不利益であるが，その維持が全ての人間の利益（例えば健全な環境）にあるときに認められる損害であると定義される。その結果，何らかの意味で法的な損害が生じたとしてもそもそも個別的利益に関する損害が認められない共同体損害に対し，大量損害及び拡散損害の場合には個別的利益に関する損害を観念し得ることが明らかにされる。そして，大量損害と拡散損害は個人的損害の範囲と重大性によって区別され，大量損害の場合には提訴数が多いために訴訟を効率的に処理することが問題となるのに対し，拡散損害の場合には合理的無関心によって訴訟が提起されないことが問題となると整理される。

このような Wagner 教授による分類は基本的に支持されているように見受けられ，その内容をより明らかにして連続大量損害及び拡散僅少損害といった呼称が採用されることもある。[35] 特に，拡散僅少損害について，集団的利益又は公的利益の侵害という事件グループに属すると分析され，[36] 利益剥奪訴訟が拡散僅少損害との関係で正当性を有することが明らかにされた。[37]

---

34) 以下は *Gerhard Wagner,* Verhandlungen des 66. Deutschen Juristentages, 2006, S. 106 ff; *Gerhard Wagner,* Kollektiver Rechtsschutz, in: Casper/Janssen/Pohlmann/Schulze (Hrsg.), Auf dem Weg zu einer europäischen Sammelklage?, 2009, S. 41 ff. に負う。後者の文献については，ゲルハルト・ヴァーグナー（河野憲一郎訳）「集団的権利保護」商學討究 60 巻 4 号（2010 年）201 頁以下に邦訳がある。

35) Vgl. *Micklitz/Stadler,* Das Verbandsklagerecht in der Informations- und Dien-stleistungsgesellschaft, S. 9.

36) *Alexander,* a. a. O. (Amm. 28), S. 591.

しかし，合理的無関心を引き起こすような損害の問題が大量損害の手法によって解消されないと言い切ることは難しい。なぜなら，いわゆる2段階型の手続は，先行的な確認訴訟で事業者の責任を確認することを通じ，手続対象者の合理的無関心を克服しようとするものにほかならないからである。次に詳述するムスタ確認訴訟は，投資家ムスタ手続における大量損害の処理方法を応用した2段階型の手続であり，消費者の合理的無関心の打破を意図する立法理由において，損害が拡散的であることは意識されているものの[38]，Wagner教授のような大量損害／拡散損害の分類がそのまま受け入れられているわけではない[39]。そこで，次はムスタ確認訴訟の成立に一定の影響を与えたと思われるEU勧告（及び指令案）を確認しておく。

3 EU勧告とムスタ確認訴訟

個別的な損害賠償請求権の集束に関しては，近時，EUレベルでも関心をもって対応が図られている。EUでは，それまでは差止訴訟のみを対象に一定の対応を求めていたが，2013年6月11日付の勧告[40]において初めて，消費者の権利侵害に関する「Collective Redress」（ドイツ語訳ではKollektiver Rechtsschutz）手続の創設が推奨された[41]。これは，「EU法によって認められた権利の侵害に関する加盟国の集合的な差止及び損害賠償のための共通の指針」（ABl. L 201 vom 26. 7. 2013. S. 60）として掲げられ，その実施に関する2018年1月25日付の報告書においても再確認された[42]。その後，2018年4月11日に消費者のためのニューディール（New

---

37) *Christian Alexander,* Schadensersatz und Abschöpfung im Lauterkeits- und Kartellrecht, 2010, S. 67. 利益剥奪訴訟は，団体に固有の請求権を認めるものの，剥奪された利益が団体に帰属しないとされているように，公的規制と差止訴訟の中間的な位置付けのものと考えられる。

38) BT-Drs. 19/2439, S. 8.

39) *Thomas/Putzo/Seiler,* ZPO Kommentar 44 Aufl., 2023, Buch 6. Vorbemerkung Rn 3 は，拡散損害と大量損害の双方に対応するのがムスタ確認訴訟であるとする。

40) Recommendation 2013/396/EU of the European Commisssion of 11 June 2013 on common principles for injunctitve and compensatory collective redress mechanisms in the Member States concerning violations of rights granted under Union Law [2013] OJ K 206/60（以下「2013年勧告」という）.

41) 2013年勧告第4条参照。

42) Ratsdok. 6043/18; Kom-Dok. COM (2018) 40 final.

Deal for Consumers）の一環として公表された指令案でも，差止訴訟において代表的に行動する適格団体を活かした大規模被害への対応が求められている。[43]

　このようなEUの動向を受け，消費者のための特別な損害賠償手続を用意していなかったドイツでも，集合的な権利保護（kollektiver Rechtsschutz）のための手続を創設する機運が高まった。そして，Ⅱで後述するように，その結果として創設されたムスタ確認訴訟は，適格団体（qualifizierte Einrichtungen）による先行的な確認訴訟を許容する点で前記EUの動向に沿ったものと理解できる。[44]ただし，2段階目の手続を個別訴訟に委ねていた点がEU指令2020/1828[45]に悖るとして，VDuGにより，被害救済訴訟（Abhilfeklage）が新設されることとなる。[46]

　最初に立法化されたムスタ確認訴訟であるが，適格団体による訴訟といえども，差止訴訟の場合と異なり，大量の（潜在的な）訴訟を当事者間の合意によって処理する手法として実務上発展してきたムスタ訴訟合意を民事訴訟に取り入れたものにすぎないならば，集団的利益論とは無関係ではないか，との疑義も生じるところである。しかし，Ⅱで詳述するが，同種の実体権を有する者の一人がムスタ合意を媒介にしたムスタ原告として選抜的に訴訟を行うというのがムスタ訴訟合意手続であったのに対し，ムスタ確認訴訟の原告である適格団体は手続対象者と同種の実体権を有しているわけではない。それにもかかわらず，適格団体によるムスタ確認訴訟が許容されるのは，ムスタ手続における原告適格又は確認の利益の考え方について，一定の修正が加えられたからであると仮定できよう。そこで，**2**ではムスタ確認訴訟以前の個別的な権利の集束のための試みを確認していく。

2　個別的な権利の集束のための試み

　消費者を集合的に保護するための手続の創設が必要とされる背景には，個別的な権利行使では実効的な権利救済を図ることができない事例が多く存在するとい

---

43)　COM（2018）183 final 第3.1条.

44)　Ⅱ**3**参照.

45)　同指令の紹介として，濱野恵「消費者団体訴訟指令の公布」外国の立法286-2号（2021年）14頁以下.

46)　改正の動向につき，アストリッド・シュタッドラー（清水宏訳）「ドイツにおける代表訴訟に関する指令（EU2020/1828）の導入」東洋法学67巻2号（2023年）155頁以下，山岡規雄「消費者団体訴訟に関する法律の制定」外国の立法298-1号（2024年）10頁以下.

う実際上の問題が存在している[47]。ZPOで規律された民事訴訟法は，二当事者対立訴訟として整序されており，その枠内で，共同訴訟（ZPO 59条以下），補助参加（ZPO 66条以下），弁論の併合（ZPO 147条）及び先行手続がある場合の停止（ZPO 148条）などの第三者に関係する制度が設けられている。しかし，ここで関係してくる第三者は，費用リスクに関して一人で訴訟をするよりも軽減されるものの，常に訴訟に関与しなければならないこととなる。そして，訴訟への継続的な関与は，相当額の費用を生じさせることが多いと考えられる。したがって，実務上，ZPO 上の制度は被害者の合理的無関心（rationale Desinteresse）を克服するものではないことが明らかであるとされる。

　他方で，消費者センターが消費者の債権を裁判上取り立てることができる取立訴訟（ZPO 79条2項3号）[48]は，消費者の利益を訴訟上集束して実現するための有用な手段であり，消費者が裁判手続に直接に参入しなければならないということもない。しかし，消費者団体は，多数の個別的な請求権を調整する必要に迫られ，それに伴う相当額の費用を負担しなければならなくなる。その結果，消費者団体は業務遂行能力の限界に達してしまい，取立訴訟の実効性が損われることとなる[49]。

　ZPO 外の手続では，消費者法その他の違反の際の差止訴訟に関する法律（UKlaG）及び不正競争防止法（UWG）による団体訴訟といった手続が存在する。UKlaGは，消費者法その他の違反——特にBGB 307条から309条による無効な普通取引約款の利用及び消費者保護法違反の取扱いを理由とする違反——の際の差止及び撤回請求権を認めるもので，UKlaG 3条で掲げられた原告団体による差止訴訟によって，被害者の関与を要することなく，特定の契約条項の無効又は特定の行為の違法性が確認されることとなる。もっとも，広範に拡散された損害と

---

47)　以下の記述につき，BT-Drs. 19/2439, S. 15.
48)　ZPO 79条2項3号
　　「当事者は，代理人としての弁護士によって代理され得る。そのほか，代理人としての代理権限を有する者は，以下の者に限られる。
　　……（略）
　　③その職務領域の枠内において消費者の債権を取り立てる場合，消費者センター及びその他の公的資金の助成を受けた消費者団体。」
49)　*Alexander Weinland*, Die neue Musterfeststellungsklage, 2019, S. 83 によれば，取立訴訟で許容されるのは支払請求のみであり，（零細）事業者の債権を主張することも差止訴訟又は確認訴訟を提起することも許されない。

して把握され，多くの被害者を伴って発生するためにその権利行使が容易化されるべき個別的な請求権又は法律関係は，UKlaG において予定された訴訟類型の枠内では追及されることはない。UWG 8条1項に基づく不正な取引上の行為の除去及び不作為請求権並びに UWG 10条1項に基づく利益剥奪請求権についても同様で，個別的な請求権又は法律関係は手続の対象となり得ない。そこで特に個別的な請求権の救済のために考案されたのが，Ⅱで述べるムスタ手続である。

Ⅱ ムスタ手続

1 ムスタ手続の成り立ち

　ムスタ手続は，元々，大量の訴訟を効率的に処理するために実務上便宜的に用いられていたムスタ訴訟合意（Musterprozessabreden）を参考に考案されたものである。ムスタ訴訟合意は，民法上の契約に基づくものであり，ムスタ原告及びムスタ被告による訴訟の結果に拘束される旨の合意によってムスタ当事者以外の者との紛争解決を図ることを目的としたものである。典型的には，ムスタ原告のムスタ被告に対する給付訴訟の結果に拘束される旨の合意が想定される。その法的な帰結としては，ムスタ当事者の合意によって個々の権利についての消滅時効は完成猶予され（BGB 205 条），訴訟が継続されない場合には個々の権利に関する時効の完成猶予は終了することとなる（BGB 204 条2項第2文）。また，当事者間でム

---

50) *Florian Jacoby*, Der Musterprozessvertrag, 2000, S. 209 f; *Rosenberg/Schwab/Gottwald*, a. a. O.（Amm. 2），S. 259. ムスタ手続の初期の議論を紹介する邦語文献として，ペーター・アーレンス（小島武司訳）「ムスタ訴訟の問題」ジュリ 726 号（1980 年）111 頁以下，小島武司＝豊田博昭「(紹介) W・ハウグ『法実証的研究に基づくムスタ訴訟の問題』」比較法雑誌 13 巻 3 号（1980 年）63 頁以下，内山衞次「ムスタ訴訟の諸問題」大阪学院大学法学研究 15 巻 1・2 号（1989 年）65 頁以下がある。

51) BGB 205 条
　「債務者が債権者との合意に基づいて一時的に給付を拒絶する権利を有する間は消滅時効の完成が猶予される。」

52) BGB 204 条2項第2文
　「当事者が手続を行わないことで停止に至ったときは，当事者，裁判所又はその他手続に関与した機関の最終手続行為をもって手続の終結に代える。」

53) *Rosenberg/Schwab/Gottwald*, a. a. O.（Amm. 2），S. 259.

スタ訴訟の判決に拘束される旨の合意がなされていることから，当該合意はその当事者間では実質的な和解（BGB 779条）[54]となるので，本案判決の際に裁判所はその内容を尊重すべきこととなる。ただし，この和解によって既判力の拡張や参加的効力に関する合意（このような合意は不適法である）が導かれるわけではない点[55]には留意すべきである。すなわち，ムスタ訴訟合意は当事者間でなされる実体法上の合意にすぎないものであるから，直接的に訴訟法律関係の変動をもたらすものではないのである。[56]

このようなムスタ訴訟合意の延長に位置付けられる手続は，まず，行政訴訟においてその有用性が見出された。すなわち，大量損害の処理の必要性を背景に，1991年1月1日に行政裁判所法（VwGO）93a条が制定されたことで初めて法的に[57]独自の規律としての位置付けが与えられることとなった。その後，次に述べるように2005年に投資家ムスタ手続，2018年にムスタ確認訴訟の形で民事手続にも導入されることとなるが，民事手続として把握されるムスタ手続は，ムスタ訴訟合意が前述のように訴訟法律関係の変動をもたらさないものであったことからすると，厳密にはムスタ訴訟合意とは異なる理論構成に基づく手続である点には注意が必要である。

---

54) BGB 779条
　「1　法律関係に関する当事者の紛争又は不明確性を互譲の方法で解消する契約（和解）は，契約の内容によれば確定したものとして基礎とされた事実関係が現実に合致せず，実際の状況を知っていれば紛争又は不明確性が生じなかったであろう場合には効力を有しない。
　 2　ある請求権の実現が不確実であるとき，このことは法律関係に関する不明確性と同視される。」
55) *Rosenberg/Schwab/Gottwald*, a. a. O. (Amm. 2), S. 260.
56) *Jacoby*, a. a. O. (Amm. 50), S. 88 f; *Rosenberg/Schwab/Gottwald*, a. a. O. (Amm. 2), S. 260.
57) 行政裁判所法93a条1項
　「ある官庁の措置の適法性が20件以上の手続の対象である場合，裁判所は，一又は複数の適当な手続を先に実施し（ムスタ手続），残りの手続を停止することができる。利害関係人には前もって聴取の機会が与えられなければならない。先行する決定について不服申立てすることはできない。」
　同項は，1991年1月1日当時は50件以上の手続の対象となることを要件としていたが，そのような要件を満たす事件が少なかったことに鑑み，第6次行政裁判所法変更法によって現行の「20件以上」という要件に改められた。

2 投資家ムスタ手続法の成立経緯と概要

1 投資家ムスタ手続法の成立の経緯

　投資家紛争における大量処理の必要性は，2002年のドイツ法曹会議第64回大会において既に明らかにされていたが，従来の民事手続をどのような形で乗り越えるかについて議論は必ずしも意見の一致を見ないところであった。そのような中，ドイツ・テレコム事件[59]を契機として大量の訴訟が裁判所に係属し法廷が圧迫されたことに後押しされ，資本市場法上の紛争におけるムスタ手続に関する法律（KapMuG）（以下「投資家ムスタ手続法」という）が立法化された[60]。同法は，2005年3月14日に法案が連邦議会に提出された後，法務委員会による修正を受け，同年6月15日に可決，同年8月16日に成立し，同年11月1日に施行された。投資家ムスタ手続が新たな特徴を有する手続であることから[61]，当初は5年の時限立法であった（投資家ムスタ手続の導入に関する法律9条2項）。その失効前に2年間延長さ

---

58) *Fleischer/Merkt*, Verhandlungen des 64. Deutschen Juristentages in Berlin 2002, Bd. I, 2002, S. 39.

59) ドイツ・テレコム社が1999年及び2000年に自社の株式を上場したところ，同社の新株を取得した約15,000人が，同社に対し，投資判断の基礎となる取引所目論見書に不実記載があったとして，取引所法（旧）48条に基づき損害賠償請求をした訴訟で，訴訟件数は2,500件を超えたとされる。しかもそのすべてがフランクフルト地方裁判所に提起されたことから，事件の処理に重大な支障が生じることとなった。詳細については Heiko Plaßmeier, Brauchen wir ein Kapitalanleger-Musterverfahren?, NZG 2005, p. 605 以下など参照。

60) 本書は，序章で前述した課題との関係で必要な限度で投資家ムスタ手続を紹介する。投資家ムスタ手続の全体像については，海外情報「ドイツにおける投資家保護のための集団訴訟制度の導入」商事法務1701号（2004年）56-57頁，久保寛展「投資者の集団的権利保護の可能性」福岡大學法學論叢50巻1号（2005年）1頁以下，萩原佐織「2005年8月16日の『投資家先例的訴訟手続の導入に関する法律（略：投資家先例的訴訟手続導入法）』」経済論集2号（2007年）105頁以下，グイード・コッチィー（角田美穂子訳）「ドイツ投資家モデル訴訟手続法」商事法務1873号（2009年）79頁以下，髙田昌宏「ドイツにおける集団的訴訟制度の概要（上）」NBL964号（2011年）51頁以下，同「ドイツにおける集団的訴訟制度の概要（下）」NBL965号（2011年）51頁以下，福田清明「ドイツの『資本市場法上の争訟におけるムスタ手続に関する法律（KapMuG）』の2012年改正」明治学院大学法科大学院ローレビュー18号（2013年）105頁以下などで紹介がある。

61) BT-Drs. 15/5091, S. 22.

62) BGBl. 2005I, S. 2437, 2445.

れて 2012 年 11 月 1 日が一つの法適用の基準時となり[63]，さらに現在では 2024 年 7 月 20 日までを基準時とする法適用も想定されている（投資家ムスタ手続法 30 条）。次に述べるムスタ確認訴訟が制定された後に投資家ムスタ手続法が維持されるかムスタ確認訴訟に一本化されるかは明らかではないが[64]，ムスタ確認訴訟は消費者被害に係る一般法として規定されたものであり，特別法としての投資家ムスタ手続法は，それに包摂されない事件について有用性が認められるとの指摘が散見される。

2 投資家ムスタ手続法の概要

投資家ムスタ手続法は，資本市場で誤った情報等に基づき投資者が被った損害の賠償などを投資先の事業者に対して求める訴訟において，多数被害者による提訴が想定されることから，投資家を原告とする多数係属訴訟の共通争点に関するムスタ確認手続を行うことで効率的に訴訟を処理することを目的としたものである。

投資家ムスタ手続は，投資家各人による個別の訴え提起の後，一定期間内に一定数の係属訴訟の当事者からムスタ確認手続の申立てがあることで開始される。そして，ムスタ手続の申立てにより，請求を理由付ける又は請求を排斥する要件の存在又は不存在の確認又は法律問題の解明（確認目標（Feststellungsziele））を求めることとなる（KapMuG 2 条）。訴え登録簿におけるムスタ確認申立ての公示によって元の手続は中止され（KapMuG 5 条），ムスタ手続に審理が集中される。ムスタ手続は選出されたムスタ原告とムスタ被告によって行われ，ムスタ原告に選ばれなかった原告は被呼出参加人（Beigeladenen）として補助参加人類似の地位が与

---

63) Gesetz vom 24. Juli 2010 (BGl 2010IS. 979) Artikel 5. このときは専ら BGB の改正について議論され，2009 年 10 月 14 日付の投資家ムスタ手続法の評価に関する最終報告書を受けた法務委員会の勧告（BT-Drs. 17/2095, S. 9, 17）によって有効期間の延長に関する規定が挿入されることとなった。

64) 前述したように提訴数があまりに多い事件に対応する必要を背景に投資家ムスタ手続法が立法されたことからすると，提訴後にムスタ確認申立てを介して裁判所の負担を軽減させる現在の手続が維持されていくようにも思われるが，提訴するがゆえの費用負担リスクに関する改善が求められているところでもあり（BT-Drs. 15/5091），提訴を要求しないムスタ確認訴訟に類似した手続が同種の事案について構想される未来もあり得るように見受けられる。

えられる（KapMuG 9 条, 14 条）。ムスタ確認手続での審理が進みムスタ確認判決又は棄却判決がなされた場合，その判断内容は第一審に係属している個々の訴訟の裁判所及び当事者を拘束する（KapMuG 22 条）。この拘束力により，多数の訴訟を効率的に解決することが可能になる。ムスタ確認判決後もなお残る争点は個別性の強いものであるからムスタ手続に馴染まず，まとめて審理するメリットもないため，終局的な解決がもたらされるものではないが，ムスタ確認判決を前提に和解などが促され，実質的に紛争が解決されることが期待される。ムスタ手続に特徴的な和解のあり方については次節で詳述する。

投資家ムスタ手続法の採用は，実効性のある集合的な権利行使の方法を整備することによって資本市場法の規定の遵守につながるとともに，個別的な権利保護が改善され，同方向の請求権の集束によって個々人の費用負担リスク及び矛盾する裁判が発生する危険を低下させることにつながるとされる[65]。また，ムスタ手続では同種の争訟の多数のために特定の事実問題及び法律問題が統一的に解決されるため，裁判所の負担を軽減することが期待される[66]。

このように投資家ムスタ手続は資本市場という限られた場面で利用可能な訴訟制度ではあるが，訴訟による多数人の損害賠償請求等の実現を促進する制度の民事手続への導入の最初の一歩と位置付けられよう。

3 ムスタ確認訴訟の成立経緯と概要

1 ムスタ確認訴訟の成立の経緯

投資家ムスタ手続法は極めて限定的な範囲でしか利用できない手続であったため，他の法領域，特に消費者被害にも適用可能な手続の創設が強く望まれた。この機運は，2015 年にフォルクスワーゲン社のディーゼル排ガス事件[67]を契機に，具体的な立法の試みへとつながっていく[68]。連邦司法消費者保護省（BMJV）は，まず，KapMuG を借用したムスタ確認裁判の手段による団体訴訟案を 2017 年初

---

65) BT-Drs. 15/5091, S. 10.
66) BT-Drs. 15/5091, S. 10.
67) ディーゼル事件の詳細については，宗田貴行「ドイツにおけるムスタ確認訴訟制度の運用」国民生活研究 59 巻 1 号（2019 年）30-31 頁も参照。
68) *Prütting/Gehrlein/Halfmeier*, ZPO Kommentar 15. Aufl., 2023, Vorbemerkung vor §§ 606-614 Rn. 2.

頭に作成し，消費者法に限定しない形で UKlaG 4 条の全ての適格団体に訴え提起権限を認めようとしたが，運輸省によって強い反対に遭い，修正を迫られることとなる。[69] その後，2017 年 7 月 31 日付で現行法に近い討議草案（Diskussionsentwurf）が公表され，CDU/CSU/SPD の連立政権もムスタ確認手続の創設に賛同する一方，[70] これに対抗する形で 2017 年 12 月 12 日に同盟 90 ／緑の党によってグループ訴訟（Gruppenklage）の導入のための法律案も提示された。[71] その後，連邦政府によって 2018 年 5 月 9 日に民事訴訟におけるムスタ確認訴訟の導入に関する政府草案（Regierungsentwurf）が決議され，[72] 同年 6 月 4 日に連邦議会に付託された後，法務委員会による修正を経て同年 7 月 12 日に成立し，同年 11 月 1 日にムスタ確認訴訟（Musterfeststellungsklage）（ZPO 606 条〜614 条）として施行されるに至った。[73][74] 前述したフォルクスワーゲン排ガス事件の被害者の有する損害賠償請求権の時効との関係で 2018 年末までの立法が必要とされたことから，議会の手続は急ピッチでなされたと評される。

---

69) *Prütting/Gehrlein/Halfmeier*, a. a. O. (Amm. 68), Vorbemerkung vor §§ 606-614 Rn. 2.
70) *Prütting/Gehrlein/Halfmeier*, a. a. O. (Amm. 68), Vorbemerkung vor §§ 606-614 Rn. 2.
71) 同盟 90 ／緑の党はそれ以前にも同様の法案を連邦議会に提出している。2013 年 6 月 5 日に提出された法案（BT-Drs. 17/13756）は同月 13 日に審議にされた後に廃案となり，2014 年 5 月 21 日に提出された新たな法案（BT-Drs. 18/1464）も 2 度の審議を経た後に廃案になった。
72) 厳密にいえば，議会で採択されたのは政府草案（BT-Drs. 19/2439）ではなく，内容的に同一の与党法案（BT-Drs. 19/2507）であり，この BT-Drs. 19/2507 と法務委員会の修正（BT-Drs. 19/2741）が現行法の基盤となっている。
73) ムスタ確認訴訟に関する邦語文献として，宗田貴行「ドイツ民訴法改正による多数消費者被害救済のためのムスタ確認訴訟制度の制定」獨協法学 107 号（2019 年）204 頁以下，同「ドイツにおけるムスタ確認訴訟制度の運用」国民生活研究 59 巻 1 号（2019 年）22 頁以下がある。
74) それに伴い，ムスタ確認訴訟を享受する消費者の定義規定が挿入された（ZPO 29c 条 2 項）。
　　ZPO 29c 条 2 項
　「消費者とは，あらゆる自然人で，請求権の取得又は法律関係の確立について主に自己の営業又は自営業上の活動の範囲では行動しない者をいう。」
　　　この規定の意義は，BGB 13 条のように法律行為に焦点を当てるのではなく，請求権の取得に焦点を当てることによって，純粋な不法行為などをムスタ確認訴訟の対象に含めている点に認められる（*Anders/Gehle/Schmidt*, Zivilprozessordnung 81. Aufl., 2022, Grundzüge vor § 606 Rn. 12）。

2 ムスタ確認訴訟の概要

(1) ムスタ確認訴訟の構造

　ムスタ確認訴訟は団体による先行的な確認訴訟と消費者の各請求権の金銭化という2段階型の手続を構想とする点でフランスの手続と通底する発想に拠るものと理解できるが，手続の対象となる消費者が確認訴訟の段階で登場する点を捉えると理念的にはかなり異なる手続であると見ることもできる。次節以降で本制度を詳細に検討する前に，フランスの手続との違いという点も念頭に置きつつ，本制度の全体像を確認しておく。

　まず，適格団体（qualifizierte Einrichtungen）[75]が，ムスタ確認訴訟により，消費者・事業者間の請求権又は法律関係（確認目標）の存在又は不存在のための事実上又は法律上の要件の存在又は不存在の確認を求める（ZPO 606条1項）。その後，消費者は，訴え登録簿への登録のため，第1回期日の開始前日まで，確認目標を前提とする請求権又は法律関係を届け出ることができる（ZPO 608条1項）。この届出は第一審における口頭弁論開始日が経過するまで取り下げることができる（同条3項）。消費者は届出をするだけで個別に訴えを提起する必要も手続に参加する必要もない（手続にはそもそも参加できない）。また，ムスタ確認訴訟が係属した日以降，被告に対する他のムスタ確認訴訟は，その訴訟物が同一の生活関係事実及び同一の確認目標に関わる限り，訴えの対象とならない（ZPO 610条1項）。審理の結果

---

75) ZPO606条1項
　「……適格団体は，差止訴訟法（UKlaG）3条1項第1文1号の地位にあり，
　①構成員として，同一の任務範囲で活動する少なくとも10の団体か，又は少なくとも350人の自然人を有し，
　②少なくとも4年間，差止訴訟法4条によるリスト又は消費者利益の保護のための差止訴訟に関する2009年4月23日付のEU議会及び理事会の2009/22/EG指令（ABl. L 110 vom 1. 5. 2009, S. 30）4条によるEU委員会の名簿に登録されており，
　③その定款に則った任務の実現において，営業的でない啓蒙又は助言活動によって広範に消費者利益を守り，
　④ムスタ確認訴訟を，利益獲得目的のためではなく提起し，かつ
　⑤その財政的な資金の5％より多くない事業者の寄付金によって賄っているものである。
　第2文［注：ここでは前文］4号又は5号の要件が存在することについて重大な疑いがある場合には，裁判所は，原告に対し，その財政的な資金の開示を要求する。公的な資金によって優越的に助成される消費者センターその他の消費者団体が第2文の要件を満たすことを反証することはできない。」

なされた既判力あるムスタ確認判決は，届出消費者が被告に対して提起した後続訴訟（ムスタ確認訴訟とは別の訴訟である）の裁判を担当する裁判所を，その裁判がムスタ確認訴訟の確認目標及び生活関係事実に関わる限度で拘束する（ZPO 613条1項）[76]。すなわち，届出消費者による後続訴訟としての別訴がなければ紛争の解決（届出消費者の救済）が図られないという意味では，投資家ムスタ手続と同様に紛争解決を完遂するものではないが，ムスタ確認訴訟後に個別的に和解が締結されることによる救済の早期化が期待されている。

(2) ムスタ確認訴訟と他の制度との関係

ムスタ確認訴訟が認められる事案であっても，従来認められてきた請求権の譲渡の方法による訴訟は許される。ムスタ確認訴訟は，届け出られていない請求権との関係では，事実的な効力しか有しない[77]。請求権が第三者に譲渡されていたとき，被譲渡人も届出の権限を有するかどうかは議論があるが，請求権がムスタ確認訴訟の提起の際に消費者の元にあれば，被譲渡人による届出も有効であるとの有力な見解が主張されている[78]。

また，ムスタ確認訴訟を提起することのできる適格団体は，常にUKlaG 1条以下の訴訟に関する訴え提起権限を有するので，ムスタ確認訴訟を補完する又は代替するものとして差止訴訟又は除去訴訟をすることができる。特にUKlaG 2条又はUWG 8条に基づく除去請求権は，違法行為によって引き起こされる妨害を排除し，場合によっては関係消費者への被告事業者の返還義務を含意するから，消費者保護のための効果的な手段となり得る[79]。

4 消費者の権利を集束的に実現するための法改正

立法時，1年間に450件のムスタ確認訴訟が行われると想定されていた[80]。しかし，ムスタ確認訴訟が創設された2018年以降，37件の手続しか係属していない。

---

76) この拘束力は，裁判の自己拘束性によるものだと解される。Vgl. *Musielak/Voit/Stadler*, ZPO, 20. Aufl., 2019, § 610 S. 1667; *Prütting/Gehrlein/Halfmeier*, a. a. O.（Amm. 68），Vorbemerkung vor §§ 610 Rn. 5. ただし，この自己拘束性は届出によって導かれるものとされ，必ずしもムスタ確認訴訟が中間判決的な性質を有すると理解されているわけではない。

77) *Prütting/Gehrlein/Halfmeier*, a. a. O.（Amm. 68），Vorbemerkung vor §§ 606-614 Rn. 4.

78) *Prütting/Gehrlein/Halfmeier*, a. a. O.（Amm. 68），Vorbemerkung vor §§ 608 Rn. 5.

79) *Prütting/Gehrlein/Halfmeier*, a. a. O.（Amm. 68），Vorbemerkung vor §§ 606-614 Rn. 5.

80) BT-Drs. 19/2439, S. 8.

そこで，より実効的な制度の創設が指向された[81]。それが，2023 年 10 月 13 日に施行された VDuG であり，被害救済訴訟（Abhilfeklage）である[82]。前述の通り，この訴訟の構造分析は機会を改めるほかないが，次のような特徴が指摘される[83]。すなわち，裁判所は損害の合計額を認定することができ，2 段階目の金銭配分業務の際に金額が十分でなかった場合は，追加の支払を被告に求めることができる[84]。この仕組みは，裁判所にとっても大量の訴訟を簡易・迅速に解決できる利点がある。

---

81) その背景につき，*Astrid Stadler,* Die neue Verbands (abhilfe) klage—Umsetzung der Richtlinie 2020/1828, ZZP 136. 2023, S, 129.

82) Vgl. *Bruns,* Die Umsetzung der EU-Verbandsklagerichtlinie in deutsches Recht, Veröffenlichungen zum Verfahrensrecht, Bd. 188, Tübingen 2022. VDuG については，成蹊法学 102 号（2025 年 6 月刊行予定）で関連情報を掲載する。

83) *Gsell/Meller-Hannich,* Die Umsetzung der neuen EU-Verbandsklagerichtlinie, Gutachten 4. 2. 2021.

84) https://www.bmj.de/DE/themen/wege_zum_recht/verbands_musterfestellungsklage/verbandsklage/verbandsklage_artikel.html

第2節 ムスタ手続の特質

I ムスタ手続の民事的な仕組み

1 ムスタ手続の意義

1 個別的な請求権の集束に関する手続的な試行錯誤

(1) グループ手続 (Gruppenverfahren) とムスタ手続

　個別的な請求権の集束に関する問題は，当初はクラス・アクションに相当するグループ手続 (Gruppenverfahren) の構想として議論された。この議論に特徴的なのが，オプトイン又はオプトアウトモデルを根拠にしてグループの構成員に既判力が及ぶとする点である。[85]しかし，オプトインモデルだけでは実効的な権利保護に不十分であり，オプトアウトモデルは審尋請求権又は処分権主義との関係で否定的に評価する見解が支配的であった。[86]そこで，その中間的な形態としてのムスタ訴訟が有力に構想されることとなる。

　しかし，当初のムスタ訴訟の構想は，前述したムスタ訴訟合意がそうであったように，ムスタ原告による給付訴訟を前提として，その効力を他の者にも拡張しようとするものであった。[87]そのため，ムスタ原告の訴訟追行との関係では結局は超個人的利益に関わるものであるとされ，ムスタ訴訟合意と同様に訴訟法的な効力の拡張は認められず，ムスタ訴訟合意のような事前の合意もないため実体法上の効力も前提とされないことから，ムスタ判決の効力は事実上の効力にとどまるものと理解された。[88]

---

[85] *Astrid Stadler,* Musterverbandsklagen nach künftigem deutschen Recht, FS für Ekkehard Schumann, 2001, S. 465.

[86] *Stadler,* a. a. O. (Amm. 85), S. 467.

[87] *Stadler,* a. a. O. (Amm. 85), S. 469.

[88] *Stadler,* a. a. O. (Amm. 85), S. 470. その効力は信号効果 (Signalwirkung) であるとされ

(2) 投資家ムスタ手続とムスタ確認訴訟

このような議論の中で創設された投資家ムスタ手続は，ムスタ手続という名前でありながら，その実質はグループ訴訟との混合であると分析される[89]。すなわち，問題とされるのは訴訟によって主張された請求権であるが，個別の原審手続（Ausgangsverfahren）[90]において訴訟上主張された請求権が実際に存在するかどうかの裁判はムスタ裁判の結果を加味してなされるものであるから，限定的なグループ訴訟（begrenzte Gruppenverfahen）であるといわれている[91]。このような限定的なグループ訴訟という形態は，ムスタ確認訴訟でも維持されているものである。

2 ムスタ原告の地位

(1) 投資家ムスタ手続の場合

そうして限定的なグループ訴訟であると理解するとしても，ムスタ原告がどのような地位にあるか，グループ構成員との関係はどのように把握されるかは手続の正当性との関係で解明されるべき問題である。投資家ムスタ手続の場合，グループの構成員には被呼出参加人として補助参加人類似の地位が認められる[92]。他方，ムスタ原告には代表（Repräsentation）が観念され，個々のグループ構成員の指導的原告（lead plaintiffs）としての権限が付与される[93]。

(2) ムスタ確認訴訟の場合

　(a) **訴訟上の地位**　これに対し，ムスタ確認訴訟の場合は状況が複雑である。ムスタ確認訴訟においては，前述した差止訴訟などと同様に適格団体に訴え提起権限が認められるものの，団体は固有の実体法的な請求権を主張するわけで

る。

89) *Christian Wolf,* Der Verfahrensgegenstand des Musterverfahrens, Festschrift für Rolf Stürner, 2013, S. 629. 従来的なムスタ手続とグループ訴訟の折衷的な手続となっている。
90) 原審手続とは，ムスタ確認申立てをする前に手続対象者による個別訴訟を管轄していた第一審裁判所における手続であり，投資家ムスタ手続の管轄が高等裁判所にあることからこのような呼称がなされている。
91) *Lange,* a. a. O.（Amm. 31），S. 85 ff.
92) *Vorwerk/Wolf,* KapMuG, 2. Aufl., 2019, Rn 46. BT-Drs. 15/5091, S. 17 では，必要的共同訴訟人ではなく補助参加人類似の地位とされたのは，手続を実効的にするためであると説明される。
93) *Vorwerk/Wolf,* a. a. O.（Amm. 92），Rn 46.

はない[94]。立法理由でも明らかとされていないので，適格団体の地位は未解決の問題であると認識されている[95]。そこで，ムスタ確認訴訟の全体的な構想を考えると，団体は自己の名で訴えを提起し，固有の確認の利益を有することに疑いはない[96]。これは法定訴訟担当であると考える余地があるが，しかし届出消費者の請求権それ自体が手続の対象として審理されるわけではない[97]。ヨーロッパで認められているグループ訴訟は，法定訴訟担当と任意的訴訟担当の中間的な形態として理解されるが，消費者による請求権の届出は，届け出られた請求権が訴訟物として取り立てられるわけではないことからすると，それ自体でオプトインの表明として十分な効力を有するものではない[98]。

そのため，ここでの適格団体の訴訟上の地位は，訴訟担当に類するもの[99]，あるいは準訴訟担当（Quasi-Prozessstandschaft）であるとの理解が示されている[100]。そのほか，非届出消費者も，その請求権が時効になっていないならば事実上（de facto）積極的な確認判決から利益を得ることができる点に着目し[101]，原告団体は具体的な個々の消費者の利益において行動するのではなく，集団的利益（Kollektivinteresse）において行動し，そのような訴訟担当として理解されるとの主張もなされている[102]。ムスタ確認訴訟の原告適格が訴訟担当であると考えた場合，いずれにせよ被担当者は届出消費者に限られるため，集団的利益をここで援用する意義は必ずしも明らかでないが，後続する2段階目の訴訟に対するムスタ確認訴訟の効力は既判力の拡張ではなく裁判の自己拘束性によって説明されていることからすると[103]，既存の訴訟担当の枠組みに当てはまらず，既判力の拡張がない訴訟担当を構想する意味で集団的利益が援用されているようにも見て取れる。この点に関す

---

94) *Musielak/Voit/Stadler,* a. a. O.（Amm. 76），§ 606 Rn 5.
95) *Musielak/Voit/Stadler,* a. a. O.（Amm. 76），§ 606 Rn 5.
96) *Musielak/Voit/Stadler,* a. a. O.（Amm. 76），§ 606 Rn 5.
97) *Musielak/Voit/Stadler,* a. a. O.（Amm. 76），§ 606 Rn 5.
98) *Musielak/Voit/Stadler,* a. a. O.（Amm. 76），§ 606 Rn 5; *Michael Rohls,* § 3 Verfahrenseinleitung, in: Nordholtz/Mekat（Hrsg.），Musterfeststellungsklage, S. 69 ff.
99) *Erich Waclawik,* Die Musterfeststellungsklage, NJW 2018, S. 2921.
100) *Peter Röthemeyer,* Musterfeststellungsklage, 2. Aufl., 2019, Rn. 89.
101) *Musielak/Voit/Stadler,* a. a. O.（Amm. 76），§ 606 Rn 6.
102) *Musielak/Voit/Stadler,* a. a. O.（Amm. 76），§ 606 Rn 6.
103) *Musielak/Voit/Stadler,* a. a. O.（Amm. 76），§ 606 Rn 6.

る議論はまだ未成熟といった様相を呈しているが，適格団体の訴訟上の地位は訴訟担当に類するものであるとの発想を維持するのが現在の一般的な見方であるといえる。[104]

(b) **実体法上の地位**　ムスタ確認訴訟の原告の実体法上の地位はより複雑である。すなわち，対象消費者による届出によって届出人とムスタ確認訴訟の原告との間で何らかの実体法上の関係が認められるかについて，見解の対立が存在する。これは，原告又はその弁護士の過失のせいで訴訟に敗れ，ZPO 613条の拘束力に基づく請求棄却の結果として届出消費者が自身の個別的な請求権を成功する見込みを伴ってもはや追及することができない場合に，訴え提起権限を有する団体のあり得る責任との関係で意義がある。[105]まず，適格団体は，個々の消費者の委任によって行動するわけではない（ZPO 79条2項第2文3号参照）[106]。届出消費者の請求権は，訴訟の対象それ自体ではないため，届出は，届出人による委任（BGB 662条）[107][108]や代理権の授与又は訴訟追行の授権と解釈され得ないからである[109]。以上の点については見解の一致がある。意見が分かれるのはここからで，訴訟に敗北した原告団体の責任について，敗訴判決の効力が届出消費者に及ぶ点に鑑みると事務管理を理由としてのみ認められ得るという考え方[110]と，事務管理も成立せず，原告団体は不法行為責任以外を負うことはないという考え方[111]が対立している。この点も未だ議論が成熟していないところであるように思われるが，このような議論の存在は，ムスタ確認訴訟が訴訟担当によって基礎付けられるものだとしても，その性質決定に意味があるというよりは，ムスタ確認訴訟の独自性（ここでは届出

---

104)　*Anders/Gehle/Schmidt*, a. a. O. (Amm. 74), Grundzüge vor § 606 Rn. 5 も，具体的な分析はなされていないものの，一種の訴訟担当であると理解している。

105)　*Musielak/Voit/Stadler*, a. a. O. (Amm. 76), § 606 Rn 3.

106)　*Musielak/Voit/Stadler*, a. a. O. (Amm. 76), § 606 Rn 3.

107)　対応する届出人の法拘束意思（Rechtsbindungswillen）のほか，ムスタ確認の原告による承諾も欠いている。もっとも，最終的には BGB 663条で解決され得る。委任関係については，*Rohls*, a. a. O. (Amm. 98), § 3 Rn. 97 ff. 662条以下の意味での委任に対しては，*Röthemeyer*, a. a. O. (Amm. 100), § 608 Rn. 29.

108)　事務処理の特徴を伴う代表関係については，Schmidt-Kessel, Stellungnahme für den Rechtsausschuss, Protokoll 19/15 BT Anhörung vom 11. 6. 2018, S. 120.

109)　*Musielak/Voit/Stadler*, a. a. O. (Amm. 76), § 606 Rn 3.

110)　*Musielak/Voit/Stadler*, a. a. O. (Amm. 76), § 606 Rn 3.

111)　*Röthemeyer*, a. a. O. (Amm. 100), § 608 Rn. 29; *Rohls*, a. a. O. (Amm. 98), § 3 Rn. 100.

という特殊な参加形態を介した敗訴判決の効力に関する独自性）が法律関係に非常に強く影響していることを示されているといえる。

3 ムスタ手続と訴訟物

(1) 投資家ムスタ手続における議論の発展

(a) **2005年立法時の投資家ムスタ手続と訴訟物**　KapMuGによって確認目標（Feststellungsziel）[112]という新たな訴訟法上の概念が作り出され，この確認目標は，争点及び同一の確認を求めるムスタ確認申立てによって基礎付けられるものとされた[113]。しかし，争点（旧KapMuG1条2項）[114]という概念が多義的であったことから，1つの確認目標だけが対象とされるのか，あるいはいくつかの確認目標が追求され得るのか，について議論の余地があった[115]。

(b) **2012年改正による確認目標の再定位**　この問題について，2012年改正は，争点という概念との関連付けをやめ，端的に「請求を理由付ける又は請求を排斥する要件の存在又は不存在の確認又は法律問題の解明」が確認目標であると再定位した（KapMuG2条1項第1文）。その立法理由によると，請求を理由付ける要件の存在の確認又は請求を排斥する要件の確認のそれぞれが独自の確認目標である[116]。すなわち，個々の法律要件要素（Tatbestandmerkmal）[117]や法律問題が確認の

---

112) 旧KapMuG1条1項
「訴訟の裁判が請求を理由づける又は請求を排斥する要件の存在又は不存在の確認又は法律問題の解明（確認目標）に依存する場合，以下の請求権が主張される第一審手続では，ムスタ確認申立てにより，この確認目標を求めることができる。」

113) *Halfmeier/Rott/Feess*, Kollektiver Rechtsschutz im Kapitalmarktrecht, 2010, S. 15 ff.

114) 旧KapMuG1条2項
「ムスタ確認申立ては，受訴裁判所に，確認目標及び公式の資本市場情報を摘示して行わなければならない。この申立ては，一切の，確認目標の理由づけに役立つ事実上及び法律上の事情（争点）についての記載を包含し，申立人が事実上の主張の証明又は反対証明のために利用したいと欲する証拠方法を表示しなければならない。」

115) Vgl. *Thomas Killan*, Ausgewählte Probleme des Musterverfahrens nach dem KapMuG, 2007, S. 57; *Carina Rau*, Das Kapitalanleger-Musterverfahrensgesetz vor dem Hintergrund von Dispositions- und Verhandlungsgrundsatz, 2008, S. 48; *Maier-Reimer/Wilsing*, Das Gesetz über Musterverfahren in kapitalmarktrechtlichen Streitigkeiten, ZGR 2006, S. 79, 92 und 103; *Vorwerk/Wolf*, a. a. O. (Amm. 92), § 13 Rn. 6; *Gregor Vollkommer*, Neue Wege zum Recht bei kapitalmarktrechtlichen Streitigkeiten, NJW 2007, S. 3094.

116) BT-Drs. 17/8799, S. 17.

対象となる。[118]

(2) ムスタ確認訴訟と訴訟物

2012年改正によって改められた確認目標の概念は，ムスタ確認訴訟においても維持されている（ZPO 606条）[119]。このような確認目標は，法律関係（及びそれを理由として生じる権利・義務）に関して積極的又は消極的な確認訴訟だけを許容する256条1項の原則を越えるものである[120]。すなわち，ムスタ確認訴訟の理論的帰結[121]は，ムスタ確認訴訟の訴訟物である確認目標について確認の利益を認めるものであると理解できる。このような新たな訴訟物の措定は，前述した集団的利益を巡る議論に近いところがあるが，ムスタ手続の特性として認識されており，この2つが必ずしも結び付けられているわけではない。

4 まとめ

投資家ムスタ手続は，グループ訴訟とムスタ手続の2つの要素を含む手続として構築され，ムスタ原告以外の原告には被呼出参加人として補助参加人類似の地位を認めて訴訟の効率化を図りつつ，確認目標という新たな概念を定立することで確認訴訟の対象を拡大するものであった。その発展形であるムスタ確認訴訟は，訴訟担当に類するものであると理解されながらも，投資家ムスタ手続で認められた確認目標という概念を引き継ぎ，この確認目標については一般法上の確認の利益を拡大する形で確認の利益が認められている。そして，この確認目標の内実は，

---

117) この訳については，松本博之『証明責任の分配』（有斐閣，1987年）6頁を参照した。要件事実と異なり，法律要件要素は事実概念ではないことを強調した訳である。同書14頁注1も参照。

118) *Vorwerk/Wolf*, a. a. O. (Amm. 92), Rn 89.

119) ただし，投資家ムスタ手続法上の定義は請求権関連的なものであるのに対し，ムスタ確認訴訟における確認目標の定義はZPO 256条に関連する法律関係も包含するものである（*Anders/Gehle/Schmidt*, a. a. O. (Amm. 74), § 606 Rn. 13）。

120) ZPO 256条1項
「原告が，権利関係又は証書の真否を裁判所の裁判により即時に確定することの法的利益を有しているときは，権利関係の存在又は不存在の確認を求め，証書の承認を求め，又は証書の不真正の確認を求める訴えを提起することができる。」

121) *Musielak/Voit/Stadler*, a. a. O. (Amm. 76), § 606 S. 1660. *Anders/Gehle/Schmidt*, a. a. O. (Amm. 74), § 606 Rn. 14は，確認目標の法定定義の意義は，ZPO 256条に比して可能な確認申立てを拡張する点にのみ存在すると指摘する。

個々の法律要件要素又は法律関係であると理解されている。

2 ムスタ手続の一般性

　前述した限定的なグループ訴訟に関する理解を前提とすると，この種のムスタ手続の適用範囲を制限する手続理論的な理由は存在しない。手続対象者が合理的無関心の状況にあることを前提としない投資家ムスタ手続の適用範囲が資本市場法の事案に限定されているのも，投資家ムスタ手続法が新たな手続法を生み出すもので既存の民事訴訟法（ZPO）との隔たりを有することから，手続を試験的に実施してこの隔たりから訴訟法的な難点が導かれないか，この手続が実務上機能するかを確認するためであるとされている[122]。

　そして，ムスタ確認訴訟には適用範囲の拡大に関する萌芽が認められる。すなわち，ムスタ確認訴訟は，消費者契約を基礎とする実体法上の消費者概念から離れ，請求権の取得に着目した手続法的な消費者概念を採用している（ZPO 29c 条）。このことにより，ムスタ確認訴訟は消費者紛争一般に適用可能なものとなっている。しかも，ムスタ確認訴訟が手続対象者の合理的無関心を克服するために用意された手続でもあったことからすると，実際上問題とされる合理的無関心の存在は大量の個別的な請求権の発生と同義である。このことは，比較的被害金額が大きいと考えられる投資家が ZPO 29c 条にいう消費者に含まれると解されていることからも窺われる[123]。

　他方で，投資家がムスタ確認訴訟を利用することができることからすると，投資家ムスタ手続とムスタ確認訴訟は部分的に重なり合うことにもなる。すなわち，既に投資家ムスタ手続が開始されている事案であっても，ムスタ確認訴訟を提起することは妨げられない[124]。もっとも，投資家ムスタ手続における被呼出参加人は，投資家ムスタ手続が高等裁判所の専属管轄（投資家ムスタ手続法8条）を前提とすることから，投資家ムスタ手続に参加する限り，自己の請求権をムスタ確認訴訟に届け出ることはできないとされる[125]。つまり，投資家ムスタ手続が適用可能な事案

---

122) BT-Drs. 15/5695, S. 22.

123) Vgl. *Prütting/Gehrlein/Halfmeier,* a. a. O.（Amm. 68），Vorbemerkung vor §§ 606-614 Rn. 6.

124) *Prütting/Gehrlein/Halfmeier,* a. a. O.（Amm. 68），Vorbemerkung vor §§ 606-614 Rn. 6.

125) *Prütting/Gehrlein/Halfmeier,* a. a. O.（Amm. 68），Vorbemerkung vor §§ 606-614 Rn. 6.

については，個別提訴を前提とするムスタ手続を活用するか，個別提訴の代わりに届出をすれば足りるムスタ確認訴訟を活用するかを選択することができるが，いずれか一方の手続の利用しか認められないということになる。

さらに，前述のようにムスタ確認訴訟が消費者紛争一般に適用されることから，消費者紛争の一つとして捉えられる競争法関係の紛争もムスタ確認訴訟の適用対象となる。そのため，競争法において競争違反の存在に関する官庁による判断がなされない場合に一定の補完機能を有すると指摘される[126]。ただ，カルテル官庁による競争違反の確認の場合に比して証拠へのアクセスが困難であるから実務上の意義は少ないとも指摘されている[127]。

Ⅱ ムスタ手続における集合的和解

1 漸次的な集合的和解の受容

1 集合的和解の端緒

投資家ムスタ手続法上の和解とムスタ確認訴訟法上の和解（以下これらの和解を総称して「集合的和解」という）は，少なくとも条文上は全く同一の規律が用意されているように見受けられる。すなわち，(i)裁判所による和解内容の審査及び許可，(ii)許可された和解の手続対象者への送達，(iii)手続対象者の和解からの離脱，(iv)裁判所による和解の有効性の確認決定である。その具体的な内容は後述するとして，このような集合的和解の端緒は，2012年の投資家ムスタ手続の改正に求められる。

改正前の旧KapMuG 14条3項第2文は，ムスタ手続上の和解について，全ての関係人，すなわちムスタ原告，ムスタ被告及び全ての被呼出参加人の同意を要[128]

---

126) *Würtenberger/Freischem,* Stellungnahme der GRUR zum Diskussionsentwurf eines Gesetzes zur Einführung einer Musterfeststellungsklage, GRUR 2017, S. 1103; *Weinland,* a. a. O.（Amm. 49), S. 18.

127) *Würtenberger/Freischem,* a. a. O.（Amm. 126), S. 1103; *Weinland,* a. a. O.（Amm. 49), S. 18.

128) 旧KapMuG 14条3項第2文
「ムスタ手続の和解による終結は，すべての関係人が和解に同意しない限り認められない。」

求するものであった。しかし，大量手続においてこのような合意を調達することは実務上ほとんど不可能である[129]。そこで，2012年改正法は，成功を収めているオランダのモデル[130]とKapMuGの評価に関する2009年10月14日付の最終報告書[131]を参考に，ムスタ原告とムスタ被告の間で裁判上合意される離脱可能性を有する和解を認め（KapMuG 17条～19条，23条），投資家ムスタ手続における和解的解決の条件を緩和した[132]。同様の規律はムスタ確認訴訟に引き継がれている（ZPO 611条）。

　同様に，集合的和解も和解である以上は実体法的にどのような法律構成によって正当化されるかが問題となる。しかし，投資家ムスタ手続との関係でこの点に言及するものはほとんどない[133]。ただ，ムスタ確認訴訟では，届出消費者は和解内容の審査の際に聴聞されることが保障されないこともあって，和解に関与しない届出消費者と当事者である適格団体との関係が特に問題となる[134]。

2　和解と第三者のためにする契約

(1) 第三者に関する規律を含む和解

　第三者に関する規律を含む訴訟上の和解は，その者の協力がなくとも，第三者のための契約として有効であるとされる[135]。第三者のためにする契約とは，要約者及び諾約者間の契約によって，第三者への給付を約束することである（BGB 328条1項）[136]。第三者は発生した権利を拒絶する法律上の権限を有するので（BGB

---

129) *Halfmeier/Rott/Feess,* a. a. O. (Amm. 113), S. 70.
130) オランダの手続モデルについては，長谷部由起子「オランダの集合的和解制度の概要（上）（下）」NBL 913号71頁以下，NBL 914号54頁以下（いずれも2009年）参照。
131) 同報告書は，*Halfmeier/Rott/Feess,* a. a. O. (Amm. 113) として公表されている。
132) BT-Drs. 17/8799, S. 14-15.
133) その背景には，被呼出参加人が裁判所による和解内容の審査に際して必要的に聴聞されるという手続的な配慮があったため，問題視されにくかったという事情があるように見て取れる。
134) この問題は，和解に限らず訴訟全体において問題となるものである。
135) *Rosenberg/Schwab/Gottwald,* a. a. O. (Amm. 2), § 131 Rn. 12; MüKoBGB/*Gottwald,* 9. Aufl., § 328 Rn. 93. 第三者のためにする契約として和解が締結され得ることは，実体法上も一般に認められているように見受けられる。Vgl. Soergel/*Hadding,* BGB, 13. Aufl., 2010, § 328 Rn 67; Staudinger/*Klumpp,* BGB, 2015, § 328.
136) BGB 328条1項

333条[137]），その意思に反して権利取得が強制されることはない[138]。すなわち，この拒絶権の行使によって第三者の権利取得が遡及的に否定される[139]。第三者の権利が直ちに生じるのか一定の条件の下でのみ生じるのかなどの点については，契約締結者（要約者及び諾約者）の合意によって決定付けられる（BGB 328条2項）[140][141]。

また，第三者は，手続への参加の有無にかかわらず，追加的に和解に加入することができる[142]。ただし，当該和解に関与又は加入していない者は，自ら申し立てて執行することは許されない[143]。この例外として，離婚手続における子の扶養に関する両親の訴訟上の和解の場合，当該和解の効力がBGB 1629条3項第2文によって子に有利にも不利にも及ぶため[144]，その子が和解に参加していなくとも，その子による執行も認められる[145]。BGB 1629条3項第2文のような他の訴訟

「契約によって第三者への給付を約束することができ，その効力によって第三者は給付を請求する権利を直接取得する。」

137) BGB 333条
「第三者が諾約者（Versprechende）に対して契約によって取得される権利を拒絶したときは，その権利は取得されなかったものとみなされる。」

138) Soergel/*Hadding,* a. a. O. (Amm. 135), vor § 328 Rn 10.

139) Soergel/*Hadding,* a. a. O. (Amm. 135), vor § 328 Rn 10.

140) BGB 328条2項
「特段の定めがない場合，特に契約の目的といった諸事情から，第三者が権利を取得するか否か，第三者の権利が直ちに生じるのか一定の条件の下でのみ生じるのか，第三者の権利をその同意なく消滅させ又は変更する権限が契約締結者に留保されるか否かが推知される。」

141) Vgl. Soergel/*Hadding,* a. a. O. (Amm. 135), vor § 328 Rn 10.

142) *Rosenberg/Schwab/Gottwald,* a. a. O. (Amm. 2), § 131 Rn 14.

143) *Rosenberg/Schwab/Gottwald,* a. a. O. (Amm. 2), § 131 Rn 12; juris PraxisKommentar/*Schinkels,* BGB Band 2, 9. Aufl., 2020, § 328. MüKoBGB/*Gottwald,* a. a. O., (Amm. 135), § 328 Rn. 93によれば，ZPO 794条1項1号の文言との関係で導かれるとされる。これに関連して，和解において権利者として指名されている必要があるかどうかには議論がある（Soergel/*Hadding,* a. a. O. (Amm. 135), § 328 Rn. 67）。

144) BGB 1629条3項第2文
「一方の親が獲得した裁判所による裁判及び両親の間で締結された裁判上の和解は，子に有利にも不利にも及ぶ。」

145) MüKoBGB/*Gottwald,* a. a. O. (Amm. 135), § 328 Rn. 93; Soergel/*Hadding,* a. a. O. (Amm. 135), § 328 Rn. 104; Staudinger/*Klumpp,* a. a. O. (Amm. 135), § 328. BGB 1629条3項第2文は裁判上の和解しか規定していないが，裁判外でなされたとしても，和解が子の名でも締結されている場合，あるいは子が和解に関与した又は子のためにする契約としてな

への和解の効力の作用は代理権又は処分権に由来するので，共同訴訟人の和解のような場合には，一緒に和解が締結されたときでも，単にその者の訴訟に作用するにすぎない（ZPO 61 条）[147]。

(2) 第三者の権利を処分する内容を含む契約の可否

通常，第三者のためにする契約は，債務法上の義務負担契約のみによってなされる[148]。ZPO 328 条1項も，第三者において権利変更的な効力が直接生じる場合を規律していない[149]。そのため，ZPO 328 条1項を類推し，第三者の権利に関する処分を内容に含む第三者のためにする契約を認めることができるかは争いがある[150]。本節で取り上げる和解との関係でいえば，処分的な和解の可否[151]，すなわち互譲の内容に譲渡や免除を含む和解の可否が問題とされ，互譲の内容に応じてその許容性が判断される[152]。

された場合であれば，子は固有の請求権を有することになる（Staudinger/*Peschel-Gutzeit*, BGB, 2015, § 1629）。

146) *Rosenberg/Schwab/Gottwald*, a. a. O.（Amm. 2），§ 131 Rn. 13. 例えば，MüKoBGB/*Gottwald*, a. a. O.（Amm. 135），§ 328 Rn. 89; juris PraxisKommentar/*Schinkels*, a. a. O.（Amm. 143），§ 328 は，第三者の権利を目的とする保険契約の要約者にあたる保険契約者（VVG 43 条，45 条）は，自己の名で第三者の計算において処分をすることができるので，訴訟担当として第三者へ既判力が及ぶ訴訟をすることができるとする。

裁判上の扶養和解の際は，両親の一方は子の手続担当と理解される（Staudinger/*Peschel-Gutzeit*, a. a. O.（Amm. 145），§ 1629）。

147) ZPO 61 条

「民法又は本法の規定により別段の結果を生じない限り，共同訴訟人は相手方と各別に相対し，共同訴訟人の一人がした行為が他の共同訴訟人に対して有利又は不利な影響を及ぼすことはない。」

148) *Soergel/Hadding*, a. a. O.（Amm. 135），§ 328 Rn. 106.

149) MüKoBGB/ *Gottwald*, a. a. O.（Amm. 135），§ 328 Rn. 271; *Soergel/Hadding*, a. a. O.（Amm. 135），§ 328 Rn. 106.

150) MüKoBGB/*Gottwald*, a. a. O.（Amm. 135），§ 328 Rn. 271.

151) MüKoBGB/*Bayreuther*, 9. Aufl., § 185 Rn. 3 によれば，処分（Verfügung）とは，直接的な効果によって既存の権利を消滅・譲渡・放置又は内容的に変更する法律行為である。権利の存立に直接影響を及ぼすわけではない死亡による処分や義務負担契約は処分に当たらない（*Prütting/Wegen/Weinreich/Frensch*, BGB Kommentar 14. Aufl., § 185 Rn. 2）。

152) *Soergel/Hadding*, a. a. O.（Amm. 135），§ 328 Rn. 110.（1）で前述した議論は処分的な第三者のためにする契約による和解を排除していないように読めるが，必ずしもそのことが

まず，第三者のためにする債権譲渡について，伝統的な通説は，BGB 398条[153]が債権者と取得者との間の契約を要件とすること，333条によって生じる未確定状態が許されないことを理由に，直接的な効果を伴う第三者のためにする債権譲渡は許されないとする[154]。その代わり，第三者のためにする授権契約か，あるいは同一の債権の創出及び旧債権の免除によって実質的な第三者のためにする債権譲渡を許容する[155]。

同様に第三者のためにする免除（又は債権放棄契約）も認められないというのが伝統的な通説であるとされる[156]。しかし，その代わりに，債務法上の無方式の免除約束（pactum de non petendo）又は免責請求権（Freistellungsanspruch）によって第三者は債権の実現をしないよう求める請求権を取得するとされ，実質的に同じ帰結が導かれるような工夫が試みられている[157]。

これに対し，第三者の負担を目的とする処分（Verfügungen zu Lasten Dritter）は無権限者による処分であり，権限者の同意又はその追認がない限り無効である

明示されているわけではないため，念のため，処分的な和解と軌を一にするとされる債権譲渡及び免除について検討しておく。

153) BGB 398条
「債権者は，他人との契約により，この者に債権を移転することができる（譲渡）。新たな債権者は，契約の締結とともに従前の債権者の地位を承継する。」

154) MüKoBGB/*Gottwald*, a. a. O.（Amm. 135），§ 328 Rn. 272. これに対し，*Heinrich Dörner*, Dynamische Relativität, 1985, S. 167; *Hubert Kaduk*, Fragen zur Zulässigkeit von Verfügungen zugunsten eines Dritten, Festschrift für Karl Larenz zum 80. Geburtstag, 1983, S. 312 ff; *Patrick Krauskopf*, Der Vertrag zugunsten Dritter, 2000, Rn. 1714 ff; ErmanBGB/*Westermann*, 17. Aufl., 2023, § 328 Rn. 3 などの有力説は，BGB 328条・332条及び651e条において第三者の関与がなくとも既存の権利が第三者に与えられる可能性が開かれていることなどから，第三者のためにする譲渡は認められるとする。MüKoBGB/*Gottwald*, a. a. O.（Amm. 135），§ 328 Rn. 272 も，新債権の原始取得及び旧債権の免除という構成によれば，ZPO 401条による付随的権利の移転が排除され，強制執行や倒産の場合に第三者が不利な地位に立たされることにもなるため，第三者のためにする債権譲渡を認めるべきであるとする。

155) MüKoBGB/*Gottwald*, a. a. O.（Amm. 135），§ 328 Rn. 272. *Soergel/Hadding*, a. a. O.（Amm. 135），§ 328 Rn. 107 は，学説は債権譲渡・免除・処分的な和解を内容とする第三者のためにする契約は認めるのが一般的であるとする。

156) MüKoBGB/*Gottwald*, a. a. O.（Amm. 135），§ 328 Rn. 274.

157) MüKoBGB/*Gottwald*, a. a. O.（Amm. 135），§ 328 Rn. 274.

(BGB 185条)[158)159)]。例えば，運送品に生じた損害につき一定の責任を負うはずの運送人が運送代理人との間で免責合意をしたとき，当該免責合意は第三者たる運送品の所有者との関係で上記処分に該当し，運送人の所有者が同意又は追認した場合にのみ有効となる[160)]。これと異なり，BGB 242条2項のような間接的な義務を伴う場合や一定の制限を伴う場合は，第三者の負担を目的とする処分には当たらないとされる[162)]。

3　集合的和解の実体法上の法律構成

このような第三者のためにする契約と処分に関する議論を背景としてか，集合的和解の実体法上の法律構成も，無権限者による処分及びその追認という構成によって説明するものと，第三者のためにする契約であると説明するものが存在している。そこで，以下では2つの立場の違いを確認する。

(1)　無権限者による処分及びその追認という構成

まず，無権限者による処分及びその追認という構成によって説明する立場によれば，集合的和解は，訴えを提起した団体，すなわち無権限者による処分であり，したがって追認が必要であるとされる[163)]。そして，この追認は，和解から離脱しないという沈黙によってなされることとなる[164)]。

---

158)　BGB 185条
　　「1　無権限者がある対象について行った処分は，権限者の同意があれば有効である。
　　　2　権限者が処分を追認したとき，処分者が対象を取得したとき，又は権限者が処分者を相続し，かつ遺産債務について無限責任を負うときは，処分は有効である。後二者の場合において，対象について互いに両立しない処分が複数回なされたときは，より古い処分のみを有効とする。」
159)　MüKoBGB/*Gottwald*, a. a. O. (Amm. 135), § 328 Rn. 282. BGB 185条は自己の名でする処分に適用される規定であり，他人の名でなされた処分の場合には代理に関するZPO 164条以下の規定が適用される（MüKoBGB/*Bayreuther*, a. a. O. (Amm. 151), § 185 Rn. 2)。
160)　MüKoBGB/*Gottwald*, a. a. O. (Amm. 135), § 328 Rn. 282.
161)　BGB 242条2項
　　「債務関係は，その内容に応じて，各当事者に対し，その他の当事者の権利・法益及び利益を顧慮するよう義務付けることがある。」
162)　Staudinger/*Klumpp*, a. a. O. (Amm. 135). Vorbem zu § 328 ff, Rn. 61 und 66.
163)　*Musielak/Voit/Stadler*, a. a. O. (Amm. 76), § 611 S. 1678. Staudinger/*Klumpp*, a. a. O. (Amm. 135), § 185 Rn. 153によれば，BGB 185条の場合，任意的訴訟担当の場合とは異なり，無権限者に特別の処分利益（Verfügungsinteresse）の存在は要求されない。

この立場の特徴は，提訴団体による和解の締結を無権限者による処分だと性質決定する点にある。和解では互譲がなされるため，その意味で，届出消費者の負担になる処分的な契約となり得ることは間違いない。[165]

(2) 第三者のための契約という構成

これに対し，適格団体によって締結される和解は第三者のためにする契約 (Vertrag zugunsten Dritter) であるとする見解も存在する。[166] ただ，第三者のためにする契約との構成であっても，その理解のあり方については若干の違いが認められる。

まず，ZPO 611条の適格団体による集合的和解の受益者 (Begünstigte) の範囲には非届出消費者も含まれるが，[167] ZPO 611条5項第1文による負担的な効力の可能性がある届出消費者とそれ以外の者（例えば非届出消費者）は区別されるとされる。[168] そして，この区別を前提とすると，非届出消費者は第三者のためにする契約の意味での受益者の地位が与えられ，例えばその者の既存の法的地位を害しない追加的な権利の承認は許容されるとされる。[169] もっとも，届出消費者との関係での集合的和解の実体法上の法律構成については具体的な言及がなされていない。

他方で，ここでの和解が一般論として第三者のためにする契約によってなされ得ることを認めつつも，[170] ZPO 611条1項が届出消費者との関係で代理を認める規律であると分析する見解もある。[171] すなわち，一度は第三者のためにする契約として和解がなされるが，同条によれば届出消費者に負担となる規律が認められることから，届出消費者の離脱という解消的な要件の下で同条は原告団体に届出消

---

164) *Musielak/Voit/Stadler,* a. a. O. (Amm. 76), § 611 S. 1678.
165) Vgl. *Musielak/Voit/Stadler,* a. a. O. (Amm. 76), § 611 S. 1677.
166) *Anders/Gehle/Schmidt,* a. a. O. (Amm. 74), § 611 Rn. 2; *Prütting/Gehrlein/Halfmeier,* a. a. O. (Amm. 68), Rn 4. また，*Burkhard Schneider,* Die Zivilprozessuale Musterfeststellungsklage, BB 2018, S. 1995 は，届出消費者を拘束するわけではないから第三者に負担をもたらす契約ではないと指摘する。
167) *Prütting/Gehrlein/Halfmeier,* a. a. O. (Amm. 68), Rn 4; *Röthemeyer,* a. a. O. (Amm. 100), Rn 12; *Weinland,* a. a. O. (Amm. 49), Rn 171.
168) *Prütting/Gehrlein/Halfmeier,* a. a. O. (Amm. 68), Rn 4.
169) *Prütting/Gehrlein/Halfmeier,* a. a. O. (Amm. 68), Rn 4.
170) *Anders/Gehle/Schmidt,* a. a. O. (Amm. 74), Grundzüge vor § 606 Rn. 7, § 611 Rn. 2.
171) *Anders/Gehle/Schmidt,* a. a. O. (Amm. 74), § 611 Rn. 2.

者の法定代理権が認められていると指摘される[172]。

(3) 若干の整理

やや議論が散発的ではあるが，届出消費者と非届出消費者を区別する点は一致しているとみることができ，届出消費者との関係で負担がある又は負担しかない和解がなされ得る点の実体法的な評価が異なっていると評価できる。前述した実体法の議論からすると，第三者の負担を目的とする契約は許されないにもかかわらず，不利な効力も認める ZPO 611 条はこれを排除していない。つまり，届出消費者の請求権の不存在を確認する和解が認められるとすれば，第三者のためにする契約との構成で説明し切れない和解を含んでいることになる。その意味で，無権限者による処分及びその追認という構成も十分に成り立ち得るものであり，届出消費者のための和解と非届出消費者のための和解を区別する立場が有力であるように思われる。ただ，次に述べる裁判所による統制が前提となる点からすると，集合的和解の場合には第三者のためにする契約に関する議論には含まれていない特別の考慮がなされていると仮定される。

さらに，集合的和解に基づく強制執行についても，原告である適格団体と被告事業者が執行することができる点に争いはないが，届出消費者が執行することができるかは争いがある。具体的には，集合的和解を受益する届出消費者は，和解で記名的に表示され（ZPO 750 条 1 項），当該和解がその者との関係で執行できる内容を有する場合，例えば記名的に表示された者への金銭支払が定められている場合には，当該和解に基づいて執行することができるとする見解がある一方で[173]，専ら原告団体による執行しか認められないとする見解が存在する[174]。また，届出消費者による執行を許容する見解であっても，直接的な執行可能な内容又は受益者の記名的な表示を欠く場合，当該和解は多くの場合に第三者のためにする契約と理解され，後続する判決手続によって実現が図られると指摘される[175]。

---

172) *Anders/Gehle/Schmidt*, a. a. O. (Amm. 74), § 611 Rn. 2.
173) *Prütting/Gehrlein/Halfmeier*, a. a. O. (Amm. 68), Rn 22.
174) *Weinland*, a. a. O. (Amm. 49), Rn 188; *Nordholtz/Mekat* (Hrsg.), a. a. O. (Amm. 98), Rn 186.
175) *Prütting/Gehrlein/Halfmeier*, a. a. O. (Amm. 68), Rn 23.

4 集合的和解と裁判所による統制
(1) 裁判所による和解内容の審査及び許可の位置付けの不明確さ

上記のような集合的和解の実体法上の法律構成が考えられるとしても，実体法上は被呼出参加人又は届出消費者の受益又は追認の意思表示によって第三者のためにする契約又は無権限者による処分の効力が承認されることになるはずなので，その意思表示の有無を問えば十分であるように思われる。それにもかかわらず，ムスタ手続における集合的和解の際は裁判所による和解内容の審査及び許可という仕組みが必要的なものとして設定されている。この仕組みと実体法の議論がどのように噛み合うのかという点は，必ずしも明らかでない。ムスタ手続における集合的和解を最初に認めるに至った 2012 年改正の立法理由も，「裁判所が和解を承認したとき，その和解は全ての関係人に通用する (gültig)」とするのみで，裁判所による和解内容の審査及び許可が集合的和解の有効要件として位置付けられることは確認できるが，それが実体法の要請から求められる要件なのか，手続的な要請から求められる要件なのかは定かでない。[176]

2012 年法改正時に参考とされた報告書を見ると，オランダをモデルとしたオプトアウト型の和解が憲法違反とならないこと，すなわち一般にオプトアウト型の手続で問題視される処分権主義及び審尋主義の侵害が認められないことが強調されている[177]。しかし，それ以上の詳細な検討を加える必要がないとされる[178]。その理由は，ムスタ手続におけるオプトアウト型の和解の人的範囲が原告と被呼出参加人（及び単なる参加人）に限定されることに求められている[179]。すなわち，これらの者の名前と住所は知られており，裁判所によって許可された和解を個々人に送達することが可能なので[180]，上記侵害の不存在が導かれるとされている。このような理由からすると，離脱可能性の保障を前提としないオランダの手続とは異なり，ドイツの集合的和解において決定的なのは離脱可能性の保障で，裁判所による和解内容の審査及び許可は別の要請から導かれるものではないか，との疑問も浮かぶ[181]。

---

176) BT-Drs. e 17/8799, S. 15.
177) *Halfmeier/Rott/Feess*, a. a. O. (Amm. 113), S. 35.
178) *Halfmeier/Rott/Feess*, a. a. O. (Amm. 113), S. 35.
179) *Halfmeier/Rott/Feess*, a. a. O. (Amm. 113), S. 35.
180) *Halfmeier/Rott/Feess*, a. a. O. (Amm. 113), S. 35.

(2) 裁判所による和解内容の審査及び許可のドイツ的な受容

　仮に実体法の要請であるとするならば，なぜ実体法の規律によって問題を解決するのではなく裁判所による手続的な措置によって対応されるのかが不明である。一定期間内に離脱の表明がないことが和解に対する同意と擬制される[182]との理解が維持されるのであれば，実体法上の意思表示の問題に還元されると理解するのが自然であるように思われる。ムスタ確認訴訟の立法理由において，「教示とともにする許可された和解の送達は，届出消費者に，和解の内容を十分に検討し，そうして情報提供を受けた自己の責任で決断することを可能にする」[183]とされていることからしても，消極的同意を擬制する前提は十分に整っているかに思われる。

　また，他の類似の手続との関係で見ても，オプトアウト型の手続との関係で比較対照される株式法上の審判手続（Spruchverfahren）[184]や行政訴訟上のムスタ手続は，手続上の和解に際して裁判所による内容審査を伴う許可を要求していない。

　そうすると，裁判所による和解内容の審査及び許可という仕組みは一種の手続的な要請から導かれる，との理解があり得る[185]。そこでまず考えられるのが，裁判所による和解内容の審査及び許可が集合的和解を認める不可欠の前提であるとの理解である。すなわち，離脱の不表明のみでは消極的同意の前提が整っていないとすれば処分権主義又は審尋主義の違反が認められるため，手続対象者の消極的

---

181)　*Halfmeier/Rott/Feess*, a. a. O. (Amm. 113), S. 35 は，「手続に関係する者のために離脱可能性が予定されなければならず，したがって手続関係者が和解を強制されることはあり得ない」としているが，しかし同時に裁判所による許可を当然の前提とされていることからすると，消極的同意による一種のオプトアウト手続が憲法違反を招来せしめかねないとの難点は，離脱可能性の保障による意思解釈の前提が整っていることでは克服することができず，裁判所による和解内容の審査及び許可が用意されていなければ消極的同意を認めることができないとの前提が置かれているようにも見受けられる。ただ，BT-Drs. 17/8799, S. 15 で「裁判上合意される離脱可能性を有する和解を導入する」という表現がなされているように，相対的に離脱可能性の保障（実体法的な意思解釈の前提）が重視されていることは間違いない。

182)　*Felix Bergmeister*, Kapitalanleger-Musterverfahrensgesetz (KapMuG), 2009, 329; *Halfmeier/Rott/Feess*, a. a. O. (Amm. 113), S. 65.

183)　BT-Drs. 19/2439, S. 28.

184)　会社の社員に対する給与の支払価格の適正性を評価するための手続であり，その決定の効力は全ての社員に対して及ぶ。

185)　BT-Drs. 19/2439, S. 27 も裁判所による許可を「手続法的な措置」としている。

同意を擬制するための前提を整える手続的な措置として，裁判所による統制が不可欠的に要請されるとの理解である。離脱可能性の保障は実体法上の意思解釈の延長に位置付けられるように思われるが，それだけでは意思解釈の前提が不足しているため，消極的同意を擬制する手続的な前提として裁判所による和解内容の審査及び許可を用意し，可及的に和解対象者の意思が保護されることとなる。合理的な無関心の状況にある届出消費者にとっては和解が唯一の救済手段になる可能性があるので，その意味でも和解内容それ自体の相当性が担保されるのは重要な点である。[186]

他に手続的な要請として考えられるのが，大量損害の処理という手続の特性に由来するとの理解である。2012年改正の立法理由では，裁判所による和解内容の審査及び許可によって「その和解があらゆる面において均衡のとれた公平な結果をもたらすことが保障される」とされており，[187]和解内容それ自体の客観的な統制が裁判所の役割とされている。大量処理性という観点から見た場合，和解内容それ自体の適切性を担保することの意義は，手続対象者が離脱権の行使を選択しなくなる点に求められるように思われる。すなわち，そもそもムスタ手続は大量の請求権を処理するために特別に認められた手続であるから，その手続においてなされる和解にもそのような機能が認められなければならないということである。

このような理解は，「必要なときには和解それ自体の中で最低要件が合意されれば足りる」[188]として大量処理性を重視しない2012年改正の立法理由の立場とは必ずしも整合しない。ただ，集合的和解はいずれも30％以上の離脱があれば和解が無効となるとの規定を設けており，和解全体では大量処理性への配慮が認められる。ムスタ確認訴訟の立法理由では，そのような和解には沈静的な機能（befriedende Funktion）が認められないからであると説明されているところである。[189]

---

186) BT-Drs. 19/2439, S. 28. BT-Drs. 19/2439, S. 27 でも，「届出消費者がムスタ確認訴訟に直接的に関与するわけではないので届出消費者の効果的な権利保護（wirksam Rechtsschutz）を確保するために手続法上の措置が必要である。したがって和解は裁判所によって許可されなければならない」とされており，届出消費者を保護するために裁判所による許可が要請されている。

187) BT-Drs. 17/8799, S. 15.

188) BT-Drs. 17/8799, S. 39.

189) *Anders/Gehle/Schmidt*, a. a. O.（Amm. 74），§ 611 Rn. 1 は，沈静効果（Befriedungswirkung）がないと表現する。

すなわち，届出消費者の大部分が和解に服する場合でなければムスタ確認訴訟に求められる機能が果たされないこととなる[190]。離脱期間が経過した後，裁判所によって和解の有効性が決定によって確認されるので，このプロセスを捉えれば，裁判所による判断と大量処理性を結び付けることはできる。そのため，前述した30％要件の審査によって，集合的和解の場合の大量処理性の確保を監督する役割が裁判所に与えられているといえる。ただし，立法理由からすると和解内容の審査の際にこの点の審査が予定されるわけではなく，大量処理性の維持は30％要件の審査のみによって担保されることとなるだろう。

2 集合的和解の統制手法

1 ムスタ当事者によって締結される和解

(1) 和解の成立

(a) 投資家ムスタ手続の場合　ムスタ原告及びムスタ被告は，ムスタ手続及び原審手続（個別訴訟を受理した裁判所における手続）の終了に関する書面による和解の提案を裁判所に提出し，又は裁判所の書面による和解提案を文書により裁判所に対して受諾することにより，裁判上の和解を締結することができる（KapMuG 17条1項第1文）。このような投資家ムスタ手続における和解は，一方では原審手続の訴訟物が，他方でムスタ手続それ自体の訴訟物が和解の対象となるという意味で二重の対象を有している必要がある[191]。すなわち，原審手続を同時に終結させることなく和解によってムスタ手続だけを独立的に終了させることはできない[192]。そして，和解を締結することができるのはムスタ当事者だけである[193]。その代わり，被呼出人には，態度表明の機会が与えられる（KapMuG 17条1項第2文）。これは，被呼出人の法的審尋を保障するものであるが[194]，この聴聞がなされなかったとしても和解の効力に影響はなく，被呼出人への和解の送達によって事後的に補

---

190)　*Thomas/Putzo/Seiler*, a. a. O. (Amm. 39), § 611 Rn 5.

191)　*Hess/Reuschle/Rimmelspacher*, Kölner Kommentar zum KapMuG, 2. Aufl., 2013, S. 511.

192)　BT-Drs. 17/8799, S. 24; *Hess/Reuschle/Rimmelspacher*, a. a. O. (Amm. 191), S. 526; *Wieczorek/Schütze*, ZPO, 4. Aufl., 2018, S. 280 und 290.

193)　*Hess/Reuschle/Rimmelspacher*, a. a. O. (Amm. 191), S. 511.

194)　*Hess/Reuschle/Rimmelspacher*, a. a. O. (Amm. 191), S. 518; *Wieczorek/Schütze*, a. a. O. (Amm. 192), S. 282.

われるとされる。[195] つまり，被呼出人の法的審尋請求権との関係で本質的な要件は，被呼出人への和解の送達と離脱権であると理解することができる。

(b) ムスタ確認訴訟の場合　ムスタ確認訴訟の場合，和解の締結は，口頭弁論でなされるか，ZPO 278 条の書面（裁判所に対する書面による和解の提案又は裁判所からの書面による和解の提案）によってなされる必要がある。そして，投資家ムスタ手続の場合と同様に，当事者間で和解が締結されるだけでは裁判上の和解の効力が生じず，裁判所による許可と届出消費者による離脱権の（不）行使を経て初めて効力を有することとなる。裁判所による許可がなされなかった又は離脱数が最低要件よりも多かった場合には和解は無効であり，したがってムスタ手続が続行される。なお，裁判所による許可や届出消費者の離脱権といった特別規定は一般規定の適用を排除するものではなく ZPO 278 条・555 条の適用により，上告審での和解も可能である。[196] また，ムスタ確認判決がなされた後であれば，和解の許可が却下されたことについて上告審で争うことも可能である。[197]

(i) 和解の時期的制限　被告事業者は届出消費者による後続手続を回避し，可及的にコストをかけずに紛争を終わらせるべく和解に応じるとの経済的リスクの低減方法に鑑みると，それまでのムスタ確認手続において届出消費者に何らかの請求権が帰属することが明らかとなったときに特に和解の機運があるとされる。[198] しかし，個別的な給付訴訟を省略するためにムスタ確認判決を得た後に届出人のために和解をすることは認められていない。[199] これは（事務管理人として行動することはおそらく可能ではあるが）提訴権限を有する組織はムスタ確認判決後にはもはや被

---

195)　*Hess/Reuschle/Rimmelspacher,* a. a. O.（Amm. 191），S. 518; *Wieczorek/Schütze,* a. a. O.（Amm. 192），S. 282. このときの送達は公告によって代替され得ない。Vgl. BT-Drs. 17/8799, S. 25; *Wieczorek/Schütze,* a. a. O.（Amm. 192），S. 282.

196)　*Weinland,* a. a. O.（Amm. 49）. Rn 167.

197)　*Weinland,* a. a. O.（Amm. 49），Rn 167

198)　*Weinland,* a. a. O.（Amm. 49），Rn 170.

199)　*Weinland,* a. a. O.（Amm. 49），Rn 163. 特に *Hans-Jörg Dietsche,* Die Musterfeststellungsklage nach den Entwürfen des Bundesjustizministeriums, in: Matthias Schäfer (Hrsg.), Der Gesetzesentwurf zur „Musterfeststellungsklage", S. 86 は，届出消費者は迅速な救済を得たいが原告消費者団体は上級審の判決を得たいという利益状況になった場合，通常はムスタ判決を得た後に和解がなされるだろうと分析し，連邦参議院も検討を促していたが（BR-Drs. 176/1/18, S. 15），採用されなかった。

害者のための訴訟上の代表権（Repräsentationsrecht）を有していないからであるとされる[200]。したがって，このとき被告は個々の消費者と和解をする途しか残されていない。このような規律について，ムスタ確認訴訟の構想は被告がムスタ確認訴訟で又は終結後に和解するであろうことを広く期待するにもかかわらず，ムスタ確認判決後の和解を認めない ZPO 611 条は全くもって不十分であると批判されている[201][202]。

さらに，第 1 回期日の前になされた裁判上の和解は不適法である（ZPO 611 条 6 項）。これは，立法理由書によれば，第 1 回期日開始日の前日が経過するまで届出又はその取下げが可能であることに鑑（ZPO 608 条 1 項，ZPO 草案 608 条 3 項），裁判上の和解が可及的に広範に紛争を解決するものとなるべく規定されたもので

---

200) *Musielak/Voit/Stadler*, a. a. O. (Amm. 76), S. 1677.
201) ZPO 611 条
「1 裁判上の和解は，届出消費者に有利又は不利な効果があっても締結することができる。
2 裁判上の和解は，以下の事項に関する規定を含むものとする。
①届出消費者に割り当てられる給付
②届出消費者によって提供されなければならない給付資格の証拠
③給付の支払期日
④当事者間の費用分配
3 裁判上の和解は，裁判所の許可（Genehmigung）を必要とする。裁判所は，これまでの事実及び係争状況を考慮し，届け出られた請求権若しくは法律関係に関する紛争又は不確定性に係る適切な和解的解決と判断する場合，当該和解を許可する。この許可は，取り消し得ない決定によってなされる。
4 許可された和解は，許可時点の届出消費者に，和解の効果，和解から離脱する届出消費者の権利並びに遵守されるべき形式及び期間に関する教示とともに送達されなければならない。いずれの消費者も，許可された和解の送達後 1 か月の期間内に，自身の和解からの離脱を表明することができる。当該離脱は，書面で又は裁判所書記課の調書で表明されなければならない。離脱によって届出の有効性は影響を受けない。
5 許可された和解は，和解からの離脱を表明している届出消費者が 30％ 以下にとどまる場合に有効となる。裁判所は，取り消し得ない決定により，許可された和解の内容及び有効性を確認する。その決定は，訴え登録簿において公告されなければならない。その決定の公示により，当該和解は自身の離脱を表明していない届出消費者に有利にも不利にも作用する。
6 第 1 回期日前の裁判上の和解の締結は許されない。」
202) *Musielak/Voit/Stadler*, a. a. O. (Amm. 76), S. 1677.

ある。もっとも，法務委員会の最終勧告を受け，最終的には第一審の口頭弁論開始日が経過するまでは届出の取下げが可能とされたため（ZPO 608条3項），第1回口頭弁論期日で和解が締結された後に届出が取り下げられる場面も想定できるようになった。その意味で，上記の理由付けの説得力は低下しているが，少なくとも届出期間の終了まで和解がなされないのだから，上記の理由付けはなお妥当すると考えられる。そして後述する和解の有効性の確認決定の送達は非離脱者に対してのみなされるべきであるから，裁判所は，第一審における口頭弁論開始日が経過するまでに消費者が自身の届出を取り下げているかを再審査しなければならないこととなる。

(ⅱ) 裁判外の和解の可否　ZPO 611条の規定は，「gerichtlich Vergleichs」という ZPO 611条1項及び6項の明確な文言からすると，裁判上の和解にのみ適用され，したがって裁判外の和解は私的自治（BGB 305条）の枠内で常に適法であると考えることができる。時期的な制限も適用されない。ZPO 611条2項から5項の要件は，1項との体系的な関連からすると裁判上の和解にのみ関わるものと理解される。訴え登録簿に裁判外の和解を記録することも法律上予定されていない。もちろん，裁判外の和解の締結は手続を終了させるものではなく，訴え取下げ又は合意による終了宣言を介して手続が終了する。裁判外の和解の効力が届出消費者に（有利にも）不利にも拡張されることはない。

(2) 和解の内容

(a) 投資家ムスタ手続の場合　投資家ムスタ手続における和解の場合，次の内容を含んでいなければならないとして私的自治が一定の範囲で制限されている。すなわち，①合意された給付の参加人（Beteiligten）への分配（KapMuG 17条2項1号），②参加人が提出すべき給付資格に関する証拠（KapMuG 17条2項2号），③給付の支払期日（KapMuG 17条2項3号），④ムスタ手続費用の参加人への分配

---

203) BT-Drs. 19/2439, S. 25-26.
204) BT-Drs. 19/2741, S. 12, 25.
205) *Weinland,* a. a. O. (Amm. 49), Rn 165.
206) *Weinland,* a. a. O. (Amm. 49), Rn 165. なお，*Schneider,* a. a. O. (Amm. 166), S. 1995 は，和解が合意の秘密性に依拠することが多いのに反し，和解内容の公示を前提に第1回期日まで和解できない旨の規定は手続の公然性を排除するものではないか，といった問題提起をしている。これについて，*Weinland,* a. a. O. (Amm. 49), Rn 165.
207) *Weinland,* a. a. O. (Amm. 49), Rn 165.

(KapMuG 17条2項4号）が規律されている必要がある。これらの規定を欠く場合，裁判所による許可がなされないこととなる[208]。

また，和解において合意する内容について，事実の確認，例えば目論見書やアドホックになされる通知の中の申述の正確性に関する和解は問題なくなされ得る[209]。通常の民事訴訟では予定されていないが，裁判所による事実認定も対象とすることができる[210]。しかし，具体的な事実関係と関連しない純粋な法律問題，例えば誤りのある通知と投資家に認められる損害の因果性，損害賠償請求権の時効期間の開始時などについては，受訴裁判所の法理解を拘束するもので当事者の処分権の枠外にあるから，和解の対象とすることができない[211]。いずれにせよ，和解の対象はムスタ問題に関わるものでなければならないだろう[212]。

　(b)　ムスタ確認訴訟の場合　ムスタ確認訴訟の場合，和解の内容に関しては，①届出消費者に割り当てられる給付（ZPO 611条2項1号），②届出消費者が提出しなければならない証拠（同項2号），③給付の期日（同項3号），④当事者間の費用分配（同項4号）に関する規律を含むとされる。これは当為規定ではあるものの，①〜③がなければ執行可能な内容にならないと考えられるため，これらを欠くことは実質的に認められないだろう[213]。このような2項の意義は，和解内容の完結的な規律というよりも，裁判所によって取り組まれるべき適切性の審査に対応するものである点に認められる[214]。

非届出消費者の請求権を含める形で和解をすることは排除されていないが，その場合，その参加なしに法律上の拘束力が非届出消費者に及ぶことはない[215]。非届出消費者による和解への事後的な参加も認められ得るとしても[216]，その請求権の情

---

208)　*Hess/Reuschle/Rimmelspacher,* a. a. O. (Amm. 191), S. 526; *Wieczorek/Schütze,* a. a. O. (Amm. 192), S. 290. さもないと和解によって回避されるべき①〜④の問題の解決に原審裁判所が取り組まなければならないこととなる。
209)　*Hess/Reuschle/Rimmelspacher,* a. a. O. (Amm. 191), S. 512.
210)　*Hess/Reuschle/Rimmelspacher,* a. a. O. (Amm. 191), S. 514.
211)　*Hess/Reuschle/Rimmelspacher,* a. a. O. (Amm. 191), S. 514
212)　*Hess/Reuschle/Rimmelspacher,* a. a. O. (Amm. 191), S. 514.
213)　*Weinland,* a. a. O. (Amm. 49), Rn 169. ④がない場合はZPO 98条によって和解費用が相殺される。
214)　*Anders/Gehle/Schmidt,* a. a. O. (Amm. 74), § 611 Rn. 4.
215)　*Weinland,* a. a. O. (Amm. 49), Rn 171.

報を原告団体が有しているわけではないため，当該消費者による和解への関与が必要であると見られる。また，通例はZPO 608条2項による届出人が提出した届出請求権の情報しか利用できず，特に個人的な請求額の申述は当為規定であるから（608条2項第2文），多くの事例では，和解において請求権の処理に関する基本条件又は要点を抽象的に規律し詳細は配当手続に委ねることが予想される。

2 裁判所による関与
(1) 裁判所による集合的和解の内容審査及び許可
(a) **投資家ムスタ手続の場合** 投資家ムスタ手続法17条による和解には，同18条による裁判所の許可が必要である（KapMuG 17条1項第3文）。すなわち，裁判所は，停止された争訟との関係でその和解が適切な和解的解決であると判断した場合，不服申立てできない決定によって当該和解を許可する（KapMuG 18条1項）。この許可は，裁判所の裁量の問題として位置付けられ，BGB 138条及び242条のいわゆる濫用規制による制限を受ける。[217][218]

許可にあたってはムスタ手続におけるそれまでの事実状態及び係争状態並びに被呼出人の聴聞の結果を考慮することされる（KapMuG 18条1項）。したがって，原審での事実状態及び係争状態の斟酌は求められず，[219]個々の請求権は総計的にし

---

216) *Musielak/Voit/Stadler*, a. a. O. (Amm. 76), § 611 S. 1678.
217) BGB 138条
「1 善良な風俗に反する法律行為は，無効とする。
2 特に，相手方の強制された状態，経験不足，判断能力の欠如又は著しい意志の弱さを利用し，給付に対して著しく不均衡な財産上の利益を自己又は第三者のために約束させ又は譲渡させる法律行為は，無効とする。
　　　……（略）」
BGB 242条
「債務者は，取引慣行に配慮した誠実及び信義が要請するところに従って給付を行う義務を負う。」
218) *Johannes Wigend*, Zur Reform des Kapitalanleger-Musterverfahrensge setzes (KapMuG), AG 2012, S. 850; *Hess/Reuschle/Rimmelspacher*, a. a. O. (Amm. 191), S. 525; *Wieczorek/Schütze*, a. a. O. (Amm. 192), S. 290.
219) BT-Drs. 17/8799, S. 24; *Hess/Reuschle/Rimmelspacher*, a. a. O. (Amm. 191), S. 525; *Wieczorek/Schütze*, a. a. O. (Amm. 192), S. 289. これは裁判所によって和解の提案がなされた場合も同様であり，被呼出人が重大な異議を述べたときなどには自ら提案した和解に対する許可を拒否することもあり得る。被呼出人による異議は，被呼出人の和解からの離脱に

か考慮されない[220]。具体的な審査内容としては，例えば損害クラスを区分して異なる賠償を認める和解がなされた場合[221]，そのような区別が実現可能でクラス間に差別がないかどうかといった点が審査される[222]。また，大量請求が契機となってムスタ被告が強制的に和解に追いやられたのではないかといった点も審査される[223]。意見表明及び離脱権の保障によって被呼出人の利益保護は十分であると判断することも可能であるが[224]，ムスタ被告の保護に関する手続上の措置はこの裁判所の許可だけである。さらに，70％の被呼出人の非離脱という定足数要件（KapMuG 17条1項第4文）が満たされないことが明らかである場合も許可を拒否するとされる[225]。

許可の方法は全体を許可するか全体を拒否するかであり，一部許可や和解提案の内容を変更する形での許可は許されない[226]。そして，許可された後に当該和解が撤回されることはない（KapMuG 18条2項）。この不可撤回効により，法的安定性及び訴訟経済の要請が尊重される[227]。ただし，非離脱の定足数の比率を70％より高くするなどして当事者の合意によって裁判所の許可後に撤回権を留保することは可能である[228]。つまり，ムスタ確認訴訟では同様の規定が存在しないように，この不可撤回効は必須のものでないが，投資家ムスタ手続の場合には和解後にそれを受けた原審手続で審理がなされることから，法定安定性や訴訟経済の要請がより重視されたものと考えられる。

(b) **ムスタ確認訴訟の場合**　裁判所は，それまでの事実状態及び係争状態

　　　よって定足数が満たされなくなるリスクを含意するものである。これに対し，*Schneider/Heppner,* BB 2012, S. 2711; *Keller/Wigend,* ZBB 2011, S. 383 は原審の事情も斟酌すべきだと批判する。しかし，10以上ある個々の手続を審査対象に含めるのは現実的ではないだろう。*Wieczorek/Schütze,* a. a. O.（Amm. 192), S. 289 も参照。

220)　*Wieczorek/Schütze,* a. a. O.（Amm. 192), S. 289. これを補うものとして，被呼出人の意見表明の制度があるとされる。
221)　BT-Drs. 17/8799, S. 24.
222)　BT-Drs. 17/8799, S. 24; *Hess/Reuschle/Rimmelspacher,* a. a. O.（Amm. 191), S. 526; *Wieczorek/Schütze,* a. a. O.（Amm. 192), S. 289.
223)　*Wieczorek/Schütze,* a. a. O.（Amm. 192), S. 289.
224)　*Wieczorek/Schütze,* a. a. O.（Amm. 192), S. 289.
225)　*Wieczorek/Schütze,* a. a. O.（Amm. 192), S. 289.
226)　*Wieczorek/Schütze,* a. a. O.（Amm. 192), S. 286 und 290.
227)　*Wieczorek/Schütze,* a. a. O.（Amm. 192), S. 291.
228)　*Wieczorek/Schütze,* a. a. O.（Amm. 192), S. 291.

を考慮し，それが届出請求権又は法律関係に関する紛争又は不確実性についての適切な和解的解決であると判断する場合に，和解を許可する（ZPO 611条3項第2文）。この適切性の審査について，裁判所は自己の有するイメージと和解内容が完全に一致する場合に許可するのではない。すなわち，裁判所が別の和解提案をした場合には当事者によって提案された和解が不適切になるのかというと，そうではない。適切性の問題について一定の判断余地（Beurteilungsspielraum）がある[229]が，適切性の審査の枠内で，当事者によって提案された規律が記載事項にある典型的に予期される紛争を解決するかどうかが審理される[230]。確認目標に関する当事者の申述は訴訟の対象ではなく和解の対象とされるにすぎない消費者の債権額に関わるものではないだろうから，個々の事例について審査されるわけではない[231]。

この許可の契機について，裁判所における解明度が低ければ実質的に和解における当事者の自由度が高まり，裁判所が和解内容を適切でないと判断することが難しくなる[232]。このことから，ムスタ手続の当事者間で自由に交渉された和解は適切であるという少なくとも事実上の推定がなされるとも指摘される[233]。これに対し，和解案を裁判所に提出する場面において当事者間に対立構造が存在しないことから，処分権主義の維持に疑問を示し，和解提案の適切性の解明に情報を必要とするならば，裁判所は ZPO 139条1項の訴訟指揮の下で当事者にさらなる釈明を[234]要求し，ZPO 141条以下[235]の規定を利用することができるとの指摘もなされている[236]。

229) *Weinland,* a. a. O.（Amm. 49），Rn 174.
230) BR-Drs 176/18, S. 26.
231) *Weinland,* a. a. O.（Amm. 49），Rn 175.
232) *Röthemeyer,* a. a. O.（Amm. 100），S. 152.
233) *Waßmuth/Asmus,* Der Diskussionsentwurf des BMJV zur Einführung einer Musterfeststellungsklage, ZIP 2018, S. 664.
234) ZPO 139条1項
　「裁判所は，事実関係及び訴訟法律関係について，必要である限り，当事者とともに事実及び法律の両面から討論し，かつ，問題の提起をしなければならない。裁判所は，当事者が，すべての重要な事実に関して適時にかつ完全に陳述するように努め，特に主張された事実についての不十分な申立てを補充し，証拠方法を指摘し，かつ，適切な申立てをするように，努めなければならない。」
235) ZPO 141条1項
　「裁判所は，事実関係の解明に必要であると思われるときは，両当事者の出頭を命ずべきものとする。遠隔地にいるため又はその他の重大な事由から，当事者の一方に対して期

裁判所の許可の機能をどこまで重視するかという問題であり，届出消費者の利益保護を重視するのであれば[237]，後者の理解も採用する余地があるように思われるが，ムスタ確認訴訟に関する規律があえて投資家ムスタ手続に関する規律と距離を置き，和解内容の審査の際に届出消費者の聴聞のための手続を規律しなかったことからすると，直ちに後者の理解に立つことは躊躇われる。他方，消費者は，特に額が少ないとき，離脱権の行使に関する判断のために，弁護士に相談するのではなく，裁判所の許可があるならば適切性を信頼することも予想されるが[238]，結局は消費者の意思決定に依存するものであるから，裁判所の許可が厳格な審査によってなされるべきこととはならないと考えられる。

具体的な審査のあり方について，裁判所の和解案で和解が締結された場合，その提案は当該裁判所の有する適切性審査の基準に鑑みたものであるのが通常であろうから，適切性は肯定されることになるだろう[239]。これに対し，和解案が当事者によって提出された場合，裁判所の判断余地の範囲内で個々の点について裁判所と異なる価値判断をすることや，裁判所に未知の又は認定していない事実を考慮することも考えられる。

そして，裁判所による適切性の審査は，ムスタ確認訴訟の和解に内在する恐喝可能性について一定の保障をするものでもある。これは，法律の目的に訴訟産業の発生の防止が掲げられていることを想起させる。そこで，裁判所は，例えば，実際上も真に互譲に基づく和解であるかといった点を確かめなければならないだろう[240]。少なくとも，ムスタ被告が個々の届出消費者に平均的に引き受ける給付が平均的な届出額を上回る場合には，もはや適切ではないといえる[241]。また，個々の

   日の出頭を期待できないときは，裁判所は，その者の出頭命令を発令しない。」
236) *Musielak/Voit/Stadler,* a. a. O. (Amm. 76), S. 1679.
237) *Musielak/Voit/Stadler,* a. a. O. (Amm. 76), S. 1679 は，届出消費者の利益保護にしか触れていない。また，同書では，和解内容に影響を及ぼす手段を有していないため，法的審尋請求権の保護の観点から，被呼出人と同様に届出消費者も必要的に聴聞すべきであるとされる。しかし，KapMuG での法的審尋請求権の保護は究極的には被呼出人の送達によって図られるものであるから，ここで聴聞することが法的な意味を有するとは考えがたい。
238) *Musielak/Voit/Stadler,* a. a. O. (Amm. 76), S. 1679.
239) *Weinland,* a. a. O. (Amm. 49), Rn 174.
240) *Weinland,* a. a. O. (Amm. 49), Rn 175.
241) *Weinland,* a. a. O. (Amm. 49), Rn 175.

届出人又は届出人グループの間で不当に不平等な取り扱いがなされていないかも審査される。例えば，ある弁護士事務所によって代理されている届出人グループが他の届出人よりも優遇されていないかといった点が審査される[242]。

　裁判所による適切性の審査は，各人間の潜在的な利害対立を想定して用意されたものであるが，特に届出消費者の利益を保護する役割を担うとされる[243]。すなわち，原告と届出消費者との間にある利害対立と届出消費者間にある利害対立の調整が重要である。前者について，原告は手続が迅速に終結することに利益を有し得る一方で，届出消費者は手続の継続及び事実関係のより精確な解明によって利益を得るかもしれない[244]。後者について，審査の手続としては，関係する届出人の聴聞が有意義であり得，あるいは少なくともこの関係人には意見表明の機会が与えられ得る。もっとも，このことは法律には規定されていないが（KapMuG 18条1項第2文とは異なり），和解の得る第三者効に鑑みて裁判所に禁じられるものではない[246]。

3　集合的和解の有効要件

(1)　和解対象者の離脱権

　(a)　**投資家ムスタ手続の場合**　　許可された和解は，被呼出人に送達され（KapMuG 19条1項），送達後1か月以内に書面又は裁判所書記課の調書によって裁判所に（KapMuG 19条2項）和解からの離脱を表明する被呼出人が30％未満である場合に有効となる（KapMuG 17条1項第4文）。この定足数が満たされない場合，許可された和解は無効であり，ムスタ手続は続行されなければならない[247]。

　和解内容の送達によって和解に含まれることとなるのではなく，離脱権の不行[248]

---

242) *Waßmuth/Asmus,* a. a. O. (Amm. 233), S. 664; *Weinland,* a. a. O. (Amm. 49), Rn 175. Vgl. *Schneider,* a. a. O. (Amm. 166), S. 1995.

243) *Prütting/Gehrlein/Halfmeier,* a. a. O. (Amm. 68), Rn 9; *Nordholtz/Mekat* (Hrsg.), a. a. O. (Amm. 98), Rn 175.

244) *Prütting/Gehrlein/Halfmeier,* a. a. O. (Amm. 68), Rn 9.

245) *Prütting/Gehrlein/Halfmeier,* a. a. O. (Amm. 68), Rn 9; *Weinland,* a. a. O. (Amm. 49), Rn 175; *Waßmuth/Asmus,*, a. a. O. (Amm. 233), S. 664.

246) *Prütting/Gehrlein/Halfmeier,* a. a. O. (Amm. 68), Rn 10.

247) *Wieczorek/Schütze,* a. a. O. (Amm. 192), S. 289.

248) これに対し，*Hess/Reuschle/Rimmelspacher,* a. a. O. (Amm. 191), S. 512 は，和解の送

使をもって和解に黙示的に同意したものと考えることができる[249]。送達の際，被呼出人は，自己の和解からの離脱権について，遵守されるべき形式及び期間並びに和解の効果を教示される（KapMuG 19条3項）。

　（b）　**ムスタ確認訴訟の場合**　　許可された和解は，届出消費者の30％未満の者がその和解からの離脱を表明している場合に有効である（ZPO 611条5項第1文）。離脱は，訴え登録簿を管理する者にではなく，裁判所に対して書面又は書記課の調書によって表明されなければならない（ZPO 611条5項第2文）。このとき，弁護士強制はない（ZPO 78条3項）。届出人は，和解の効力並びに離脱権及びそれを行使するための期間・形式を教示される。教示がない又は不正確であったことは，期間の経過には影響しない[250]。

　教示とともにする許可された和解の送達により，届出消費者は和解の内容を吟味し，情報を受けて自己責任で判断することができる[251]。このとき届出人が受け取るのは裁判所による許可決定と和解のテキストであるが，訴え登録簿には許可決定と和解がなされた事実（テキストを含まない）しか公表されない[252]。つまり，訴え登録簿の閲覧によって知ることができるのは裁判所が許可した和解が存在するということだけであり，この和解の内容がどのようなものなのかは知られ得ない。したがって，個別の送達が重要な意味合いを有することとなる。ただし，教示の内容は個別的なものではなく，集合的和解の一般的な仕組みが教示されるにとどまる。

　なお，KapMuG 19条とパラレルに考えて，教示がなされなかったか又は不正確であったときには永続的な離脱権が発生し，ZPO 234条3項も準用されないと解される[253]。

　　達時点で和解に含まれることとなるが，離脱権の行使によって和解の効力から逃れることができると説明する。しかし，後述するムスタ確認訴訟に関する文献を見る限り，離脱権の不行使をもって和解への同意が擬制されるとの考え方が一般的ではないかと思われる。送達だけで和解への同意を擬制するのは困難であろう。

249)　Vgl. Felix Bergmeister, Kapitalanleger-Musterverfahrensgesetz（KapMuG）, 2008, S. 356.
250)　*Waßmuth/Asmus,*, a. a. O.（Amm. 233）, S. 665.
251)　BT-Drs. 19/2439, S. 26.
252)　*Waßmuth/Asmus,* a. a. O.（Amm. 233）, S. 664.
253)　*Musielak/Voit/Stadler,* a. a. O.（Amm. 76）, S. 1680.

(2) 和解の有効性の確認決定

(a) **投資家ムスタ手続の場合**　投資家ムスタ手続を管轄する高等裁判所は，争い得ない決定により，許可された和解が有効になったかどうかを確認する（KapMuG 23条1項第1文）。この決定は公告され（KapMuG 23条1項第2文），訴え登録簿への登録によって効力を生ずることとなる（KapMuG 23条1項第3文）。

(b) **ムスタ確認訴訟の場合**　裁判所は，許可された和解の内容及び有効性を決定によって確認する（ZPO 611条5項第2文）。この裁判所による確認決定は，設権的でなく宣言的なものであるにもかかわらず，和解の効力は，訴え登録簿における公告を起点として，離脱を表明しなかった届出消費者に有利にも不利にも作用する（ZPO 611条5項第4文）。すなわち，届出消費者への拘束力の法的根拠は，契約であるということはもちろんのこと，この確認決定にも求められるのである。また，この確認決定は争い得ないものである（ZPO 611条5項第2文）。併せて，ムスタ確認手続について訴訟終了効も生じることとなる[254]。

通常の訴訟上の和解の場合，裁判所による裁判を欠くので実体的な確定力が与えられない。しかし，ZPO 611条による和解については別様に見ることができる。すなわち，当該和解は裁判所によって内容上審査・許可され，それによって訴訟当事者による実体法上の契約を超えたものになり，その和解の内容は，ZPO 611条5項第2文によれば，裁判所の決定の要素となるのである[255]。ただし，和解のどの部分に実体的な確定力が認められるかは，和解内容に依存する[256]。

この確認決定を経た和解は，ムスタ被告に対する届出消費者の執行名義（ZPO 794条1項）にはならない[257]。届出消費者はムスタ確認訴訟の当事者でもその他の手続参加者でもないから，彼らは被告事業者に対して和解を基に強制執行を行うことができないのである。ZPO 611条1項及びその立法趣旨は，成立レベルでのみ和解への消費者の関与を規定する[258]。すなわち，有名義者としての原告団体だけが，

---

254) *Musielak/Voit/Stadler*, a. a. O.（Amm. 76), S. 1678.

255) *Musielak/Voit/Stadler*, a. a. O.（Amm. 76), S. 1678.

256) *Musielak/Voit/Stadler*, a. a. O.（Amm. 76), S. 1678; Robert Magnus, Die Wirkungen des Vergleichs im Musterfeststellungsverfahren, NJW 2019, S. 3177.

257) この点が投資家ムスタ手続との違いである。また，ムスタ確認訴訟は，投資家ムスタ手続とは異なり，地方裁判所が管轄を有するため，和解決定などの主体はすべて地方裁判所である。立法過程では，投資家ムスタ手続のように審級を短縮させることなどに関して理論的な懸念が示されている。Vgl. BT-Drs. 19/2701, S. 8.

執行可能な和解の正本を申請し，それに基づいて強制執行を行う権限を有すること，つまり団体自身のための給付ではなく届出人の給付を実現する場合にも原告団体が強制執行権限を有することが想定されている。

4　集合的和解の効力
(1)　投資家ムスタ手続の場合

和解の有効性を確認する決定の公示により，和解は，離脱を表明しなかったすべての参加人に有利にも不利にも効力を有する (KapMuG 23 条 1 項第 4 文)。離脱の不表明は和解の承認と考えることができるため，不利な効力が及ぶことも正当化される。

また，和解はムスタ手続を終了させる (KapMuG 23 条 2 項)。このとき，原告が自らの離脱を表明しない限り，受訴裁判所は，投資家ムスタ手続法 8 条 1 項によって停止した手続を決定により終了させ，公平な裁量によって，そしてムスタ当事者の費用分配に関する合意を考慮した上で，費用に関する裁判をする (KapMuG 23 条 3 項第 1 文)。当該決定に対しては，即時抗告が可能で (KapMuG 23 条 3 項第 2 文)，当該抗告に関する裁判の前に相手方は聴聞を受けなければならない (KapMuG 23 条 3 項第 3 文)。

投資家ムスタ手続における和解は原審手続の当事者との関係で具体的な給付義務を確認するものではないから，ZPO 794 条の執行名義にならない。そこで，執行の際の問題を解消するため，原告が和解の不履行を主張する場合，原告の申立てに基づいて手続が再開されることとなる (KapMuG 23 条 4 項)。訴えが和解の履行を指向するのであれば，そこで訴えの変更をすることも可能である (KapMuG 23 条 5 項)。

(2)　ムスタ確認訴訟の場合

ムスタ確認訴訟の場合，投資家ムスタ手続と同様に，離脱を表明しなかったすべての参加人に有利にも不利にも効力を有し (ZPO 611 条 1 項)，同時にムスタ手続を終了させる。

---

258)　BT-Drs. 19/2439, S. 25.

5 集合的和解の共通枠組み

投資家ムスタ手続法上の和解とムスタ確認訴訟法上の和解は，微妙に異なる規律となっている箇所も見受けられるが，実質的には同じ制度であると考えられる[259]。その大まかな共通枠組みをまとめると，以下のようになる。

(1) 裁判所による許可と対象者の和解からの離脱

（ⅰ）裁判所による和解内容の審査を経た許可について，投資家ムスタ手続の場合には実際に被呼出人による訴え提起が存在することから被告の保護が，ムスタ確認訴訟の場合には届出消費者が手続に全く関与しない（投資家ムスタ手続で行われる和解の際の聴聞手続も存しない）ことから届出消費者の保護が強調されるきらいがある。しかし，許可の目的が異なるのかといえばそうではなく，投資家ムスタ手続の場合でも被呼出参加人の保護が目的に含まれ，ムスタ確認訴訟でも届出消費者以外の者（例えば被告）の利益が審査対象に含まれる。投資家ムスタ手続の場合も被呼出人は和解に関与する機会はなく（審査の際に聴聞されるだけである），ムスタ確認訴訟の場合も届出消費者の何人かは自ら訴えを提起することが想定されるので（ムスタ確認訴訟は必然的に個別の後続訴訟を予定するものでもある），2つの手続の状況が決定的に異なるとは言い難い。

具体的な審査内容は，事案の解明の程度によって相対的なものとなる。すなわち，早期の段階で和解が締結されたのであれば裁判所は当事者の言い分を基本的に正当なものとして許可することになるが，判決間近でなされた和解の場合には裁判所の心証に照らしてより踏み込んだ適切性の審査がなされることになるだろう。被告の保護という観点からは，和解が事実上強制的になっていないか，例えば想定される請求額よりも多い額で和解がなされていないかといった事情が問題となる。他方，和解対象者の保護という観点からは，損害クラスや消費者グループが設定されている場合，同クラス又はグループ内で平等な取扱いがなされているか，クラス又はグループ間で不均衡な取扱いがなされていないかといった事情が審査される。

このような適切性審査の相対性からすると裁判所の許可の意義はそれほど大き

---

259) ①和解の効力の対象となる者について，投資家ムスタ手続では自ら訴えを提起している被呼出人であるのに対し，ムスタ確認訴訟では届出消費者は訴えを提起する必要がない，②投資家ムスタ手続では和解の撤回が制限されているのに対し（投資家ムスタ手続法18条2項），ムスタ確認訴訟では制限されていないなどの差異がある。

くないと見得るかもしれないが，もう一点，裁判所による審査は，①合意された給付の対象者への分配，②対象者が提出すべき給付資格に関する証拠，③給付の支払期日，④手続費用の分配に関する規律が含まれていなければならないという形式要件も対象とするものであり，これらが欠けている場合には許可が拒否されることとなる。ムスタ原告には必ずしも和解権限を有していないところ，これらの規定は，対象者に有利な内容の和解になるように当事者の私的自治を統制するものである。

次に，(ii)許可された和解の対象者への送達について，この送達によって対象者は和解が自己にとってメリットがあるかどうかを判断することができるようになる。その意味で，ムスタ手続における原告の権限に含まれないとされる和解の効力が対象者に及ぶことを正当化する審尋請求権の保障を含意するものである。

最後に，(iii)対象者の和解からの離脱について，この離脱権が保障されていなければ法的審尋請求権の保障に欠けるため，和解の効力が対象者に及ぶことはない。そして，この離脱権の不行使をもって和解を黙示的に承認したものと判断され，対象者は和解に包含されることとなる。

以上のことから，上記(i)から(iii)は，対象者に和解の効力を及ぼすための不可欠の前提であると考えられる。

(2) 和解の有効性に関する確認決定

(iv)裁判所による和解の有効性の確認決定について，この確認決定によって和解に裁判上の効力が認められることとなる。その意味で，通常の和解よりも判決に接近する面があり，当該和解に既判力を認める契機となり得る。和解審査の相対性からすると必ずしも和解条項のすべてに既判力が認められるわけではないようにも思われるが，上記①から④の和解内容の規律については必ず許可審査の対象となるため，既判力をもって確定されると考えてよいと解される。[260]

6　集合的和解に対する評価

2012年の法改正以来，裁判所によって許可され有効に公告された和解が1件，公告されなかったもののメディアの報道によれば和解で終了した事件が1件ある

---

260) *Alexander Eggers,* Gerichtliche Kontrolle von Vergleichen im kollektiven Rechtsschutz, 2020, S. 86 も，ムスタ原告の代表性が裁判所による統制の基礎となっていると分析している。

のみである。和解の規律が機能しているとは言い難い状況ではあるが，同種の規律は次のムスタ確認訴訟にも受け継がれており，法的な枠組みとしては好意的に受け止められているものと考えられる。

　大量損害の場合，事例間の公平性及び個人の審尋請求権が保障されなければならない一方で，手続の実効性を確保しなければならない。集合的和解は，この双方を同時に実現する手段となる可能性を有している。集合的和解のメリットは，個別の請求権や責任を完全に明らかにすることなく全体の事件について拘束的な解決策を見出し得る点にある。審尋請求権の観点からすると，許可をした裁判所からの十分かつ確実な情報提供が保障されているのであれば，集合的和解も許容される。この情報提供は，訴え登録簿上でなされるもので足りる。また，加害者側にとっても，可及的に多くの被害者を拘束的に巻き込むことのできる集合的和解は魅力的である。実際，請求権が大量に存在する場合に迅速にそれらを貫徹する唯一の現実的な手段が和解であることも多い。以上から，現在の状況にかかわらず，将来的には和解による解決はこの制度にとって大きな意味をもつものと予想される。

---

261)　*Schneider*, a. a. O.（Amm. 166），S. 1995.
262)　*Caroline Meller-Hannich*, Verhandlungen des 72. Deutschen Juristentages Leipzig 2018, Bd. I, A73.
263)　*Meller-Hannich*, a. a. O.（Amm. 262），A73.
264)　*Meller-Hannich*, a. a. O.（Amm. 262），A73.
265)　*Meller-Hannich*, a. a. O.（Amm. 262），A73.
266)　*Meller-Hannich*, a. a. O.（Amm. 262），A73.
267)　*Meller-Hannich*, a. a. O.（Amm. 262），A73.

第3節 小　　括

　ドイツにおける議論状況が複線的で複雑であったことに鑑み，集団的利益論からムスタ手続に至る経緯から再度確認しておくと，ドイツにおける集団的利益論の端緒は，1971 年に Wolf 教授によって団体差止訴訟の立法理由が敷衍された点に認められる。その後，Thiere 教授の見解などによって中間的利益が精緻に分析され，より公的利益に近い中間的利益である超個人的利益に関する議論が発展する一方で，集団的利益の内容を深める議論はほとんど見られなかった。その背景には，ドイツにおける集団的利益論が，立法によって認められた実体権（差止請求権）を説明するための理論構成として主張されたにすぎなかった点があると評価できる。

　それもあって，複数の個別的な請求権が存在する場合については，損害類型に着目し，大量損害及び拡散損害といった分類を用いる議論が発展した。この損害類型に関する一つの理論的な整理を行ったのが Wagner 教授であるが，拡散損害の一種に分類されそうであるが部分的に大量損害の性質を有する場合（ムスタ確認訴訟がまさにこの場合である）があることから，必ずしも十分な整理とはいえない面がある。ただ，このように，客体（請求権）の集団性に着目した議論は，集団的利益論が集団的利益を構成する主体の集団性に着目した議論であったことと対照的である。

　そして，この客体の集団性に対応した手続が，ムスタ手続である。ムスタ手続の淵源は，大量の訴訟を効率的に処理するために実務上便宜的に用いられていたムスタ訴訟合意に求められる。しかし，このムスタ訴訟合意の効力を訴訟法的に認めることは超個人的利益の保護を帰結することになるため，民事訴訟法的なムスタ手続を認めるにはその理論構成を変化させる必要があった。この点に関する検討の結果，投資家ムスタ手続及びムスタ確認訴訟で採用されたのが，クラス・アクションに相当する手続として構想されるグループ手続とムスタ手続を折衷した限定的なグループ手続（begrenzte Gruppenverfahen）である。

　この限定的なグループ手続は，手続の全体を見た場合，個別的な請求権の救済

第3節　小　括　　147

を目的とする点でグループ手続に分類されることになるが，手続対象者に共通する確認目標がムスタ手続の枠組みで確認される点に特徴がある。この確認目標は，民事訴訟におけるムスタ手続を認めるために新たに措定されたもので，個々の法律要件要素又は法律関係が確認目標の内容を構成する。すなわち，ムスタ確認手続を採用することの理論的意義は，確認目標という新たな訴訟物を措定し，当該訴訟物について手続対象者を代表する者に確認の訴えの利益を認める点にあるといえる。他方で，ムスタ確認訴訟の原告適格を訴訟担当との類比によって把握することが試みられているが，議論は未成熟といった様相を呈している（集団的利益との接点を求めようとする見解も存在した）。

　また，ムスタ手続であれば何を対象にしても確認の利益が認められるわけではなく，投資家ムスタ手続の場合は10人以上，ムスタ確認訴訟の場合には50人以上の者の請求権が確認目標に依存するものである必要があり，その意味で，このときに認められる確認の利益は集合的な確認の利益であるといえる。この大量処理性は集合的な和解の場合にも要請され，30％以上の離脱がある場合には和解を無効とされる。

　1段階目における集合的和解については，手続対象者の離脱可能性の保障と裁判所による和解内容の審査及び許可を前提に承認されている。この和解は，2012年に投資家ムスタ手続法に導入されたものが原型であり，細部に違いは認められるものの，基本的には同一の構造を維持する形でムスタ確認訴訟にも認められている。実体法的に見た場合，この集合的和解は基本的に第三者のためにする契約であるとの理解が有力であった。他方で，手続法的に見た場合，裁判所による和解内容の審査及び許可がどのように位置付けられるかが問題となる。2012年の投資家ムスタ手続法改正の経緯などを参照すると，離脱可能性の保障によって離脱の不表明による消極的同意を認める重要な前提が整うが，それだけでは通常の意思解釈を超える消極的同意を認めるには不十分で，裁判所による和解内容の審査及び許可の制度が用意されていることによって消極的同意の擬制による集合的和解への拘束が正当化されていると考えられそうである。このとき，裁判所による和解内容の審査は従前の事実関係又は訴訟関係に照らしてなされ，そのための特別の手続を要しない点で相対的な審査にとどまるものであるが，消極的同意を前提としていることもあって，届出消費者が合理的無関心の状況にあるムスタ確認訴訟の場合には，その審査密度を条文において想定されているものよりも高く

考える見解が主張されていた。

　手続対象範囲に関しては，前述した限定的なグループ訴訟として把握されるムスタ確認訴訟の特徴からすると，手続理論的な限定を付す必要は認められない。実際，ムスタ確認訴訟では，消費者契約を基礎とする実体法上の消費者概念から離れ，請求権の取得に着目した手続法的な消費者概念が採用されている（ZPO 29c 条）。このことから，消費者紛争一般についてムスタ確認訴訟が認められ，ムスタ確認訴訟の前提となる合理的無関心の存在は，実際上，大量の個別的な請求権の発生と同義のものとなっている。このことは，ZPO 29c 条にいう消費者には投資家も含まれると解されることにも現れている。同様に，消費者紛争の一つとして捉えられる競争法関係の紛争も，ムスタ確認訴訟の適用対象となる。そのため，ムスタ確認訴訟は，競争違反の存在に関する官庁による判断がない場合に当該判断を実質的に代替する機能を有することになるが，カルテル官庁による競争違反の確認の場合に比して証拠へのアクセスが困難であるから実務上の意義は少ないとも指摘されており，この点の評価によってこの種の紛争について2段階型の手続を創設するべきか否かに関する考え方が分かれることになるだろう。

第3章
日本法

第1節　集団的消費者被害回復裁判の独自性

Ⅰ　比較法の前提の整理

1　グループ訴訟との比較

1　グループ訴訟と集団的消費者被害回復裁判の異同

(1)　集団的利益論の分化

　第1章で前述したように，個別的利益の救済が前提となるグループ訴訟は，当初は必ずしも集団的利益の延長に位置付けられるものだとは考えられていなかった。しかし，原告団体による1段階目の確認訴訟がなぜ認められるのかという点に関して，Azar-Baud准教授が，集団的利益の一種としての個別的で均質な利益が問題となるのがグループ訴訟であると理論的に正当化したことによって，グループ訴訟と集団的利益論が結び付けられた。すなわち，集団的利益論との類比によって，集団的な既判事項について，原告団体による確認の訴えの利益及び原告適格を認める余地があることが明らかにされた。そして，このAzar-Baud准教授の見解は，フランスにおける集団的利益論が未解明の実体的利益を議論の対象に含めるものであったことを背景としている。この点について，序章で前述したように日本における集団的利益論の発展も未解明の実体的利益を議論の対象に含めるものであったことからすると，日本及びフランスにおける集団的利益論の類似性が看取される。また，Azar-Baud准教授の見解は，Ⅱ**1**で後述する山本和彦説に近いといえるだろう。

(2)　集合的な和解の可能性

　従来，代表の適切性はオプトイン／オプトアウト型の二項対立の中で判決効の拡張と関連付けられるものとして理解された。[1] ただ，2段階型の手続を前提とす

---

1)　高田裕成「集団的紛争における判決効」新堂幸司編集代表『講座民事訴訟6　裁判』（弘

るならば，Azar-Baud 准教授の指摘するように，1段階目の手続と2段階目の手続で代表性に濃淡が認められるように思われる。すなわち，1段階目の手続について原告団体は適切な代表性を有するものの，2段階目の手続に相当する部分についてはそうではない。そのため，1段階目の手続において2段階目の内容を含む集合的和解を締結することには一定の留保が必要となる。そのような背景もあってか，グループの名でされる和解については，裁判所による和解内容の審査及び許可と公示などの形式要件が必要的なものとされている（消費法L. 623-23条など）。

もっとも，手続対象者は事後的に和解に加入することからすると，手続対象者の判断（つまり，加入するかどうか）に委ねるとの理解もあり得るところ，裁判所による和解内容の審査及び許可を要求することの意義は必ずしも明らかではない。現状判明しているのは，裁判所は和解内容が手続対象者間の公平に反しないかどうかを審査すること，その審査に際しては特に聴聞手続などは予定されないことである。ただ，実体法上の議論を参照すると，集合的和解の実体法上の法律構成となる負担を伴う第三者のためにする契約については，第三者が負担に同意すること，その同意を判断する基礎が整っていることが重要であると考えられていた。この議論と上記の手続法的な議論を併せた場合，裁判所による和解内容の審査は，和解の内容に踏み込んだものであるというよりは，負担を伴う和解に参加するか否かを第三者が判断できるような形式が整っていること，例えば和解の文言から第三者が集合的和解の内容を十分に把握することができるか，公示などの通知措置が適切に用意されているかという前提部分を審査するにとどまると位置付けることができるだろう。集合的な和解の認められていない日本においては，この点

文堂，1984年）186頁，同「株主代表訴訟における原告株主の地位」民商法雑誌115巻4・5号（1997年）552頁以下など参照。

2) 長谷部由起子「集合訴訟制度の課題」法曹時報64巻7号（2012年）1628頁などでは，アメリカのクラス・アクションを参考に，適切な代表性に加えて対象者を保護するための裁判所による後見的役割が必要である，といった指摘が見られたが，和解にのみ裁判所による統制を設けるべきとの主張は見られなかったところで，新しい議論であるように思われる。

3) なお，徳田和幸「株主代表訴訟と会社の訴訟参加」法曹時報48巻8号（1996年）1675頁は，裁判所による統制について，馴合訴訟かどうかを裁判所が職権で調査するのは実際上困難であると指摘する。

に関する議論も一定の参考になるものと思われる。第三者のためにする契約の比較法も踏まえた考察については，次節Iで改めて検討する。

(3) 手続の対象範囲について

フランスにおけるグループ訴訟の対象は，個別的で均質な利益論を前提とすると，手続理論的には2段階型の訴訟を制限する必要はなく，2016年法によってもグループ訴訟の共通枠組みが明文化されているところであった。しかも，実体法上の消費者という属性も特に重視されてない。このことは，消費法上のグループ訴訟において実質的に民法上の法律関係がその対象とされていることからも明らかである。他方で，実体法の観点から見た場合，グループ訴訟を創設するのは提訴数の少なさを補うためであり，提訴数の少ない事例における典型的な被害の救済が図られれば，一応の目的は達せられることとなる。すなわち，典型的に想定される損害以外の損害については，通常想定される提訴の中に含まれず，グループ訴訟の立法理由が乏しい状況にあるといえる。このような2つの視点が，フランスにおけるグループ訴訟の背景にあると考えられる。

これに対し，序章で述べた通り，消費者裁判手続特例法の議論に際しては，被告の手続保障を担保するために手続対象範囲を限定すべきとの主張が見られた。この主張に鑑みると，あらゆる債権が手続の対象となり得るから無限定に手続を認めるという方向では被告の手続保障を害するおそれがあり，フランスのように，典型的な損害類型に限ることで手続の対象範囲を拡大しやすくなる面があるように思われる。ただ，損害類型の限定で被告の手続保障として十分であるかという点は必ずしも明らかでないため，提訴数が少ないとされる事例について，実体法の議論も参照しながら，適用範囲の拡大可能性を検討することとする。

2 日本における中間的利益を巡る議論との合流

(1) 実体法的な観点からの分析

集団的利益という名で呼ばれてきた中間的利益については，近時，民事・行政・刑事法それぞれが用語法の統一を図りつつ，実体的利益の性質を踏まえた形での類型化の試みがなされている。すなわち，私益と公益の中間に位置付けられる利益を総称して集団的利益と分類し，その内実を集合的利益，拡散的利益，社会的利益（損失）の3つに類型化する考え方が有力になっている[4]。集合的利益とは，個別的利益を束にした利益であって損害の観念とその個別的な帰属の確定が

可能である利益のことを指し，社会的利益とは，市場競争の機能不全により社会的には厚生上の損失が生じているものの個々の消費者の個別的な金銭的損害を観念することができない利益をいうとされる[5]。そして，集合的利益と社会的利益の中間に位置するのが拡散的利益で，損害を観念することは可能であるもののその個別的な帰属を確定するのが困難な利益であるとされる[6]。

このような類型化の試みは，その定義に異論を差し挟む余地もあるように思われるものの[7]，基本的には正当なものとして受け入れられよう。しかし，集合的利益という分類に関しては明らかに分析が進んでおらず，訴訟上の効率性の問題として取り扱われているにすぎないのが現状であるように思われる[8]。それは，集合的利益という分類には集団的利益論でなされてきた法人格の付与との類比が必ずしも当てはまらないこと，換言すれば新たな請求権の成立を導くものではないため実体法からの分析には限界があることを暗に示しているようにも思われる[9]。そ

---

4) 千葉恵美子「集団的消費者利益の実現を巡る研究序説試論」千葉恵美子ほか編『集団的消費者利益の実現と法の役割』（商事法務，2014年）10-11頁，林秀弥「独占禁止法による集団的消費者利益の保護」千葉恵美子ほか編『集団的消費者利益の実現と法の役割』（商事法務，2014年）97頁，同「顧客誘引規制の原理的課題」日本経済法学会編『競争法と消費者（日本経済法学会年報第40号）』（有斐閣，2019年）20頁など。

5) 千葉・前掲注4) 10頁など。

6) 千葉・前掲注4) 10頁など。

7) 千葉恵美子「実体法の観点から見た消費者裁判手続特例法に基づく被害回復制度の位置づけ」法の支配182号（2016年）62頁では，社会的損失は，市場の機能不全による潜在需要の喪失であって，個別的利益の侵害を観念できない場合に，拡散的利益は公正かつ自由な競争によって良質・廉価な商品・役務の提供を受けるという利益が享受できるという期待であって，損害が観念できても個別利益の帰属先を確定することが困難な場合に，集合的利益は個別的利益を束にした利益であるが，多数の被害者が広く浅く存在している場合に類型化されるとして，より詳細な定義が与えられている。

8) Ⅱ**1**で後述するように，集団的利益論のように権利性のある実体的利益を措定するのではなく請求権の中身を分断して（権利ではない）部分的な実体的利益を措定するのが集合的利益の意義であると考えられることからすると，集合的利益は訴訟法から主に分析されるべき利益であるといえるだろう。

9) これに対し，より公益に近いものとされる中間的利益が論じられる際には，集団への一種の法人格（ないし権利）の付与という形式は維持できるため，集団的利益に関する議論を前提としつつ，その趣旨について，集団の保護を従たる目的とし，一種の市場規制を主たる目的へ入れ替えることが可能（又は必要）かどうかが活発に論じられているように見受けられる。

こで,消費者裁判手続特例法が対象とする集合的利益の位置付けを訴訟法的に分析すると,これはフランスで個別的で均質な利益と呼ばれていた中間的利益と同義のものと考えられる。詳細はⅡ**1**で後述するとして,このような理解からすれば,共通義務の形で措定された中間的利益が集合的利益であるとの位置付けが可能であるように思われる。その意味で,集合的利益は一種の実体的利益(後述するように共通義務は一種の法律関係と理解される)ということになるだろう。ただし,集合的利益は被害者の個別的な請求権に奉仕するものであり,訴訟法的にみれば確認の利益として把握されることになる。したがって,集団的利益は中間的利益の総称ではなく,不可分の法律関係が認められる集団に一種の法人格の付与との類比を行う場合に問題となる実体的利益であり,それと区別される中間的利益として集合的利益が措定されると解される。

このような形で集合的利益を再構成して既存の議論に取り入れることは,消費者裁判手続特例法の立法に結実する研究会が集合的権利保護訴訟研究会と命名され,集団的消費者被害回復裁判について,集合的(権利保護)訴訟や消費者集合訴

---

10) 菱田雄郷「消費者裁判手続特例法の定める共通義務確認訴訟の諸問題」消費者法研究7号(2020年)98頁も同様に,集合的利益の問題と把握する。また,長谷部由起子「集団的消費者利益の実現における司法と行政」千葉恵美子ほか編『集団的消費者利益の実現と法の役割』(商事法務,2014年)417頁も,消費者裁判手続特例法の対象となる個別的利益の集合の二面性(共通性と個別性)を承認する。

11) 三木浩一「消費者利益の保護と集合的訴訟制度」同『民事訴訟による集合的権利保護の立法と理論』(有斐閣,2017年)199頁注11[初出2008年]では,すぐ後に述べる三木教授の定義される拡散的権利と同種個別的権利について,両者は実体法上の権利としての性格それ自体が異なると示唆されている。

12) 森田修「差止請求と民法」総合研究開発機構=高橋宏志編『差止請求権の基本構造』(商事法務研究会,2001年)125頁では,法的保護に値する不特定多数人による集団の固有の利益として,公益と私益の中間的な性格を帯びる集合的利益があるとされている。このように,集合的利益という言葉が狭義の集団的利益と同義で用いられることもあるので,注意が必要である。

13) 集合的権利保護訴訟研究会「『外国法制調査研究』の連載にあたって」NBL 911号(2009年)32頁以下。もっとも,同稿33頁では,中間的利益に関する訴訟を広く含む意味で「集合的」との言葉が用いられていることから,広義の集団的利益の中に従来的な集団的利益と前述した形で再構成した集合的利益を観念する本稿とは少し視点が異なっている。

14) 三木・前掲注11)195頁注3[初出2008年],集合的権利保護訴訟研究会「集合的権利保護訴訟における各種制度の比較検討(上)(下)」NBL 932号13頁,NBL 933号52頁(いず

訟制度という呼称が用いられることにも親和的である。

これに対し，個別的利益の帰属先を確定することが困難な段階でなされる共通義務確認訴訟の保護法益は拡散的利益で[16]，集合的利益を保護法益とする簡易確定手続への消費者の参加とその者への判決効の拡張を媒介にして2つの手続が接合される，との見方も存在する[17]。しかし，Ⅱ**1**でも後述するように，このような理解は単一の実体権に二重の権利性を認めることになりかねず，それを解消するには共通義務確認訴訟は市場統制機能がその本質にあるとの考え方を前提としなければならないが[18]，あくまで個々の被害者の救済を目的とする特例法の理解と合致しない。

(2) 三木浩一教授による分類

また，上記の中間的利益の整理に類似した三木浩一教授による分類も存在する。三木教授は，ブラジル法を参考に，利益ではなく権利という観点から，同種個別的権利，拡散的権利，集合的権利という分類を提示する。同種個別的権利とは，共通の事実上又は法律上の原因から生じた同種の個別的権利であり，そのため権

れも2010年）。

15) 三木浩一「消費者集合訴訟制度の構造と理論」同『民事訴訟による集合的権利保護の立法と理論』（有斐閣，2017年）293頁［初出2015年］。

16) 千葉・前掲注4) 62-63頁，千葉恵美子「消費者団体訴訟制度の保護法益と適格消費者団体の役割」法律時報91巻11号（2019年）49頁。この構成は，集団的被害回復裁判手続に参加せず個別訴訟も行わない手続対象者について上述した拡散的利益を観念し，当該利益について特定適格消費者団体に訴訟追行を委ねているとの考えに行き着くように思われるが，手続対象者が何らかの形で権利行使を行っている場合にはこの説明は成り立たない。このような構成を採用する千葉教授の意図は，権利性が認められない共通義務が拡散的利益に接近することを示唆する点にあると推察されるが，個別的な権利の救済を前提とする特例法の手続と個別的な権利の救済を目的としない拡散的利益に基づく手続は理論的には排他的な関係に立つのではないか，すなわち個別的な請求権の救済によって剥奪されない事業者の不当な利益について一定の団体に（利益剥奪）請求権を付与する（その意味で従来的な集団的利益論の延長にある）のが拡散的利益の訴訟法的な帰結ではないか，との疑念が残る。

17) 千葉・前掲注4) 65頁。

18) 千葉・前掲注4) 61-63頁参照。八田卓也「消費者裁判手続特例法の当事者適格の観点からの分析」千葉恵美子ほか編『集団的消費者利益の実現と法の役割』（商事法務，2014年）393頁も，共通義務確認訴訟の市場統制機能を重視し，同訴訟は2段階目の手続を離れて存在意義を有するとの理解を示す。

利の性質は個人的かつ可分なものであるのに対し,拡散的権利とは,特定の法主体への属人的帰属を観念することが不可能又は困難な超個人的な権利で,個別の主体に分割して付与することのできない不可分の権利であると定義される。そして,これら同種個別的権利と拡散的利益の集合概念が集合的権利であると位置付ける。特定の事実状況によって結ばれた事前に直接的な関係性を有しない不特定の人々の集団に帰属する超個人的かつ不可分の権利とされ,この分類を集団的消費者被害回復裁判に適用すると,同手続は同種個別的権利の領域に分類されることになる。

もっとも,この分類は,同種個別的権利について集団的利益のようなある種の集団(的権利)性が認められないことを前提とするものであるように思われる。それは,利益ではなく権利という観点からの分類を試みていることからすると正当であると考えられるが,必ずしも権利性を前提としない中間的利益という観点から消費者裁判手続特例法の手続を見ると,同種個別的権利について部分的な集団性を承認することが可能となる。そのような視点から三木教授の分類を再構成すると,集合的権利は広義の集団的利益,拡散的権利は狭義の集団的利益,同種

---

19) 三木浩一「集合的権利保護訴訟制度の構築と比較法制度研究の意義」同『民事訴訟による集合的権利保護の立法と理論』(有斐閣,2017年) 98-99頁 [初出2008年] (以下「三木・集合的権利保護」と引用する),三木・前掲注11) 198頁,同「ブラジルにおけるクラスアクション(集団訴訟制度)の概要」同『民事訴訟による集合的権利保護の立法と理論』(有斐閣,2017年) 151頁 [初出2011年] (以下「三木・ブラジル」と引用する),同「第三の法実現の担い手としての団体訴訟制度」同『民事訴訟による集合的権利保護の立法と理論』(有斐閣,2017年) 330頁 [初出2015年] (以下「三木・団体訴訟制度」と引用する)。

20) 三木・集合的権利保護・前掲注19) 98頁,三木・前掲注11) 198頁,三木・ブラジル・前掲注19) 330頁。三木・前掲注11) 200頁によれば,消費者契約法上の団体による差止請求訴訟は拡散的権利の問題とされる。

21) 三木・集合的権利保護・前掲注19) 98頁,三木・前掲注11) 195頁注2。ブラジルにおける集合的権利は,集団構成員相互又は相手方との間に一定の法律関係が認められる人的集団に帰属する超個人的かつ不可分の権利を指す言葉であるが(三木・団体訴訟制度・前掲注19) 151頁),超個人的かつ不可分である点で拡散的権利との区別が曖昧であるという点から,本文中のような分類がなされている。本稿の視角からすると,ブラジルでいう集合的権利は必ずしも(広義の)集団的利益の問題として扱う必要のないものであると解される。

22) 三木・前掲注15) 323頁。

第 1 節　集団的消費者被害回復裁判の独自性　157

個別的権利は集合的利益の問題と整理される。そして，同種個別的権利を集合的利益の問題と整理することは，II**1**で後述するような確認の利益に結実する理論的な意義を有するものであると考えられる。

(3)　まとめ

フランスで Azar-Baud 准教授によって提唱された集団的利益の分類は，そのまま日本にも援用することができると考えられる。このとき，従来認められてきた集団的利益論は狭義の集団的利益に関するもので，消費者裁判手続特例法は個別的で均質な利益に関するものだと整理される。これらの中間的利益のうち，狭義の集団的利益という考え方は現在の民事訴訟法学における集団的利益に関する理解に相当するもので，個別的で均質な利益は (1) で分析される集合的利益に相当するものである。そのため，II 以降の日本の議論に援用する際には，個別的で均質な利益ではなく集合的利益という呼称を用いることとする。もっとも，本稿の指摘する集合的利益の内容は (1) で分析されたものと同じではなく，Azar-Baud 准教授の指摘する個別的で均質な利益と同様のものである。その意義については，II**1**で共通義務確認訴訟の理論的基礎を検討する中で明らかにする。

2　ムスタ手続との比較

1　中間的利益とムスタ手続

ドイツにおける集団的利益論は，立法によって認められた差止請求権を理論的に説明するものにすぎなかったという面があり，日本やフランスのような未解明の実体的利益を観念するとの意識に乏しいように見受けられる。そのような背景もあってか，ドイツでは，集団的利益論ではなく，ムスタ手続によって 2 段階型の手続が基礎付けられている。ムスタ確認訴訟は，審理開始前に届出をして手続対象者が手続に参加する点で消費者裁判手続特例法の手続とは構造が異なっており，先行的な確認訴訟の判決効の拡張という点をみるとムスタ手続の場合には届出人に有利にも不利にもムスタ判決の効力が及ぶこともあって，実質的な既判力の片面的拡張を認める消費者裁判手続特例法とはかなり距離があるとも取れる。もっとも，この違いはムスタ確認訴訟がムスタ手続の一種として整理されたことによるもので，集合的利益論及び集合的な和解に着目する本稿の議論にとって障害となるものではない。すなわち，手続対象者への権利帰属性が堅持されつつ一

定の適格が与えられた団体による先行的な確認訴訟を許容するという構造を採用する点において，両手続は訴訟物の捉え方に理論的に共通する面があると考えることができる。この訴訟物の捉え方は，本稿の視角からすると，次のⅡ**1**で後述するように集合的利益論から分析される。ドイツにおいてムスタ手続は必ずしも集団的利益論の延長に位置付けられるものではないとしても，それまで差止請求権という権利を承認するための一つの理論構成であった集団的利益論ではなく，柔軟に利用され得るムスタ手続をもって共通争点に集合的な確認の利益を認めることが選択されたと見ることができる[23]。その意味で，両手続の訴訟物又は確認の利益に関する捉え方は実質的に同じである。

2 ムスタ手続における集合的な和解

1段階目の訴訟を追行する原告団体は，確認目標又は共通義務について確認訴訟を行う訴訟上の権限を有するが，当該原告団体の権限は集合的和解には及ばないという点で，ムスタ手続と集団的消費者被害回復裁判は類似する。すなわち，適格者が共通内容につき先行的に確認訴訟をするが，当該適格者はあくまで訴訟をすることができるにすぎず，従来の代理や訴訟担当のような（和解権限を含む）実体上の権限が与えられているわけではないため，損害額等を含む形での和解は（ムスタ手続においては裁判所の許可がなければ）認められないという比較の基礎を見出すことが可能である。

もっとも，日本の場合にはオプトイン型の集合的和解になるのに対し，ドイツの場合にはオプトアウト型の集合的和解になるという差異が認められる。すなわち，ドイツでは和解締結後に離脱権を行使するという形で和解の効力を逃れることができ，離脱権を行使しなければ和解に拘束されるという構造になっている。オプトアウト型和解よりもオプトイン型和解の方がより対象消費者の意思の保護に資するのはたしかではあるが，このような構造上の違いは2つの法制度間での実質的な差異をもたらすものではないと解される。なぜなら，集合的和解への事後的な加入も離脱権の行使も対象者の意思によるものだからである。グループ訴訟では明文で公示等の措置が採られるべきことが規定されているし，ムスタ手続

---

23) 訴訟物の捉え方に限っていえば，ムスタ確認訴訟はⅡで後述する三木教授の見解とほとんど同じであると考えられる。

においても対象者が和解の存在を認知し適切かつ十分な情報提供を受けられるように手続が調製されている。したがって，和解の拘束力は（主に）対象者の意思決定に求められ，それを補う（又はその前提を整える）ために裁判所による和解内容の審査及び許可が必要とされているものと理解できる。[24]

消費者裁判手続特例法の立法の前提には消費者の情報・交渉力の不十分性などが想定されるものの，[25]上記のような対象者の意思決定を重視する姿勢は，「消費者が自らの利益の擁護及び増進のため自主的かつ合理的に行動することができるよう消費者の自立を支援する」との消費者基本法2条の基本理念にも合致する。[26]

3　手続の対象範囲について

限定的なグループ訴訟として把握されるムスタ確認訴訟の特徴からすると，同訴訟の適用対象を限定すべきとの議論は手続法的な観点から導かれるものではないと考えられるところであった。そして，ムスタ確認訴訟は，消費者契約を基礎とする実体法上の消費者概念から離れ，請求権の取得に着目した手続法的な消費者概念を採用している（ZPO 29c 条）。このことから，消費者紛争一般についてムスタ確認訴訟が認められ，ムスタ確認訴訟の前提となる合理的無関心の存在は，実際上，大量の個別的な請求権の発生と同義のものとなっている。

具体的な適用範囲としては，消費者の定義に当てはまる限度で投資家紛争が手続の対象となり，同様に消費者紛争と理解される限度で競争法に関する紛争も手続の対象となる。ただ，ムスタ確認訴訟の場合には手続対象者による届出が前提となるため，日本における係争利益の把握可能性といった被告の手続保障が問題とならない点には注意が必要であるように思われる。すなわち，被告は届出消費

---

24) 裁判所による許可について，本稿のように手続対象者の意思決定との関係で補完的なものと考えず，合意代替的な（一種の裁判のような）性質を有すると構成する場合には，その効力などの点において実体法上の契約を基礎に考察されている訴訟上の和解を巡る理論との関係で上手く嚙み合わないところも多く出てくることが予想される。

25) 伊藤眞『消費者裁判手続特例法［第3版］』（商事法務，2024年）2頁など。

26) 町村泰貴『詳解　消費者裁判手続特例法』（民事法研究会，2019年）9頁は，2004年に改正された消費者基本法の中に消費者の保護と事前規制の政策から消費者の自律と事後救済の政策への転換が現れていると分析する。消費者裁判手続特例法との関係では，大村雅彦ほか「《シンポジウム》消費者集合訴訟制度の可能性と課題」民事訴訟雑誌58号（2012年）80-81頁も参照。

者の数や請求額を参照することができるため，係争利益の把握可能性は担保されているのである。そのため，ムスタ確認訴訟では手続の対象となる債権の範囲について限定が付されてないが，日本法との関係では，フランス法で見たように手続の対象となる債権の範囲を明示することで被告の係争利益の把握可能性を可及的に保障する必要があると解される。

また，競争法に関する紛争との関係で，ムスタ確認訴訟は，競争違反の存在に関する官庁による判断がない場合に当該判断を実質的に代替する機能を有することになるが，カルテル官庁による競争違反の確認の場合に比して証拠へのアクセスが困難であるから実務上の意義は少ないとも指摘されており，この点の評価によってこの種の紛争について2段階型の手続を創設するべきか否かに関する考え方（立法事実の有無）が分かれることになる。ただ，実務上の意義が少ないとしても，カルテル官庁（日本の場合は公正取引委員会）の判断と裁判所の判断は別個独立のものであるから，そこに民事法的に救済されるべき被害者が観念されるのであれば，競争法関係の紛争に2段階型の手続を認めることの障害にはならないと考えられる。

II 消費者裁判手続特例法と集団的利益論

1 共通義務確認訴訟の位置付け

1 共通義務確認訴訟の捉え方

ここまで，集団的利益論を一つの分析の視角として検討を進めてきた。そして，集団的利益論を媒介にすることでドイツ・フランス（・日本）における同種の手続を比較対照する前提が整うとの知見を得ることができたように思われる。しかし，日本において消費者裁判手続特例法の手続を集団的利益の文脈で論じることが広く認められているわけではない。そこで，比較的受け入れられているように見える伊藤眞教授の共通義務確認訴訟の捉え方を基礎として議論を進め，集団的利益論との距離を測定する。

(1) 伊藤説

(a) 概観　伊藤教授は，共通義務確認訴訟の訴訟物（共通義務）について，対象消費者の金銭支払請求権の基礎となるべき共通の法律関係と定義する[27]。すな

わち，対象消費者の有する請求権に対応する義務ではないが，その義務がなければ請求権の成立はあり得ないという法律上の牽連性が認められるもので，対象消費者群と相手方事業者との間に概括的に認められる法律関係が共通義務と理解される。[28] このような義務（法律関係）は，概括的である点で具体的に特定されるべき訴訟物たり得ないようにも思われるところ，対象債権及び対象消費者の範囲による特定（特例法 5 条）をもって特別にその具体性が承認されたと考えることができる。[29]

もっとも，概括的法律関係であることから，共通義務の履行は観念できず，対象消費者群による訴権の行使も想定されない。[30] そこで，一般に認められる他人間の法律関係の確認の訴え[31]が活用される。すなわち，共通義務確認訴訟は，特例法によって特別に当事者適格を付与された特定適格消費者団体を担い手とするもので，他人間の法律関係たる共通義務が確認の対象とされる確認の訴えであると理解される。[32] 他人間の法律関係の確認の訴えの場合に原告には（独自の）（重大な）法律上の利害関係の存在が要求されるという前提に鑑みると，[33]「被害回復裁判手続

---

27) 伊藤・前掲注 25) 32 頁，48 頁，伊藤眞「消費者被害回復裁判手続の法構造」法曹時報 66 巻 8 号（2014 年）2048-2049 頁。上原敏夫「集団的消費者被害回復手続の理論的検討」伊藤眞先生古稀祝賀論文集『民事手続の現代的使命』（有斐閣，2015 年）34 頁注 5，後藤健ほか「共通義務確認訴訟と異議後の訴訟について」判タ 1429 号（2016 年）7 頁，増森珠美「消費者集団裁判手続特例法施行後の運用（共通義務確認訴訟及び異議後の訴訟）において想定される実務上の諸問題」民事訴訟雑誌 63 号（2017 年）261 頁なども同様の理解を示している。

28) 伊藤・前掲注 25) 32, 48-49 頁，伊藤・前掲注 27) 2050 頁。

29) 伊藤・前掲注 25) 32-33 頁，50 頁注 37，伊藤・前掲注 27) 2048-2050 頁。伊藤・前掲注 27) 2049 頁によれば，それがどのような法律要件事実に基づく請求権かは共通の事実上及び法律上の原因に基づいて通常の訴訟物と同様に特定しなければならないが，個々の金銭支払請求権の主体である消費者及び請求権の金額を特定する必要はないとされる。

30) 伊藤・前掲注 25) 34-35 頁。

31) 大判昭和 5 年 7 月 14 日民集 9 巻 10 号 730 頁（「確認ノ訴ハ訴訟当事者間ニ存スル法律関係ノミナラス訴訟当事者ノ一方ト訴外人トノ間ニ存スル法律関係ニ付テモ訴訟当事者間ニ其ノ存在ヲ確認セシムル法律上ノ利益アルトキハ之ヲ提起スルコトヲ得ヘキモノトス」），伊藤眞『民事訴訟法［第 8 版］』（有斐閣，2023 年）194-195 頁，新堂幸司『民事訴訟法［第 6 版］』（弘文堂，2019 年）277 頁など参照。

32) 伊藤・前掲注 25) 35 頁，伊藤・前掲注 27) 2047 頁，2056-2057 頁。

33) 伊藤・前掲注 31) 194-195 頁，伊藤・前掲注 27) 2047 頁。伊藤・前掲注 31) 195 頁では，

を追行するのに必要な適格性を有する法人である適格消費者団体」として内閣総理大臣の認定を受けた特定適格消費者団体（特例法2条10号）は，その職責を果たすという法律上の利害関係を有すると解される。[34]

　(b)　**分　析**　ここでの他人間の法律関係の確認の訴えとの類比を参照する限り，共通義務確認訴訟の原告適格について，消費者裁判手続特例法によって特定適格消費者団体に特別に付与されたものではなく，特別なのは特例法によって被害回復裁判手続に関する職責が特定適格消費者団体に限定された点で，特定適格消費者団体のみが消費者被害の予防や回復を実現するなどの被害回復関係業務を行うことが当該団体の原告適格を決定付けているように読める。[35]ここに，序章**第1節**で前述した紛争管理権論の部分的な応用が見出される。前述の通り，紛争管理権論は，紛争利益の一体性が認められる紛争について訴訟提起前に重要な紛争解決行動をとった者に紛争管理権が発生し，それによって紛争利益の帰属主体でない者にも当事者適格が認められるという考え方である。この考え方を特例法の手続に部分的に応用すると，共通義務について紛争利益の一体性が認められ，[36]

　　このような法律上の利害関係の存在は確認の利益に吸収されるものではないと認識されている。
34)　伊藤・前掲注25) 35頁。伊藤・前掲注31) 206頁注68で「法が特別に特定適格消費者団体に当事者適格を付与したものである点で，法定訴訟担当や任意的訴訟担当とは，その性質を異にする」との記述がなされていることなどを併せて考えると，訴えの利益に吸収されない当事者適格の問題として原告独自の法律上の利害関係が論証されているものと考えられる。
　　このような考え方は，三木・前掲注15) 299頁注10で，特定適格消費者団体は自己の利益を追求するために訴えを提起するわけではなく，1段階目と2段階目を通じて消費者被害を受けた個別の消費者の権利を代行的に行使する存在として当事者適格を付与されていると考えられているのと対照的である。
35)　伊藤・前掲注25) 35頁，伊藤・前掲注27) 2057頁，2057頁注25も参照。このような原告適格の限定は，特例法によって認められる判決効の拡張が例外的なものであることなどから説明することができる。山本和彦「集団的利益の訴訟における保護」同『民事訴訟法の現代的課題』（有斐閣，2016年）467-468頁［初出2013年］（以下「山本和彦・集団的利益」と引用する），山本和彦『解説　消費者裁判手続特例法［第3版］』（弘文堂，2023年）135-136頁（以下「山本和彦・特例法」と引用する）参照。
36)　2段階目の手続で審理される個別の損害額などについては消費者の内部に対立関係が存在する場合と同視できるので，簡易確定手続以降には紛争利益の一体性は認められないだろう。伊藤眞『民事訴訟の当事者』（弘文堂，1978年）121頁も参照。

被害回復裁判手続について一定の保全措置なども含む被害回復関係業務を行うことで発生する（特別な）紛争管理権のみが法律上の利害関係を生み出していると見ることができそうである。[37]

ここで紹介した伊藤説は，共通義務確認訴訟は概括的法律関係を訴訟物とする点で特殊な訴訟手続ではあるものの，既存の手続（他人間の法律関係の確認の訴え）との連続性を失するものではない，という重要な視座を提供してくれる。しかし，共通義務の内実，すなわち共通義務がないと個々の消費者の請求権の成立はあり得ないという法律上の牽連性があると（既判力の観点からは前提関係とも[38]）される概括的法律関係は，個々の被害者と相手方事業者との間の実体的な法律関係（の一種）なのか，あるいは当初の紛争管理権論がそうだったように[39]対象消費者群と相手方事業者との間に未解明の実体的利益が措定されているのかという点が必ずしも明らかでない。しかも，この不明確さは，概括的請求権[40]という表現が共通義務の同義語として各所で用いられていることによって助長されている。[41]

(2) 山本和彦説

このような伊藤説の有する不明確さに着目すると，集団的利益論との類比を試みる山本和彦教授の見解が示唆に富む。山本和彦教授は，伊藤説と同様に共通義務確認訴訟を他人間の法律関係（権利義務関係）の確認訴訟であると理解しつつも，[42]

---

37) 伊藤・前掲注27) 2057 頁において，特定適格消費者団体は訴訟物たる共通義務の主体でも私法上の利害関係を有する者でもないと指摘されていることからすると，訴訟法上の利害関係があるとの理解だと推測される。このような理解からすると，一種の紛争管理権から法律上の利害関係を論証する伊藤説と直截に（原告適格を含む）確認の利益を認める後述の山本和彦説及び上原説との間でこの点に関する実質的な差異は存しないと考えることができる。

　ただ，伊藤説のような説明を介在させることにより，長谷部・前掲注 10) 419 頁注 24 で指摘されるような対象消費者の実体的利益に関する適格消費者団体の代表性の存在への疑義を払拭することができるだろう。

38) 伊藤・前掲注27) 2064 頁注 37。

39) 序章**第 1 節** I 参照。

40) 伊藤・前掲注25) 81 頁，伊藤・前掲注27) 2064 頁など。ブラジルの概括給付判決（給付判決の一類型とされる）（三木・ブラジル・前掲注19) 154-155 頁）との類似性を念頭に置かれていることが窺われる。

41) 三木・前掲注15) 295 頁注 1 は，「概括的法律関係」なるものが文字通りの法律関係，すなわち本来の意味での権利という趣旨なのか，それとも単なる修辞上の表現としての「法律関係」なのかが判然としないと論難する。

特別の確認の利益（原告適格を含む）が特例法によって政策的に認められたと解釈する[43]。この特別の確認の利益は，個別請求権に内在する集団利益の側面が共通義務として措定され，これに関する一種の固有権としての確認訴権の形で団体に認められたことの現れであると認められる[44]。このとき，共通義務は各対象消費者に帰属する権利義務の一部を一般化抽象化した金銭支払義務と捉えることができ[45]，2段階目の各消費者の具体的な請求権の確定との関係では構成要件的に（一種の前提要件として）機能する[46]。このような捉え方は，個々の要件事実を確認するのではなく共通義務という新たな概念が定立され，個別事情によって義務を負わないことがあるとの留保付きの義務（法律関係）を確認するという手続構造が採用された点とも整合する[47]。

ただし，序章**第1節I**で前述した従来的な集団的利益論（特に集団利益訴訟論）とは異なり，対象消費者が有する権利とは異なる権利が団体に認められるとの帰結が直ちに導かれるわけではないことには注意を要する[48]。山本和彦説の意図は，差止請求権とは異なって原理的に個々人に帰属する権利であることが明らかな損害賠償請求権をその射程外としてきた集団的利益論を再解釈し，個別請求権の内実を切り分ける特例法の発想をその延長に位置付けることで手続の独自性と正当性を分析する点に認められる[49]。そして，山本教授によって再解釈された特例法で

---

42) 山本和彦・特例法・前掲注35) 137頁，179頁。

43) 山本和彦・特例法・前掲注35) 137頁，179頁。伊藤説のように他人間の法律関係の確認の訴えの場合には確認の利益に還元されない原告独自の法律上の利害関係が必要になるとの前提には立っておらず，直截に確認の利益が承認されたと見ている点に若干の差異が認められる。山本和彦・特例法・前掲注35) 295頁で検討されているように，特定適格消費者団体が敗訴した場合，個別消費者に既判力が及ばないため法的には紛争解決の効果が認められないが，個別提訴の見込み（又は勝訴の見込み）がないという事実上の紛争解決機能が期待できる点に鑑みて確認の利益が肯定されているであろうことからすると，共通義務確認訴訟の確認の利益の内容が特殊であることは否定し難いように思われる。そのため，原告独自の法律上の利害関係の存在を要求するとしても，政策的に確認の利益が認められていることの意味を理論的に検討する必要があるだろう。

44) 山本和彦・集団的利益・前掲注35) 499頁，499頁注51。

45) 山本和彦・特例法・前掲注35) 183頁，191頁。

46) 山本和彦・特例法・前掲注35) 183頁。

47) 山本和彦・特例法・前掲注35) 182-183頁参照。

48) 山本和彦・集団的利益・前掲注35) 498-499頁，山本和彦・特例法・前掲注35) 137頁注12，179頁。

問題とされる集団的利益の内実は，本稿が集合的利益という形で設定したものと同じであると考えられるべきである[50]。

(3) 上原説

このような山本和彦説と類似するものとして，上原敏夫教授の見解も示唆に富む。上原教授も，伊藤説と同様に共通義務確認訴訟は従来的な他人間の法律関係の確認訴訟として位置付けられると理解するが，山本和彦説と同様に，政策的に特別に確認の利益が認められていると解釈する[51]。もっとも，山本和彦説とは異なり，集団（的）利益という術語を用いずにその特則性を説明している。すなわち，個々の消費者が事業者との関係で自ら被害の回復を図ることには困難を伴う場合が多いことを考慮し，特定適格消費者団体が多数の消費者に共通の利益を保護する役割を果たすことを期待して，政策的に，特別に確認の利益が認められたとの説明がなされている[52]。

この上原説は，伊藤説と山本和彦説との対比でいえば両説を折衷した考え方であると理解できるが[53]，特別に確認の利益が認められることに関する理論的な説明がやや後退しすぎているように思われる。共通義務確認訴訟が客観訴訟としての要素を有することが否定できないとすれば[54]，民事訴訟の枠内で特別に確認の利益が認められることの正当性が十分に説明されなければならないはずである。その

---

49) 山本和彦・集団的利益・前掲注35) 499-500頁参照。もっとも，山本和彦説それ自体は，従来的な集団的利益論を特例法の手続に援用する見解にも開かれているように思われる。このことは，千葉・前掲注7) 64頁が，大筋において本稿と同様の評価をしながらも，山本和彦説を参考にして共通義務確認訴訟を拡散的利益の問題と位置付けていることからも窺われる。

50) 山本和彦・集団的利益・前掲注35) 500頁注54では，一方の極に「全体が共通義務に関し，個別争点部分がゼロの特殊ケース」である差止訴訟を，反対の極に「全体が個別争点で共通義務部分がゼロの請求権」である個別訴訟を想定し，その中間にあるのが集団的被害回復裁判手続であるとの理解が可能であることが示唆される。これは，主体の集団性ではなく客体の集団性に着目すると，差止訴訟の訴訟物と共通義務確認訴訟の訴訟物は実質的に同一であり，したがって従来的な集団的利益論から視点をずらすことで両者を類比する余地があるのではないか，との問題提起であると解されよう。

51) 上原・前掲注27) 32頁。

52) 上原・前掲注27) 32頁。

53) 千葉・前掲注7) 58-59頁も同旨と思われる。

54) 上原・前掲注27) 35頁注9。係争利益の中間性を指摘するものと理解できる。

意味で，共通義務確認訴訟を理論的に正当化するための考え方としては，集合的利益によってその問いに答える山本和彦説の方が優れていると考えられる。

(4) 三 木 説

(a) 概 観　(1)で前述した伊藤説の共通義務に関する理解の不明確さという点でいえば，山本和彦説が集団的利益論との類比によって確認の利益の基礎を措定したのと対照的な解決を示唆する三木浩一教授の見解も看過されるべきではない。三木教授は，多数の同種の権利者を有する紛争における多数の権利者に共通する争点（共通争点）が共通義務であり，これは実体権そのものではなく実体権の成立要件の一部が取り出されたものであると解釈する。[55] この考え方は，実体権とは異なるものを訴訟物とする点，実体権の判断における重要な前提となる事項を対象とする点において証書真否確認の訴え（民訴法134条）の考え方と類似する。[56] この類比からすると，共通義務確認訴訟も，証書真否確認の訴えと同様に，「法律上の争訟」（裁判所法3条1項）ではなく「その他法律において特に定める権限」（同条同項）に該当すると理解できる。[57] ただし，共通義務確認訴訟はあくまでも個人の主観的権利の実現に奉仕するための手続であり，公益の実現や法秩序の維持を目的とするものではないため，客観訴訟には属しない。[58] そして，実体権の成立要件の一部について管理権の部分的な法定授権があると見ることが可能なので（特例法3条参照），特定適格消費者団体は一種の法定訴訟担当者であるとの性質決定がなされるべきである。[59]

---

55) 三木・前掲注15) 294-295頁，三木浩一ほか《座談会》消費者裁判手続特例法の理論と課題」論ジュリ9号（2014年）147頁［三木浩一］参照。

56) 三木・前掲注15) 295頁。三木ほか・前掲注55) 151頁［三木］も参照。

57) 三木・前掲注15) 295頁，三木ほか・前掲注55) 151頁［三木］。三木ほか・前掲注55) 151頁［三木］によれば，共通義務に関する争訟性は認めるが，法律上のものではないという趣旨であるとされる。

　これに対し，三木ほか・前掲注55) 151頁［中川丈久］は，私人間の具体的な権利義務関係に関する紛争を解決するための手段として工夫された訴訟は「法律上の争訟」に位置付けるべきことを示唆する。

58) 三木浩一「消費者集合訴訟制度の理論と課題」同『民事訴訟による集合的権利保護の立法と理論』（有斐閣，2017年）278-279頁［初出2014年］，三木・前掲注15) 296頁。三木ほか・前掲注55) 147頁［三木］も参照。

59) 三木・前掲注15) 298-299頁，三木・団体訴訟制度・前掲注19) 349頁。三木・前掲注58) 279-280頁，三木ほか・前掲注55) 147頁［三木］も参照。集団的消費者被害救済制度

(b) 三木説から見た他説への批判　三木説は，伊藤説が措定する概括的法律関係の内実は実体権の成立要件の一部であり，裁判外又は裁判上で行使することのできる権利との対応関係にない共通義務を法律関係の一種と理解することはできないのではないかとの重要な問題提起を含んでいるように思われる[60]。また，山本和彦説に対しては，①集団的利益に類比する形で未解明の実体的利益を認めることは単一の実体権に二重の権利を認めることになってしまい，その二重性を解消するには共通義務確認訴訟を客観訴訟と解するほかないのではないか，②二重の権利性を一応認めるとしても，特例法に基づく仮差押えが法定保全担当と理解されることや後続手続との連続性が説明しにくいのではないか，という主に2点から批判が加えられている。

まず，伊藤説への批判について，共通義務は実体権の成立要件の一部であるとの指摘は正当であるように思われる。例えば，不法行為でいえば共通義務は主として故意・過失と違法性を指し，損害などは基本的に含まれないのであるから，本来の意味での義務は観念できない[61]。それにもかかわらず，特例法があえて共通義務という概念を措定したのは，対象消費者が未確定の段階では共通する事実部分を抽出することが困難なことが予想され[62]，個々の要件事実の確認は実務的にも使い勝手がよくないとの考慮があったとされる[63]。もっとも，訴訟物の単位を対象

　専門調査会（以下「専門調査会」と引用する）（第10回）議事録22頁［三木浩一］では，共通義務確認訴訟では「請求権の要件事実の一部が確定されるわけでして，要件の一部を確定するわけですから，それは当然その基になる権利の授権を受けていないといけない」とされる。法定訴訟担当との理解に限り，笠井正俊「共通義務確認訴訟の構造」法の支配182号（2016年）73頁も同旨と解される。

　なお，手続に加入した消費者への共通義務確認判決の拡張について，専門調査（第10回）議事録30頁［三木浩一］では，対象が共通争点であること，裁判所がそれを適切に判断することの2点に正当化根拠が求められている。

60)　三木・前掲注15) 295頁注1。
61)　三木・前掲注15) 326頁注4。
62)　山本和彦・特例法・前掲注35) 182-183頁，鈴木敦士「消費者裁判手続特例法案の概要」NBL 1016号（2014年）34頁。
63)　鈴木・前掲注62) 34頁。また，加納克利＝松田知丈「集団的消費者被害回復に係る訴訟制度案について」NBL 989号（2012年）17頁は，法案段階で共通争点確認の訴えとされていた1段階目の訴訟が共通義務確認の訴えとされた点について，「消費者紛争における共通争点が多種多様であることを踏まえつつ，相当多数の消費者と事業者との間の法律関係を端的に捉え，判決主文をより簡明なものとする観点から構成し直した」と説明する。

消費者に共通する実体法上の請求権の同一性によって把握するのであれば，結局は実体法上の請求権が共通義務確認訴訟の訴訟物となっているようにも思われる。すなわち，実体権の成立要件の一部を抽象化させ使いやすいものにしたという共通義務の内実が失われるのである。そこで，共通義務という概念を法的に明らかにする必要が生じてくる。そして，集団的利益論との類比によってこの要請に応じたのが前述した山本和彦説であると考えられる。

三木説から山本和彦説への批判を見ると，集団的利益論との類比が単一の権利に固有権という別の権利を認めることになるとのすれ違いが生じている。前述の通り，山本和彦説の意図は理論的に確認の利益を認めるに足る法律関係を措定する点にあると考えられるため，差止請求権のように個々の被害者の個別的権利を離れて別個の実体権が定立されるわけではない。そのため，三木教授の懸念する

---

64) 伊藤・前掲注25) 48-50頁，山本和彦・特例法・前掲注35) 158頁，増森・前掲注27) 261頁など。

65) 三木・前掲注15) 326頁注4。

66) 三木・前掲注15) 326頁注4。

67) 山本和彦・特例法・前掲注35) 137頁注12, 179-180頁。専門調査会（第10回）議事録23頁も参照。八田卓也「消費者集合訴訟の追行者と当事者適格」民事訴訟雑誌58巻（2012年）95頁で分析されるように，確認訴訟の訴訟物に実体権としての確認請求権が観念されるとの固有権構成に至るのであれば，確認訴訟に関する一般的な理解とも齟齬が生じるが，本稿の視角からすると，人的観点から集団性を分析するのではなく，請求権の中身を取り出すという点，すなわち主体ではなく客体に着眼し，（厳密には集団的利益ではなく）集合的利益を措定することで請求権の権利主体への具体的帰属が堅持されている点が注目される。

68) 三木・前掲注15) 324頁では，山本和彦説について，拡散的権利（特定の事実状況によって結ばれた事前に直接的な関係性を有しない不特定の人々の集団に帰属する超個人的かつ不可分の権利）に接近するものであり，同種個別的権利（共通の原因から生じた個別的権利であり，そのため権利の性質は個人的かつ可分である）である特例法の手続に応用するのは控えるべきであるとされる。これに対し，本稿は，三木教授の分類でいうところの同種個別的権利の特徴（個人的かつ可分な性質）を堅持しつつ拡散的利益の要素を取り入れることは可能であり，その結果が共通義務確認訴訟だとする構成は正当であるとの理論状況を明らかにすることを試みている。

消費者庁企画課「集団的消費者被害救済制度研究会報告書（平成22年9月）」30頁で紹介されているように，固有権構成が「手続追行主体は，共通争点を確認する固有の訴訟上の利益を有している」という考え方であるならば，伊藤説こそが固有権構成として分類されるべき見解であるようにも思われる。

権利のダブルカウントは生じないと考えられる[69]。むしろ，各対象消費者に帰属する権利義務の一部を一般化抽象化した金銭支払義務が共通義務であるとする山本和彦説は，対象消費者に共通する実体権の成立要件の観念的集合と捉える三木説[70]と実質的に同じ見解であると見ることもできる[71]。その場合，両説は，共通義務確認訴訟を法律上の争訟とみるか否か，すなわち損害額などが未だ確定されていない留保付の金銭支払義務を一種の法律関係とみるか実体権の成立要件の一部とみるかの評価の点で違いが認められるにすぎないと考えられよう[72]。

---

69) もっとも，笠井・前掲注59) 73頁で指摘されるように，同じ権利に異なる2通りの性格付けをすることは可能なのか，という問題は残る。本稿の析出する集合的利益という考え方であれば，ある権利を分析的に考えると単一の請求権について集合的性格と個別的性格の要件事実に腑分けすることができ，前者を訴訟において集合的に確認する利益は認められるとの評価をしているにすぎないことになる。個別的な請求権とは異なる実体権を創出しようとするものではないから，一般的な実体法の理解から離れるものではない。
70) 三木・前掲注15) 296頁補注2。
71) 長谷部由起子「共通義務確認訴訟の理論的課題」高橋宏志先生古稀祝賀論文集『民事訴訟法の理論』（有斐閣，2018年）682頁も，各消費者の権利の構成要件の一部を取り出して一般化抽象化したものが共通義務とするなら三木説に近いと指摘する。また，町村・前掲注26) 44頁が，山本和彦説と基本的な考え方を同じくしつつも，共通義務確認訴訟は特定の事業者が一定範囲の対象消費者に共通義務を負うとの規範を定立するための訴訟である（したがって三木説の指摘するように法律上の争訟ではない）との分析を試みていることからも，両説の考え方の類似性が看取される。
　共通義務の内実を対象消費者に共通する実体権の成立要件の観念的集合と捉えることにより，共通義務を構成する事実上又は法律上の請求原因が変われば手続の対象となる実体権の成立要件も変わり，したがって2段階目で参加することのできる者の範囲も変動することがより明快に理解される。特例法の手続が個別的な請求権の救済のための手続であるという前提からすると，手続対象者の範囲が変わるということは2段階目で審理される請求権の数が変わるということにほかならないから，請求権の単位によって訴訟物を把握する伝統的な考え方からしても，請求原因レベルにまで細分化される訴訟物として共通義務が捉えられるべきことは無理なく導かれるだろう。
72) この点については，前述の通り個別事情によっては負わないこともある留保付きの金銭支払義務として構成された共通義務を一種の法律関係として認める見解が多数であるように見受けられる（伊藤・前掲注25) 33頁（注13)，山本和彦・特例法・前掲注35) 182-183頁，183頁注31，三木ほか・前掲注55) 151頁［加納克利］，笠井・前掲注59) 68-69頁，長谷部・前掲注71) 682頁など)。ただし，三木教授が指摘するように，通常の権利義務関係とは少し異なっており，概括的請求権という表現が用いられていたとしても，現実に相手方への請求を実現するためには損害額などの個別事情も確定されなければならない（上

あるいは，三木説から山本和彦説への批判は，訴訟物の単位を対象消費者に共通する実体法上の請求権の同一性によって把握する点にこそ向けられるものであったと捉え直すこともできる。すなわち，実体法上の請求権ごとに訴訟物を設定した場合，請求権を基礎付ける事実上又は法律上の原因は判決理由中の判断にすぎず[73]，その点に既判力が生じないと，異議後の訴訟で再び上記原因が争われる可能性がある[74]。具体的には，詐欺取消しを原因として不当利得に関係する共通義務を認める判決が確定した後，異議後の訴訟において，事業者が原因事実である欺罔行為を否定して争うことが認められてしまうことになる[75]。このような不都合を解消するために制度効として不可争効が予定されているとの見方があるが[76]，訴訟物を実体法上の請求権ごとに設定しながらこのような理解を採用することは，終局判決であるはずの共通義務確認判決を純粋な中間判決とみることにほかならず，訴訟物か判決の性質のいずれかの考え方を修正する必要があるだろう。そして，共通義務確認訴訟が終局判決とされた経緯からすると，訴訟物に関する考え方を修正するのが立法趣旨に沿うと考えられる。

実際に，この不都合性は，事実上又は法律上の原因（請求原因）それ自体を訴訟物と見て，当該原因に関する裁判所の判断に既判力が生じると考えることで解消される[77]。この構成の難点は，①伝統的な訴訟物の理解との齟齬が生じかねないこと，②被告側は債務（共通義務）不存在確認によって訴訟物を拡大できないため，

に，個別事情によっては被告の責任は否定される）ことには留意が必要である。
　比較法的に見ても，ムスタ手続において，訴訟物たる確認目標を構成する事実上又は法律上の要件は法律要件要素であるとされ，法律要件要素は事実ではないと理解されていたことは前述の通りである。
73) 伊藤・前掲注25）50頁，山本和彦・特例法・前掲注35）187-188頁，増森・前掲注27）267頁。例えば，消費者契約の取消事由が一般法か特別法かの違いは攻撃防御方法の違いにすぎないこととなる。伊藤眞ほか「《座談会》消費者裁判手続特例法の施行に向けて」法の支配182号（2016年）10-11頁［加藤新太郎］も参照。
74) 増森・前掲注27）267頁，三木・前掲注15）325頁。
75) 増森・前掲注27）261頁参照。
76) 増森・前掲注27）267頁。
77) 三木・前掲注15）326頁。これに対し，伊藤・前掲注27）2051頁，2055頁注24は請求権ごとに訴訟物を設定し請求原因の差異は攻撃方法にとどまるという趣旨であるようにも読める。

訴訟物の細分化は被告の手続保障の欠如につながるおそれがあることに認められる[78]。もっとも，①については，共通義務の形で集合的利益という実体的利益が措定され，その内実が２段階目で参加する対象消費者の範囲によって変動する（通常であればどの原因で認容するかに法的に差異は生じない[79]）点から法的に差異を認めることを正当化する余地がある[80]。②については，攻撃防御の対象という意味では事実上又は法律上の原因のレベルで訴訟物を分ける方が被告にとって明確になり，原告側は行政による一定の監督措置によって可及的に濫訴が防止され適切な訴訟管理を期待できることから，事実上問題は少ないと見ることができるように思われる[81]。

(5) 共通義務を対象債権の集合体とみる説

ここまで見てきた見解とは異なり，共通義務という新たな概念の定立を重視せず，２段階型であるがゆえの手続の連続性という手続的な観点から訴訟物を捉える見方も存在する。この点を正面から認めるのが，長谷部由起子教授の見解である。長谷部教授は，時効の完成猶予・更新や仮差押えの被保全債権を考慮すると

---

78) 山本和彦・特例法・前掲注35) 188頁参照。
79) 山本和彦・特例法・前掲注35) 187頁参照。
80) 伊藤ほか・前掲注73) 11-12頁［野々山宏］。
81) このほか，訴訟物を細分化すると仮差押えの申立て時に被保全権利を細かく記載しなければならなくなり，制度の実効性が低下する不都合が生じるうえ（伊藤ほか・前掲注73) 12頁［野々山］），審理の迅速性が低下する（伊藤ほか・前掲注73) 11-12頁［後藤健］）との懸念も示されている。伊藤ほか・前掲注73) 15頁［野々山］，山本和彦・特例法・前掲注35) 188頁で示唆されるように，この問題を訴訟物レベルで解決せず，裁判所は認められるものは全て認め，認められない場合には認めないとの判断をする必要はないという行為規範で解決し，迅速性を維持するとの理解もあり得る。ただし，前述した増森・前掲注27) 267頁で指摘される異議後の訴訟での蒸し返しの問題が発生する。これらの問題を止揚的に解決するために，裁判所による実質的な審理の程度で訴訟物が変化し，その場合には請求原因にも既判力を及ぼすとの構成を採用することも考えられるものの，そのような構成は原告が当該請求原因を（おそらく第２段階目を見据えて）あえて掲げていることからすると処分権主義に反するおそれがある。以上の事情を踏まえると，訴訟物としては事実上又は法律上の原因のレベルに細分化し，審理の迅速性が阻害される場合には他の特定適格消費者団体と連携して複数の訴訟を平行させるのが望ましいようにも思われる。この場合，特定適格消費者団体が相互に連携をとれるとの前提が重要となるが，現在認められる４団体のみではその前提が整っているとの評価は難しい面もある。この点は手続対象の拡大との関係でも問題となるので，次節で改めて後述する。

後続手続が実質的な本案であるとの実体を重視し，共通義務確認訴訟の訴訟物は対象債権の集合体であると理解する[82]。そして，訴訟物たる実体法上の権利について，その帰属主体である対象消費者のために特例法3条に基づき特定適格消費者団体による法定訴訟担当が成立すると解釈する[83]。たしかに，仮差押えと共通義務確認訴訟の連続性という意味で法定保全担当・法定訴訟担当と平仄を合わせる論理は正当であるように思われる一方で[84]，共通義務確認判決に対しては独立の上訴が可能である簡易確定手続が任意的手続担当と理解されるならば[85]，共通義務確認訴訟と簡易確定手続（及び異議後の訴訟）で訴訟物（実体的利益）の内容は異なると考える方が実体に即している。すなわち，仮に共通義務確認訴訟の原告適格を法定訴訟担当だと解釈して共通義務が対象債権の集合体であると考えたとしても，共通義務確認訴訟における実質的な訴訟物は変わらず，仮差押えとの関係での実質的な本案は簡易確定手続であるとの理解が揺らぐわけではないだろう。共通義務確認判決を中間判決の一種と考えるのであれば一体の手続として本案とみることも可能かもしれないが，終局判決であるという現行法の理解と馴染まない[86]。

　長谷部教授の見解のほかには，八田卓也教授の見解も，共通義務を対象債権の集合体とみる説の一種であると位置付けることができるだろう。八田教授は，特例法の手続全体を対象消費者のためのものと考えるならば，共通義務確認訴訟における特定適格消費者団体の原告適格は，（第2段階での届出の授権を停止条件とした）一種の停止条件付きの任意的訴訟担当によって基礎付けられるとする[87]。さらに，共通義務確認訴訟を含む手続全体の被害抑止的な効果を考慮すると，手続全体を集団としての消費者一般の利益のための手続と捉えることが可能であり，その場合には共通義務確認訴訟は第三者の権利関係についての確認の訴えであると理解されると[88]。しかし，前者の構成については共通義務を棄却する判決の際にはおよそ授権が想定されない点とそぐわず[89]，後者の構成については個々の消費者に損害

---

82) 長谷部・前掲注71) 684-685頁。
83) 長谷部・前掲注71) 690頁。
84) 笠井・前掲注59) 73頁は，このような理解を一つの根拠として法定訴訟担当説に与する。
85) ただし，長谷部・前掲注71) 679頁以下では，簡易確定手続が任意的手続担当によるものかは明らかにされていない。
86) 三木・前掲注15) 298頁も参照。
87) 八田・前掲注18) 398頁。
88) 八田・前掲注18) 387頁，395-396頁，399頁。

が観念される個別的権利の救済を目的とする特例法の理解と整合しない。[90]

(6) 議論の整理

ここまでの議論を整理すると，個別事情によって義務を負わないことがあるとの留保付きの義務が共通義務であるという点では見解の一致が認められる。しかし，共通義務という新たな概念の定立に関する評価に各説で差異があるということを確認することができた。以下では，段階的に各説の相違を確認し，共通義務確認訴訟の見方としてどの見解が最も特例法の特質を無理なく捉えられているかを明らかにする。

第1に，上記 (1) から (5) で述べた見解のうち，(1) から (4) の考え方と (5) 共通義務を対象債権の集合体とみる説で考え方が対立している。(5) 説は，手続の一体性を重視する（又は八田説は公的利益に関する手続を指向する）代わりに共通義務という新たな訴訟物の定立を等閑視しているため，前述したように現行法の理解として難点があるか，又は共通義務確認判決が終局判決であると解されることと整合しないように思われる。

第2に，(1)，(2) 及び (3) 説と (4) 三木説で，共通義務の位置付けについて見解の対立が生じている。(4) で前述した通り，これは共通義務を一種の法律関係とみるか事実でしかないとみるかの違いにすぎない。三木説の指摘するように共通義務の実質は請求権の成立要件の一部であることは間違いないが，共通義務という概念があえて定立された経緯や現行法の規定で共通義務が金銭支払義務とされていることからすると（特例法2条4号），一種の法律関係と考える方

---

89) 伊藤・前掲注25) 34頁注14，三木・前掲注15) 298頁，笠井・前掲注59) 73頁。前者の構成は，第三者に当事者適格を認める一つの典型である訴訟担当の局面を法技術的に拡大する巧みなものとも考えられるが，後者の構成（固有権構成）を導く前捌き的な議論にすぎず，その維持が困難であることにつき，八田卓也「暴対法上の適格団体訴訟制度の解釈による拡張可能性について」神戸法学雑誌71巻1号（2021年）8頁参照。とりわけ第2段階目の手続を個別訴訟やADRに委ねることを許容するならば（理論的にはそのような構想はあり得る），手続終了後に授権が調達される謎を解明する必要に迫られる。

90) 八田・前掲注18) 407頁以下では，集団的被害回復裁判手続と利益剥奪訴訟の折衷的な手続が構想されているが，消費者裁判手続特例法が現在の形にまとまったことからすると，集合的利益の問題（特例法の手続）と公益性の高い中間的利益の問題（利益剥奪訴訟など）を区別して検討する方がクリアであるようにも思われる。もちろん，同一の手続で異なる2つの目的を達成する制度を構想することは考えられる。

が現行法の理解に沿う。加えて，山本和彦説と三木説の対立に限っていえば，両説は実質的にはほとんど同じ見解であると見得るものの，集団的利益論に近づけて考えるか，証書真否確認の訴えに近づけて考えるかのアプローチの違いから，見解の相違が生じているように見受けられる[91]。

最後に，(1) 伊藤説と (2) 山本和彦説（(3) で前述した点に鑑みて上原説は山本和彦説に含められる）は，対立関係にあるというよりも，山本和彦説が伊藤説を部分的に補完する関係にあると理解できる。あるいは，序章で前述したような紛争管理権論の内包する訴訟物の不明確さという難点を引き継ぐ伊藤説と集団利益訴訟論の応用を示唆する山本和彦説は，序章で前述した紛争管理権論と集団利益訴訟論の対立の再演であると理解することもできる[92]。共通義務について，伊藤説が概括的法律関係とし，山本和彦説が各対象消費者に帰属する権利義務の一部を一般化抽象化した金銭支払義務とするのも，訴訟物の特定の観点から具体的な法律関係で抽象的法律関係ではないと同様に考えてはいるものの，実体権の成立要件の一部を一般化抽象化したという実体的利益の特性に着目しているのが山本和彦説であるということができる[93]。そのため，山本和彦説は，共通義務確認訴訟の創設に伴って新たに確認の訴えの対象となった共通義務について，集団的利益との類比によってその内実を明らかにしようと試みる見解であると捉えることができる。

---

91) 三木説が証書真否確認の訴えとの類比による確認対象の拡大を志向する点については，特例法の目的である被害者の救済のためには2段階目の手続が必要となることからすると，共通義務確認訴訟は紛争の抜本的解決を想定したものではなく，証書真否確認の訴えとの類比によって把握したとしても，既存の確認の利益に関する理解との乖離が大きい。証書真否確認の訴えが原告の法的地位の危険・不安を完全に取り除くことから，あるいは権利関係自体についての紛争が解決又は予防することから認められることについて，新堂・前掲注31) 274頁，中野貞一郎ほか編『新民事訴訟法講義［第3版］』（有斐閣，2018年) 164頁［福永有利］，伊藤・前掲注31) 183頁注27 など参照。

92) 山本和彦「民事訴訟における法的利益の保護」同『民事訴訟法の現代的課題』（有斐閣，2016年) 40頁以下［初出1997年］などで，従来的な権利のみならず広く法的利益を保護すべしとする山本和彦教授が集団利益訴訟論を継承することは，至極当然であるように思われる。

93) もっとも，伊藤・前掲注27) 2048頁などを見ると，両説に若干のすれ違いが生じている可能性はある。伊藤説の指摘する懸念は，酒井一「消費者の権利保護のための集合訴訟」千葉恵美子ほか編『集団的消費者利益の実現と法の役割』（商事法務，2014年) 316頁に見られる「対象消費者の範囲をもって権利主体が抽象的に確定される」といった記述に向けられるべきものである。

グループ訴訟における責任判決の対象である集団的既判事項に団体による確認の訴えの利益を認められていること，ムスタ手続が確認目標という新たな訴訟物を措定し，当該訴訟物について拡大的に確認の利益を認めるものであったことからすると，共通義務確認訴訟の訴訟物が何かという点は重要であると考えられ，山本和彦説は，集団的利益論を応用することによって共通義務という新たな訴訟物の措定を正当化するとともに，法によって原告適格の認められた団体に共通義務確認の利益を認めることを理論的に基礎付ける見解であると理解される。その結果，伊藤説よりも山本和彦説の方が共通義務確認訴訟の特質を上手く説明できていると考えることができるため，基本的な分析視角としては山本和彦説が妥当であろう。

(7) 集合的利益の意義

ここまで整理してきたように，共通義務確認訴訟の理解としては山本和彦説（又は原告適格論に関しては伊藤説）が妥当であるように思われる。そして，本稿の設定する集合的利益という分類と併せて考えると，山本和彦説にどのような意義が認められるのか，という点も自ずと明らかになる。

(a) **集合的和解との関係**　序章**第1節**で前述したように，従来的な集団的利益論は，未解明の実体的利益として集団的利益を措定し，その行使主体・方法や判決効のあり方などの解明を試みるものと理解できる。そして，集団的利益を措定することの訴訟上の意義は，集団に対する法人格の付与との類比，すなわち人的関係に着目することで進められた。このように主体に着目する構成（紛争の没主体化とも呼ばれる）が差止請求権という新たな実体的権利の付与として現れた（その意味で不可分の法律関係を指向するものであった）ことが，集団的利益論との類比を試みる山本和彦説への誤解を生じさせる一因となっている。しかし，山本和彦説の意義は，請求権という客体に着目し，権利の個々人への具体的帰属を堅持しつつ，紛争の没主体化を実体権の成立要件の一部に限った点にある。すなわち，ここでの没主体化は紛争レベルではなく請求権の成立要件のレベルでのみ生じているのである。そのため，新たな実体権ではなく個々の権利者の請求権に奉仕する集合的利益としての共通義務が措定され，それが外形的には特定適格消費者団

---

94)　伊藤・前掲注25) 49頁などでは「法律上の牽連性がある」とされる。高田昌宏「集団的権利保護のための当事者適格」新堂幸司監修『実務民事訴訟講座［第3期］第2巻』(日本

体への確認の利益の付与として顕在化したと理論的に整理することが可能になる。

　この集団的利益と集合的利益の差異（集団的利益の種差）は，その訴訟上の反映の際にも異なる形で現れる。集合的利益の場合，紛争の没主体化は生じていないので，共通義務確認訴訟で審理される共通義務の奉仕する個別的な請求権については主体性が（特定適格消費者団体から見れば他人性が）維持されていることになる。そうすると，共通義務について特定適格消費者団体に実体的利益が帰属するわけではないから，共通義務確認訴訟は第三者のためになされていると評価することができる[95]。そして，必ずしも従来的な意味での紛争の没主体化が生じていないという理解は，手続コストなどの観点から自ら被害の回復に動くことが期待できない消費者の立場を，事業者の責任を確定させることによって改善し，被害消費者の主体性を回復させる消費者裁判手続特例法（同様にグループ訴訟及びムスタ確認訴訟も）のコンセプトとも合致する。

　このような集合的利益の特徴は，同時に，共通義務確認訴訟の法的性質を法定訴訟担当と解釈する見解よりも，直截に他人間の法律関係の確認の訴えとする見解の方が優れているとの評価を可能にする。法定訴訟担当説からすると，特例法3条が共通義務確認訴訟の訴訟追行権を特定適格消費者団体に付与していると考えることになるが，2段階目の手続に関する訴訟追行権を含まないことから，何らかの理由で訴訟追行権が限定されていると理解するほかない。この限定は，共通義務の存否に関する和解のみを認める旧特例法10条を前提とすれば，特定適格消費者団体が共通義務に関する管理権を有するか否かに関する見解の相違にか

　　評論社，2014年) 318-319頁で，「差止訴訟の場合と異なり確認請求権のような実体権を想定できないので単に当事者適格のみが付与された」として，紛争の主体に着目する文脈で記述されてきた集団的利益を消極的に援用されていることも，（消費者団体）訴訟が必ずしも実体権を前提とした制度ではないことを示しているように思われる。

95)　消費者契約法12条で適格消費者団体に認められる差止請求権も，形式上は適格消費者団体に実体権が帰属するのと同視されるが，当該請求権は不特定かつ多数の消費者の利益のために適切に行使されなければならないので（消費者契約法23条1項），その実質において上記差止請求権の行使は第三者のためにする契約と軌を一にする面があると考える余地はあるように思われる。加えて，適格消費者団体に帰属する差止請求権は，消費者の総体による一体的な行使のみが許容されるという（非現実的ではあるが）総有的な仮定を許す場合は別として，個々の消費者の有する権利とは区別されるものであるから，被担当者の権利が訴訟物となる訴訟担当には接近しない。

かわらず認められる特徴であるように思われる。それにもかかわらず，共通義務確認訴訟の段階で2段階目の審理で確定されるべき損害額などに関する事情を含む集合的和解の締結を特例法が許容している（上記限定が解除されている），と考えるのは難しい。このことは，その問題点が広く認識されながらも法律上は共通義務の存否に関する和解しか認められていない現状からも窺われる。これに対し，共通義務確認訴訟は他人間の法律関係の確認の訴えであるとすれば，そもそも第三者のためにする契約の締結と同種の行為が訴訟上なされているにすぎないので，次節Iで後述するように実体法の議論や特例法の趣旨に鑑みると自由に集合的和解が可能であるとするのは問題があるものの，第三者のためにする契約の形で集合的和解を許容することに大きな支障はないと考えられる。したがって，法定訴訟担当説も第1段階における和解範囲の拡大に積極的であることからすると，他人間の法律関係の確認の訴えと考える構成の方が優れていると考えられよう。法

---

96) 三木説は管理権の法定授権があると理解するのに対し，笠井教授は管理（処分）権の授与はないと解釈している。

97) 訴訟外の出来事について特例法は関知しておらず，法定訴訟担当説からも裁判外の集合的和解の許容は導かれるとの解釈もあり得るが，そうであればなぜ訴訟上の権限のみ限定的に認められたのかが問題とされなければならない。その結果，準併合和解という形で限定を解除する方向が示されているが，そうであれば訴訟追行権限も同様に考えればいいのではないか（すなわち任意的訴訟担当として1段階目の手続が追行される余地もあるのではないか）との疑問が生じる。

98) 伊藤ほか・前掲注73) 22頁［今井和男］で，「第三者のためにする契約を制度的にやっているような第一段階の訴訟では，訴訟担当としてこの和解を勝手にできないというのは，理屈としては判ります」との指摘がなされているのも，（法定）訴訟担当説が和解を制限する方向に働く法律構成であることを示すものと考えられる。

　この現状に対し，実質的には集合的利益を念頭に置いていたと思われる山本和彦教授は，第三者のためにする契約という形で集合的和解を許容する余地はあった旨を指摘する。山本和彦・特例法・前掲注35) 217頁注155参照。

99) 仮に次節Iで後述する集合的和解が立法により認められたならば，本稿の視角から析出される法定訴訟担当説の難点は解消される。しかし，和解について制限的な理解が有力とされてきた現状に鑑みると，集合的利益論の方が問題状況を分析するための道具として優れているように思われる。

　なお，伊藤説も，集合的和解にはやや警戒的であるように思われる。その背景には，特例法の規定からすると一種の紛争管理権が共通義務にしか認められないとの考え，あるいは管理（処分）権なく和解を締結することは難しいとの考えがあるのではないかとも見得る。前者の考えについては山本和彦説のように共通義務の性質を明らかにすることで応答

定訴訟担当ではなく他人間の法律関係の確認の訴えであるとの理解は，共通義務を構成する事実上又は法律上の原因ごとに訴訟物を細分化させることを認める本稿の方向にも整合的である[100]。

　(b)　**訴訟物又は当事者適格との関係**　　また，訴訟担当構成は，個々の消費者の請求権を訴訟物とみることに親和的である[101]。これに対し，他人間の法律関係の確認の訴えであるとの構成は，共通義務確認訴訟の訴訟物を個々の消費者の請求権そのものではないとする考え方に親和的である。その意味で，後者の構成は共通義務確認訴訟だけで団体の関与が終了し，2段階目の手続を個別手続に委ねることで手続対象事案の拡大を図る方向性にも整合する。

　仮に共通義務確認訴訟が訴訟担当によるものと理解するのであれば，第2段階目も法定（又は任意的）訴訟担当であると理解する方向を指向するのが正当であろう[102]。しかし，個別事情の審理のために届出人による参加を前提とするのであれば，実質は変わらず，訴訟担当として当事者適格を一貫させる意義はあまりない。そもそも，訴訟担当は，他人の権利義務関係について，第三者が訴訟追行することであるから，新たに訴訟物を作り出すという機能は有してない。日本において新たに訴訟物を作り出すための理論構成は，集団的利益論によって発展している。共通義務の措定が新たな訴訟物を作り出すという側面を有している以上，共通義

　　できるが，後者の考えについては次節Ⅰで改めて検討する。
100)　八田・前掲注18) 387頁で整理されているように，これまでは他人間の法律関係の確認の訴えも，理論上は当事者適格及び判決効という観点から整理されてきたように思われる。そういった整理は，訴訟物となる実体的利益は（実質的に）同じであるという前提の下で訴訟上の帰結が考察されたものであったように見て取れる。これに対し，共通義務確認訴訟の場合，特に事実上又は法律上の原因ごとに訴訟物を設定する際に顕著であるが，ここまで分析してきた通り，共通義務（集合的利益）と個々の請求権（個別的利益）とで訴訟物が質的に異なる。その違いを当事者適格及び判決効の問題に解消させるのではなく，その実体に即して他人間の法律関係の確認の訴えであると構成し，共通義務という実体的利益（ただし権利ではない）の特質に沿った訴訟制度に意義を見出すのが本書である。
101)　専門調査会（第3回）議事録20頁，36-37頁。むしろ，訴訟担当構成の特徴は，被担当者の（個別的）利益が訴訟物として設定される点にこそ求められよう。反対に，人ではなく客体（利益）との関係を問うのが中間的利益を措定する議論であるといえる。したがって，これらの構成は相互に排他的な関係に立っていると考えられる。
102)　八田卓也「消費者の集合的な被害救済のための民事上の手続に関するヨーロッパと日本の動向」神戸法学雑誌68巻4号（2019年）171-172頁。

務確認訴訟を集団的利益論の延長に位置付け，訴訟担当構成と決別することには相応の正統性が認められる。

2 共通義務の構成要素

(1) 共通性・多数性

共通義務を他人間の概括的法律関係を確認の対象とすることが法によって特別に認められ，ある事業者の行為に起因する対象消費者の損害賠償請求権が発生したと主張され，それに関する紛争が現存する以上，共通義務の存在を確認することがその紛争の解決に適切である場合には確認の利益が認められる[103]。この確認の利益には，多数性・共通性・支配性の3つの要件が含まれる[104]。

特例法2条4号における共通義務確認訴訟の定義の中には多数性及び共通性が規定される。すなわち，多数性とは，消費者契約に関して相当多数の消費者に財産的被害が生じていることを指し，共通性とは，事業者が負うべき金銭支払義務がこれらの消費者に共通する事実上及び法律上の原因に基づいていることを指す[105]。

これらの要件について，共通性は訴訟物たる共通義務の概念自体に組み込まれていると指摘されるように[106]，共通義務を構成する要素が多数性と共通性であると考えられる。すなわち，集合的利益を定型的に認めるために多数性と共通性が認められる。多数性があることで共通義務確認訴訟による紛争解決への有用性を基礎付けられ[107]，集合的に確認する利益が認められる。そして，共通性によって確認の利益が認められる訴訟物が析出されるのである。

また，集合的利益を集団的利益の一種として把握する場合，集団的利益論の有していた訴訟物創出的な機能を受け継ぐと考えられるところ，共通性の欠缺は請求棄却をもたらすのだろうか[108]。共通性は訴訟要件であると理解されるので，訴えを却下するのが原則であると考えられている[109]。しかし，共通性を基礎付ける事実

---

103) 伊藤・前掲注27) 2061頁。
104) 伊藤・前掲注27) 2061頁。
105) 伊藤・前掲注27) 2062頁では，対象消費者の事業者に対する金銭支払請求権の基礎となる事実関係及び法的根拠の本質的部分が重なり合っていることと定義される。
106) 伊藤・前掲注31) 43頁。
107) 町村・前掲注26) 67頁。これはムスタ手続により顕著な発想である。
108) 伊藤ほか・前掲注73) 18-19頁［今井］は，共通棄却の場合に請求棄却がなされるべきであると主張する。

関係自体が認められない場合には、再訴との関係で請求を棄却することも理論的に許容されるといった指摘や[110]、共通性が全くないと判断される場合に訴え却下だと再訴が開かれているので請求棄却にすべきではないかといった指摘がなされている[111]。もっとも、訴え却下判決にも既判力が認められることからすると、再訴の問題をもって共通義務の存否が本案の問題であるとするのは難しいように思われる。また、共通性については事案の解明度によって立証の可否が左右されるので通常の訴訟要件と同じように口頭弁論終結時までにその要件が満たされたかどうかで判断するのが適当であるとの指摘もあるが[112]、そのことから直ちに共通義務の本案性が導かれるわけではない。このような確認の利益と本案の接近は、確認訴訟一般に認められるものと異なるものではなく、共通義務確認訴訟に固有の問題ではないということができるだろう。

さらに、共通性は訴訟物たる共通義務特定の要素に含まれることから[113]、実体法上の権利に加えて、共通する事実上及び法律上の原因も訴訟物の特定要素とする必要があるようにも思われる[114]。すなわち、消費者間で共通する事実上又は法律上の原因ごとに訴訟物が別個となり、それらの請求が併合されていると解すべき場合があると理解できる[115]。

(2) 支配性

多数性及び共通性に加え、現行法は支配性も共通義務を構成する要素として設定している。特例法3条4項によれば、支配性とは、共通義務確認の認容判決が得られればこれに基づく簡易確定手続において対象債権の存否及び内容を適切かつ迅速に判断することが困難であるとは認められないことを指す。この支配性の要件は、対象消費者の権利を個別訴訟において確定する場合と比較して、共通義

---

109) 消費者庁消費者制度課編『一問一答　消費者裁判手続特例法』(商事法務、2014年) 38頁。

110) 伊藤ほか・前掲注73) 17頁 [我妻学]。

111) 伊藤ほか・前掲注73) 17頁、19-20頁 [後藤]。また、手続的な観点から、伊藤ほか・前掲注73) 19頁 [加藤] は、共通性は被告の利益を図る訴訟要件なので請求棄却判決も許容されるとの解釈を示唆する。

112) 伊藤ほか・前掲注73) 17頁 [後藤] 参照。

113) 伊藤・前掲注27) 2062頁、伊藤・前掲注31) 43頁。

114) 笠井・前掲注59) 70頁。

115) 笠井・前掲注59) 71頁。

務の存在を確認する判決の既判力を通じ，後続する簡易確定手続によって対象消費者の権利を迅速に確定するためであることを反映したものである[116]。

このような理解から，共通義務確認訴訟が認容されても簡易確定手続で判断できない場合には紛争解決に有用でないとして，支配性的な要素を集合的利益に含める指摘も見受けられる[117]。しかし，支配性の要件欠缺を理由として訴えの全部又は一部を却下するのは，あくまで例外的な場合にとどまるとされるように[118]，支配性の要件はこの手続に本質的なものではなく，また，序章で述べたように，先行的な確認訴訟だけでも紛争解決に有用であることは立案段階でも指摘されているところである。たしかに個別訴訟が一件もなければ完全に無駄に終わってしまうが，被告の責任が認められていることからすると，同種の手続を創出すべきとの立法趣旨が認められる類型について，手続対象者との関係で何ら合意が成立しないとか個別請求が一件もないという事態になることの方が稀であると考えられよう。

２段階目の手続において相当程度個別の審理をしなければならないような事案については集団的に訴訟をする意義が相対的に低く[119]，消費者紛争で問題視されている少額多数被害の救済に合わせたのが特例法の手続であるとすれば，支配性は２段階型の手続に必要的なものではなく，個別訴訟を２段階目に設定することにも合理性が認められる。すなわち，個別事情が強い事案について特例法の手続を拡張する場合には集合的利益によって共通義務確認訴訟を基礎付ければ足り，この場合に実効性を欠く簡易確定手続との関係で支配性の要件を要求する必要はなく，立法論としてはその方向で考えるべきである[120]。

---

116) 伊藤・前掲注27) 2063頁。
117) 一問一答・前掲注109) 36頁，町村・前掲注26) 68頁。
118) 伊藤・前掲注31) 45頁，伊藤・前掲注27) 2063頁など参照。
119) 山本和彦ほか「《座談会》消費者裁判手続特例法の実務対応（上）」NBL 1064号（2015年）6頁［小田典靖］。
120) 山本和彦ほか・前掲注119) 7頁［小田］では，消費者団体は簡易確定手続における授権を拒否できないという事務的・手続的な負担から支配性が要求されている面もあるとされるが，支配性の要件と消費者団体等が手続対象を拡大する負担に耐えられる仕組み作りは別論で考えるべきである。八木敬二「集団的消費者被害回復訴訟の今後の展望」国民生活145号（2024年）12頁参照。

2 集団的利益の種差への対応

現行法においても集団的利益の種差は黙示的に意識されていたものと思われる。その現れが，消費者契約法12条に基づく差止訴訟において原告団体に要求されるのは適格認定であったのに対し，共通義務確認訴訟を提起するためには，適格認定に加えて特定認定が必要とされる点であると理解できる（特例法71条1項）。

消費者裁判手続特例法71条4項各号によると，特定認定のためには次の7つの条件が満たされなければならない。すなわち，①消費者契約法13条1項に規定する差止請求関係業務を相当期間にわたり継続して適正に行っていると認められること，②被害回復関係業務[121]を適正に遂行するための体制及び業務規程が適切に整備されていること，③被害回復関係業務の執行を決定する機関が一定の条件の下に用意されていること，④被害回復関係業務を遂行するための人的体制に照らし被害回復関係業務を適正に遂行することができる専門的な知識経験を有すると認められること，⑤被害回復関係業務を適正に遂行するに足りる経理的基礎を有すること，⑥被害回復関係業務に関して支払を受ける報酬又は費用がある場合にその額又は算定方法，支払方法その他必要な事項を定めており，これが消費者の利益の擁護の見地から不当なものでないこと，⑦被害回復関係業務以外の業務を行うことによって被害回復関係業務の適正な遂行に支障を及ぼすおそれがないこと，の7つが特定認定にあたって審査されることとなる[122]。

このような消費者裁判手続特例法上の対応は，適格消費者団体は差止訴訟においては適切な代表者たり得るけれども共通義務確認訴訟では適切な代表には至らない十分な代表性しかないという点が認識され，立法によってその十分性に対応しようとした結果であったと評することもできる。しかし一方で，和解への対応の必要性は認識されつつも十分な対応がなされなかったのは次節Ⅰで述べる通り

---

121) 被害回復関係業務は，簡易確定手続及び異議後の訴訟において授権を受けた債権に関する裁判外の和解を含んだ被害回復裁判手続に関する業務（特例法71条2項1号），同業務の遂行に必要な消費者の被害に関する情報の収集に係る業務（特例法71条2項2号），同業務に付随する対象消費者に対する情報の提供及び金銭その他の財産の管理に係る業務（特例法71条2項3号）の総称である（特例法71条2項柱書）。

122) 消費者庁「特定適格消費者団体の認定，監督等に関するガイドライン」（令和5年8月31日改訂版が最新のものである）2頁以下では，本文中①から⑦の審査の際の考慮事項がより具体的な形で明らかにされている。

である。

　訴訟物の細分化や将来的な手続対象事案の拡大を考えると，特定認定を要求して一つの団体に手続全体を仕切らせる仕組みよりも，共通義務確認訴訟のみを一つの団体によって追行させ，その後の手続については特定認定を有しない適格消費者団体も追行又は協力できる仕組みを設ける方向に舵を切る方がより手続を機能させられるように思われる。これは，共通義務確認訴訟については狭義の集団的利益との類比によって（特定）適格消費者団体に代表性が認められるが，その後の手続は集団的利益とは関係がないとの理論構成にも下支えされている。また，共通義務確認訴訟自体も，差止訴訟のように消費者一般を保護するのではないので，現に被害を受けた手続対象者を保護するに足りる団体であれば良く，将来的には差止訴訟の適格認定を緩和した行政措置を受けたアドホックな団体でも共通義務確認訴訟を追行できることを認める方策が考えられる。このように適格者を適切に拡大して特に2段階目の手続における利益代表者を分担させることにより，一つの団体内部で利害関係者の利益に配慮するコストを大幅に削減し，財政的な基盤が弱いとされる日本の（消費者）団体にあった手続の構築が期待される。したがって，特例法の訴訟追行主体に特定認定は必要ではなく，適格認定又はより緩和的な行政措置によって代替可能であると考えるべきである。このとき，訴訟追行主体の財産的基盤などが問題となり得るが，簡易確定手続及び簡易確定決定を前提としないのであれば，2段階目の手続は被害者による個別訴訟も許されるため（現行法における異議後の訴訟と同様である），残る問題は団体の財政的基盤をいかに確保するかという問題である。この問題の解決は難しいところであるが，共通義務確認訴訟にかかわる費用は勝訴の場合には被告に転嫁され得ることからすると，問題は大きくないとみることができる。他方で，現行法のような簡易迅速性の求められる手続を追行する主体には，手続全体を遅滞なく進める前提が整っ

---

123)　東京地判令和2年3月6日判時2520号39頁では，手続加入者から特定適格消費者団体に支払われるべき報酬について，特定適格消費者団体による訴訟追行は弁護士によってなされなければならないこと（特例法83条）と不法行為訴訟では弁護士費用が相当因果関係の範囲に含まれる損害であることを結びつけ，手続加入者が特定適格消費者団体に支払う報酬も，被告による説明義務違反と相当因果関係にある範囲において簡易確定手続の対象となる損害であることが認められている。これは，手続対象者の費用負担を緩和する実務上の工夫の一例と見ることができるだろう。

ていることも必要であると思われ，なお特定認定が維持されるとの理解が相当であると解される。

第 *2* 節　集団的消費者被害回復裁判の発展性

Ⅰ　共通義務確認訴訟上の和解の特異性

1　現行法における和解のあり方と問題点

1　現行法における共通義務確認訴訟上の和解

　旧特例法 10 条については，共通義務確認訴訟の原告である特定適格消費者団体に対象消費者の権利に関する管理処分権が当然に認められるものではないことから，立法的に和解の可能性を明らかにした規定であるとされる。共通義務確認訴訟は簡易確定手続への移行が前提とされており，そのような移行が可能であって初めて共通義務確認訴訟の訴えの利益ないし原告適格が認められるという構造になっていることに鑑みると，共通義務を確認する趣旨の和解であれば簡易確定手続に移行していくことが構造的に可能であるため，たとえ消費者の権利について管理処分権の認められない特定適格消費者団体であっても和解権限を認めて差し支えないとの判断であると理解することができるだろう。そして，共通「義務が存することを認める旨の和解」があったことが簡易確定手続開始原因となり（特例法 13 条），特定適格消費者団体に簡易確定手続申立義務が生じるとされている。

　序章で前述したように，管理処分権がないにもかかわらず和解がなされ得るのかは議論のあるところであった。そのため，特定適格消費者団体が対象消費者から個別の授権を受けて当該対象消費者の権利に関する訴訟外の和解をする一方，これと併せて共通義務に関する訴訟上の和解をすること（いわゆる準併合和解）の

---

124)　伊藤・前掲注 25) 75 頁。
125)　山本和彦・特例法・前掲注 35) 193 頁参照。
126)　三木・前掲注 15) 314 頁は，この場合，特定適格消費者団体の立場としてではなく，一般の消費者団体の立場として行うこととなるとする。一問一答・前掲注 109) 56 頁も参照。

可否が問題とされる[128]。しかし，和解が実体法上の契約を基礎とするものであるならば，管理処分権の所在は和解の可否を決定付けるものではないはずである[129]。現に，立法段階では，第三者のためにする契約＋受益の意志表示又は無権代理＋追認といった法律構成も検討されている[130]。この問題は**2**で詳細に検討するとして，**1**では現行法上可能とされる和解の具体例を確認しておく。

2　共通義務確認訴訟上の和解の具体例

　旧特例法 10 条では，訴訟物である「共通義務の存否」についての和解のみが想定されているにすぎず，「共通義務の存否」の枠外に足を踏み出し，対象消費者等の権利義務に関わる事項についての和解をすることは許されなかった。和解権限が当該訴訟の目的である共通義務の存否に関する和解に限られている点で，旧特例法 10 条は通常の民事訴訟手続の特則と位置付けられる。しかし，対象消費者の権利義務に関わらない付随事項（例えば事業者の謝罪や今後の約款の改定など）であれば，「共通義務の存否」以外の事項ではあるがその後の簡易確定手続への移行に影響を及ぼすものではなく本手続の構造を損なうものではないため，旧特例法 10 条による和解の範囲に含まれると解される[131]。

　もっとも，「共通義務の存否」についての和解もいくつかの類型が考えられる。まず，共通義務の全部を認める請求認諾的和解は，当然に認められる[132]。反対に，

---

127)　三木・前掲注 15) 314 頁，伊藤・前掲注 25) 77 頁，伊藤・前掲注 27) 2060 頁参照。

128)　しかし，準併合和解を分解すると単なる任意的訴訟担当とそれに付随する第三者のための契約又は無権代理であり，後述する問題と状況は変わらない。準併合和解だからできる／できないという議論は実質的に意味がなく，準併合和解が認められるという主張は，非常に限定的に解されている和解権限の拡大のための一つの弥縫策にすぎないと考えられる。

129)　垣内秀介「共通義務確認訴訟及び簡易確定手続における和解」法の支配 182 号（2016 年）77 頁以下は，和解の効力が直ちに手続対象者に及ばないのであれば，共通義務確認訴訟上の和解を認める余地があるとする。

130)　山本和彦・特例法・前掲注 35) 217 頁注 155。

131)　一問一答・前掲注 109) 55 頁。町村泰貴『消費者のための集団裁判――消費者裁判手続特例法の使い方』（LABO, 2014 年）93 頁は，偏頗性がみられない和解（対象消費者全員に一定の金銭を支払う旨の和解や支払金額の計算方法を定める旨の和解）は，旧特例法 10 条によっても禁止されていないとしている。

132)　山本和彦・特例法・前掲注 35) 219 頁。

共通義務の全部の不存在を認める，請求放棄的和解も，共通義務の存否に関する和解であり，請求放棄も認められていることに照らすと，有効であると考えられる[133]。また，共通義務のある部分の存在を認め，残りの部分を不存在とする和解（一部和解）も，共通義務の「存否について」の和解ということができ，そのような一部認容判決も可能であると考えられることから，許容されるだろう[134]。加えて，共通義務の一部のみに和解を成立させ，残部についてはなお訴訟を継続するという和解も可能であると考えられる[135]。したがって，「共通義務の存否」についての和解であれば，いずれの類型であっても許容されるだろう。

3 訴え提起前の和解

一般の消費者団体や特定適格消費者団体が共通義務確認の訴え提起前に裁判外の和解をすることは本制度の関知しないものであるから，消費者裁判手続特例法の制定によって影響を受けることはなく[136]，したがって一般の民法等の原則に従ってその効果が規律されることとなる[137]。すなわち，そのような裁判外の和解は第三者のためにする和解であると考えられるところ[138]，対象消費者の権利に関する和解をしても，その効力が対象消費者の意に反してその者に及ぶことはない[139]。また，このような訴え提起前の和解が簡易確定手続の開始原因となることはない（特例法13条参照）点でも共通義務確認訴訟上の和解と異なる。和解契約はあくまで私法上の契約にすぎず，和解契約を訴訟に反映させるためにはその旨の主張を要するからである[140]。もっとも，特例法上の救済手続を裁判外で合意ベースによって事

---

133) 山本和彦・特例法・前掲注35) 219頁。
134) 山本和彦・特例法・前掲注35) 217頁，219頁。
135) 町村・前掲注26) 72頁。一般の民事訴訟において一部判決ができる部分について一部和解が許されることについては，菊井維大＝村松俊夫原著『コンメンタール民事訴訟法5』（日本評論社，2012年) 203頁。
136) 一問一答・前掲注109) 56頁。
137) 山本和彦・特例法・前掲注35) 218頁注160。
138) 山本和彦ほか・前掲注119) 19頁［松田知丈］，日本弁護士連合会消費者問題対策委員会編『コンメンタール消費者裁判手続特例法』（民事法研究会，2016年) 128頁。
139) 一問一答・前掲注109) 56頁。
140) 鈴木正裕＝青山善充編『注釈民事訴訟法 (4)』（有斐閣，1997年) 471頁以下［山本和彦］。多数説である両性説あるいは併存説からの説明である。

実上行うことは妨げられないようにも思われる[141]。しかし，前述した旧特例法10条の立法経緯に鑑みると，同条は和解の範囲を制限するものであり，現行法の下では，訴え提起前の段階で特定適格消費者団体による集合的和解は許されないと解される。

なお，特定適格消費者団体が，報酬を得る目的で，事実上一定の対象消費者のために裁判外の和解を行った場合，「特定適格消費者団体の認定，監督等に関するガイドライン」4 (6) ア③「自己の構成員のみの利益となるような和解をするなど合理的な理由なく特定のグループに属する一部の対象消費者だけを利する目的をもって裁判上又は裁判外の和解をする」ものとして特定適格消費者団体の責務に反するおそれがあるほか[142]，その授権の際に報酬を得ていれば弁護士法上の問題が生じる可能性がある（弁護士法72条本文，特例法82条，71条2項1号参照）。この意味で，後述する裁判所による許可がなくとも，共通義務確認の訴え提起前の和解についても一定の規制が及んでいるとみることは現行法上も可能ではある[143]。

4 共通義務確認訴訟係属中の裁判外の和解

前記2のような訴え提起前の和解の訴訟上の効力が認められないとしても，共通義務確認訴訟の係属中に，裁判外で，原告特定適格消費者団体と被告事業者

---

141) 山本和彦・特例法・前掲注35) 218頁注160。
142) 山本和彦ほか・前掲注119) 18頁［松田］。
143) 鈴木敦士「消費者裁判手続特例法における仮差押えの手続と課題」現代消費者法23号（2014年）23-24頁では，仮差押え後に事業者側との和解によって仮差押えの申立てを取り下げることが予想されるものの，そのような和解は対象消費者の権利を処分するものではなく，保全された財産は対象消費者全員のために使われるものである以上，対象消費者との間に利益相反を生じるおそれもないので許されると考えられる上，被害回復関係業務の一環として仮払金の受領の禁止（特例法89条1項1号）の例外となり，担保供与も同条3項の「第三者」に対象消費者が含まれないことから担保の利益を得させるのも例外として許されると分析される。さらに，特例法116条は89条に違反するもののうち特に可罰性が高いものについて罰則を定めているものであり，仮払金や担保は仮差押えの手続を終了させることの報酬とはいえないから116条1項には違反しないとしている。同24頁注13では，加えて，相手方が担保を設定する場合は団体が登記名義上の担保権者になるとすると，団体が金銭以外の財産上の利益を受けており，特例法89条1項の除外事由に当たらないのではないかという問題があり得るが，団体は対象債権を有しておらず担保の利益を受けないので何らの財産上の利益を受けていないと考えれば，そもそも特例法89条1項の問題にはならないとされる。

が，対象消費者の権利の全部又は一部を認めその権利行使方法について合意する和解契約を締結するとともに訴え取下げに合意する，といった工夫は可能か。このように裁判外の和解と訴え取下げとをセットにした和解も，裁判外の和解の側面だけを捉えれば訴え提起前の和解と軌を一にするものであるから，前記2と同様の議論が妥当すると考えられる[144]。すなわち，第三者のためにする契約として裁判外の和解をすることは可能であるが，そのような和解は私法上の契約にすぎず，当然に訴訟上の効力を有するものではないため，原告特定適格消費者団体の訴え取下げとの組み合わせによって，このようないわばハイブリットな形の紛争解決を行うことになるだろう[145]。しかし，前記2と同様に裁判外の和解を制限するのが旧特例法10条の趣旨であると解するのであれば，たとえ共通義務確認訴訟が係属中であったとしても，裁判外の和解をすることはできないだろう。実際問題として，特例法上の手続にのらない和解であるため，対象消費者に対する情報提供を事業者の適切な協力の下に行える制度的担保が存せず，また，団体が提訴するに至るような相手方事業者とそこまでの信頼関係を築くことは難しいため，現実的な方策でないとの指摘もある[146]。特定適格消費者団体の責務（特例法81条）との関係でも難しい問題が生じ得るだろう。これに対し，上記のような方策では他の特定適格消費者団体からの提訴可能性を排除できないため，事業者側に和解に応じるメリットがないようにも思われるが，消費者団体の運用に照らすと，事実上，他の特定適格消費者団体による提訴可能性はなく，事業者側のメリットは存在するとの指摘もある[147]。

5　判決によらない訴訟の終了全体の整合性

訴えの取下げについては特例法に規定はなく，民訴法261条の規律に従うこととなる。特定適格消費者団体はいつでも共通義務確認の訴えを取り下げることができるが，被告事業者の応訴後はその同意を要する（民訴法261条2項本文）。特例

---

144) 山本和彦ほか・前掲注119) 18頁以下［松田］。なお，訴えの利益を欠くに至ったとして訴え却下判決がなされる可能性もあるように思われる。

145) 町村・前掲注26) 75頁。

146) 山本和彦ほか・前掲注119) 18頁以下［二之宮義人］。

147) 山本和彦ほか・前掲注119) 19頁［松田］。これに対し，伊藤・前掲注25) 78頁注51では，事業者側がこのような和解に応じる動機付けに疑問が呈されている。

法81条1項及び2項は行為規範なので訴訟上の効力に影響はない。

請求の放棄又は認諾のうち，特定適格消費者団体がする請求の放棄は訴えの取下げと同様の規律に服することとなる（特例法92条2項1号参照）。これに対して，被告事業者がする請求の認諾は，それが訴訟物たる共通義務の主体による行為であるから特段の制限はなく，原告の請求を認容した確定判決と同一の効力を有することから（民訴267条），簡易確定手続の基礎となる（特例法13条参照）。ただし，請求の放棄や認諾調書の記載が確定判決と同一の効力を有するにもかかわらず，その効力が他の特定団体などに拡張されないとすると，実務上の意義に乏しいようにも思われる。[148]

しかし，確定判決や確定判決と同一の効力の他の主体への拡張は判決効の相対性の原則に対する例外的な措置であるので，明文が必要であり，解釈による拡張は難しい。法律上又は解釈上の拡張がないとしても，特例法81条1項及び2項が定める監督に関わる行為規範がある以上，他の特定適格消費者団体が同一事件の蒸し返しに当たる別訴を提起することは現実には考えにくいため，早期の訴訟終了を望む当事者にとっては，本制度の下における請求の放棄や認諾にも，十分な実務上の意義があると考えられる。[149]

2 集合的和解の導入に向けて

1 集合的和解の法律構成

(1) 無権代理か第三者のためにする契約か

集合的和解の実体法上の法律構成を考えたとき，無権代理（の類推適用）と第三者のためにする契約のいずれかが問題となる。[150] 本書第1章及び第2章における比較法的な検討に鑑みると有力と考えられる第三者のためにする契約という法律構成を軸にして，以下では集合的和解の導入に向けた共通義務確認訴訟上の和解の実体法上の法律構成を検討する。

(2) 第三者のためにする契約に関する実体法上の議論

(a) 第三者のためにする契約の位置付け　第三者のためにする契約とは，

---

148) 伊藤・前掲注27) 2058頁。同様に，特例法92条2項も行為規範なので，請求の認諾には規定がなく，民事訴訟法267条が適用されることとなる。
149) 三木・前掲注15) 301頁注12。
150) 序章III，山本和彦・特例法・前掲注35) 267頁など参照。

契約から生じる権利を第三者に直接に帰属させる内容を有する契約である（民法537条1項）。第三者は，受益の意思表示を要件として，当該契約に基づき，諾約者に対する債権その他の権利を取得する（民法537条3項）。契約時に第三者が特定されている必要はない（民法537条2項）。その例としては，将来において第三者の特定が予定されているが契約締結時点では未特定の場合が想定されている。

ローマ法下では第三者のためにする契約は認められていなかったが，これを限定的に認めたフランスと広く認めたドイツの中間的な形で第三者のためにする契約を認めたものとされる。受益の意思表示を形成的な意思表示として第三者の権利取得の発生要件とする点でいえば，契約時に権利の発生を認めつつ拒絶権を保障するドイツと異なり，受益の意思表示が撤回を制限せしめる機能を有するにすぎないフランスとも異なるものである。

典型契約との関係でいえば，個々の法律効果のうちでその法律効果の一部を第三者に帰属させるという特色を有するもの，より具体的には第三者をして直接に権利を取得させるという約款（第三者約款）を内容の一部としているものが第三者のためにする契約であると考えられる。また，類似の制度である代理との関係で

---

151) 谷口知平＝五十嵐清編『新版注釈民法（13） 債権（4）[補訂版]』（有斐閣，2006年）696頁[中馬義直＝新堂明子]，潮見佳男『新債権総論II』（信山社出版，2017年）544頁，山本敬三『民法講義IV-1 契約』（有斐閣，2005年）70頁，中田裕康『契約法[新版]』（有斐閣，2021年）172頁など。

152) 潮見・前掲注151）546頁。谷口＝五十嵐編・前掲注151）780頁[中馬＝新堂]は，受益の意思表示が第三者の権利の発生要件であると解するのが通説であるとする。
　　また，前述したフランスの場合と同様に，第三者による受益の意思表示には要約者及び諾約者だけでの契約変更の可能性を消滅させる効果がある。山本敬三・前掲注151）73頁参照。

153) 旧法下における通説が明文化されたものとされる。潮見・前掲注151）551頁注22。

154) 潮見・前掲注151）551頁。筒井健夫＝村松秀樹編『一問一答 民法（債権関係）改正』（商事法務，2018年）230頁では，懸賞論文が例として挙げられている。

155) 谷口＝五十嵐編・前掲注151）692頁[中馬＝新堂]。比較法的な位置付けについては，法務大臣官房司法法制調査部監修『法典調査会民法議事速記録三』（商事法務研究会，1984年）782頁[富井政章]，柚木馨『債権各論』（青林書院，1956年）201-202頁なども参照。
　　また，梅謙次郎『民法要義巻之三』（明法堂，1897年）424-425頁では，無形の利益の存在に着目して「利益なければ訴権なし」とのローマ法格言の克服が説明されている。

156) 潮見・前掲注151）553頁。

157) 柚木・前掲注155）214-215頁。

いえば，代理は本人の名で契約を締結するのに対し，要約者及び諾約者はそれぞれ自己の名において契約を締結するものである[158]。これに加え，第三者のためにする契約では，第三者が権利を取得するにとどまり，契約上の効果のすべてが第三者に及ぶわけではない点で代理と異なるとされることもある[160]。ただ，後述する負担を伴う第三者のためにする契約に関する議論を参照する限り，第三者が権利を取得するだけであるという記述については疑義があり得る。

(b) 第三者のためにする契約と負担　　第三者に負担を負わせることを内容とする契約（第三者の負担を目的とする契約）は許されない[161]というのは立法当初から認識の一致が認められる。ただし，その場合であっても，代理権なく他人のため

---

158) 柚木・前掲注155) 202頁，末川博『契約法　上（総論）』（岩波書店，1958年）112頁，広中俊雄『債権各論講義［第6版］』（有斐閣，1994年）341頁，谷口＝五十嵐編・前掲注151) 698頁［中馬＝新堂］など。後述する負担を伴う第三者のためにする契約との関係では，例えば谷口＝五十嵐編・前掲注151) 698頁［中馬＝新堂］が，「第三者のためにする契約は，その内容の一部として第三者約款を伴うにすぎないのであるから，これに条件や期限を付すことは」差し支えなく，例えば「第三者が当事者の指定するある行為をしたならば第三者に対する権利を取得する」といった第三者の行為を条件とすることもできるとしている点が重要である。

159) 谷口＝五十嵐編・前掲注151) 699頁［中馬＝新堂］など。すなわち，代理では本人に権利義務が帰属するのみで代理人には権利義務が帰属しない（石田喜久夫ほか編『債権各論』（青林書院，1994年）49頁）のに対し，第三者のためにする契約は要約者と諾約者の間の権利義務関係の発生を前提とするものである。

160) 鳩山秀夫『日本債権法各論　上巻』（岩波書店，1924年）165頁，星野英一『民法概論IV（契約）』（良書普及会，1986年）61-62頁，後藤巻則『契約法講義［第2版］』（弘文堂，2007年）99頁など。また，奥田昌道＝池田真朗『法学講義民法5契約』（悠々社，2008年）74-75頁［沖野眞已］では，契約の相対効の例外が許される理由の一つに「第三者が権利を取得するもので，義務を負うわけではないこと」が挙げられており，代理と対比して「第三者のためにする契約においては，第三者には権利しか与えることができない」とされる以上の意味が付与されているようにも読める。

しかし，後述するように負担を伴う第三者のためにする契約が許されることに鑑みると，第三者のためにする契約は，第三者が権利のみを取得する点で代理と区別されるのではなく，第三者が負担のみを取得することはない点で代理と区別されると理解するのが精確であるように思われる。

161) 谷口＝五十嵐編・前掲注151) 699頁［中馬＝新堂］，潮見・前掲注151) 547頁。第三者に負担を負わせることを内容とする契約は，すぐ後に述べる負担を伴う第三者のためにする契約とは異なり，第三者に負担のみを負わせることを内容とするものであると考えられる。

にその負担となる契約を締結したとして，当該契約が追認によって効力を生ずることがある（民法113条ないし117条参照）とされることがある。[162)]

一方で，諾約者又は要約者の行為を目的とするもの，具体的には第三者に一定の負担を負わせるように行動すること又は第三者が一定の負担を負うことを保証することを条件とする第三者のためにする契約は有効であると考えられている。[163)] これを越え，第三者の権利取得と同時に負担が伴う第三者のためにする契約が許容されるかについては，次に述べるように立法当初から議論がある。

(c) 負担を伴う第三者のためにする契約

（i）民法起草時の議論　負担を伴う第三者のためにする契約の可否は，民法起草時から論争の的になっていた。具体的には，反対給付義務を伴う第三者のためにする契約について，担当起草者である富井政章博士は，「第三者に取つては其場合には無論何んの効力もな」く，「契約に依て当然第三者に権利が生ずると云ふ主義を取つても其場合は入ら」ない，すなわち「権利を得ると同時に義務を生じやうと云ふ場合でありますから意思表示なしに当然其権利が生ずると云ふことはない」と説明する。その理由については，「権利が生ずると云ふことが言へない権利と義務と引著て居る場合」であり，したがって『契約の利益』があるとはいい難いとしている。[164)] また，「権利と共に義務が第三者に生ずると云ふ場合に於ても第三者が夫れで宜しいと云ふことで自分が其権利を得る代りに義務を負ふと云ふことを望めば自分が契約者に為ると云ふことは何時でも出来る」が，[165)]「他人の利益の為めに契約を為すと云う場合は然うで」はなく，「全く他人に権利丈けが生ずると云ふ場合であらう」とも述べている。[166)]

---

162) 梅・前掲注155) 429頁。前述した代理との対比からすると，無権代理の類推適用の余地を示唆するものと考えられる。無権代理の類推適用については，共通義務確認訴訟上の和解との関係で後述する。

163) 梅・前掲注155) 429頁，末弘厳太郎『債権各論』（有斐閣，1917年）218頁，末川・前掲注158) 116-117頁，谷口＝五十嵐編・前掲注151) 699頁［中馬＝新堂］，潮見・前掲注151) 547頁など。

164) 法務大臣官房司法法制調査部監修『法典調査会民法議事速記録三』（商事法務研究会，1984年）783頁［富井政章］。

165) 法務大臣官房司法法制調査部監修・前掲注164) 783頁，786頁［富井］。

166) 法務大臣官房司法法制調査部監修・前掲注164) 784頁［富井］。同784-785頁［富井］では，保険契約が典型例とされている。

これに対し，梅謙次郎博士は，受益の意思表示は「第三者が自己に利益ありと思ふてやるのでありまして無論『契約の利益』と云ふことが言へ」，第三者が権利を取得するという点から条文の文言が規定されているので諾約者が「債務者」であることも変わらないとする[167]。そして，債務者は，第三者のためにする契約に基づく抗弁をもってその契約の利益を受ける第三者に対抗することができる，とする民法539条は，反対給付に関する抗弁が含まれると理解する[168]。また，「条件が付て居れば無効，付て居らぬければ有効と云ふことは」考え難いとも述べている[169]。

同様に，穂積陳重博士も，第三者が諾約者に対して代償を支払わなければならない第三者のためにする契約も認められるとする[170]。具体的には，要約者と諾約者との間で第三者のための建築請負契約がなされた場合を例にして，要約者が第三者と事前に費用の支払について合意し，要約者と諾約者との契約において第三者が費用を支払うことが約されたとすれば，第三者は要約者に対して諾約者への費用支払義務を負うことが許されるとする[171]。この場合，要約者と第三者から見れば，諾約者も第三者である[172]。もし第三者が諾約者に対して義務を負うとすれば，契約当事者が3人になってしまう[173]。この見方には富井博士も理解を示し[174]，梅博士は条件付権利の取得を認める自分の見解と同じ面があると評する[175]。

他方で，土方寧博士は，反対給付を伴う第三者のためにする契約がなされたとき，第三者が追認しないと諾約者と第三者の法律関係が認められないのであれば，代理によって説明するのと同じではないかとの疑問を投げ掛けている[176]。また，横

---

167) 法務大臣官房司法法制調査部監修・前掲注164) 787頁［梅謙次郎］。
168) 法務大臣官房司法法制調査部監修・前掲注164) 787頁［梅］。第三者に認められる反対給付義務に関する諾約者の抗弁につき，梅・前掲注155) 432頁も参照。
　　これに対し，法務大臣官房司法法制調査部監修・前掲注164) 787-788頁［富井］は，第三者のする反対給付ではなく要約者のする反対給付を想定したものであるとする。
169) 法務大臣官房司法法制調査部監修・前掲注164) 789頁［梅］。
170) 法務大臣官房司法法制調査部監修・前掲注164) 788頁［穂積陳重］。
171) 法務大臣官房司法法制調査部監修・前掲注164) 788-789頁［穂積］。
172) 法務大臣官房司法法制調査部監修・前掲注164) 789頁［穂積］。
173) 法務大臣官房司法法制調査部監修・前掲注164) 789頁［穂積］。
174) 法務大臣官房司法法制調査部監修・前掲注164) 789頁［富井］。
175) 法務大臣官房司法法制調査部監修・前掲注164) 789頁［梅］。
176) 法務大臣官房司法法制調査部監修・前掲注164) 784頁［土方寧］。

田國臣博士は，義務を生じさせる必要性を考慮すると，例えば第三者のための建物請負契約の場合には第三者が大工に指図する一方で金銭を支払うことは考えられるが，第三者に物を与える契約の場合にはそもそも第三者のためにする契約とすることに疑義があるとする。[178)]

このような民法起草時の議論を整理すると，富井博士の説明は，直接的には反対給付義務を伴う場合を念頭に置いてなされたものであるが，権利取得に負担が伴う場合一般に妥当するものであるように思われ，負担の有無によって第三者のためにする契約と三者間契約を区別する立場であると理解できる。これに対し，梅博士は，受益の意思表示の存在と「契約の利益」の存在を同視し，広く第三者のためにする契約を認めることを許容する。また，穂積博士は，負担を伴う第三者のためにする契約を分析的に捉えることによってその正当性を示している。他方で，横田博士と土方博士は，負担の有無に関する議論を通じ，第三者のためにする契約と構成することの意義を明らかにしようとしていたと考えられる。

　(ⅱ)　民法制定後の判例及び学説の動向　　以上で見たように，民法起草時に負担を伴う第三者のためにする契約について鋭い議論が展開されていたところ，民法施行後に出された大判明治36年3月10日民録9輯299頁は，「第三者が契約より生ずる利益を享受せんとせば自から反対給付を為さざるべからざるが如き場合」も第三者のためにする契約であるとの広い解釈を採用するに至った。[179)]同様に，大判大正8年2月1日民録25輯246頁も，受益者が代金300円を支払えば諾約者の所有する山林を売り渡すとの第三者のためにする契約がなされた事案について，「民法第五百三十七条の第三者の為めにする契約に於て其契約の利益を受くへき第三者の権利は必すしも単純なることを要するものに非すして之に反対給付の伴ふことを妨くるものに非」ずとの解釈を採用している。[180)]

---

177)　そもそも第三者のためにする契約を認めることについて否定的な土方博士の指摘について，法務大臣官房司法法制調査部監修・前掲注164) 784頁［磯部四郎］は，代理や事務管理を用いた錯雑なものではない簡単な第三者のためにする契約という法律構成を認める点は維持するように提案されている。

178)　法務大臣官房司法法制調査部監修・前掲注164) 783-784頁［横田國臣］。ただし，法務大臣官房司法法制調査部監修・前掲注164) 787頁［梅］では，本文中の例について，契約当事者の意思によって代理か第三者のためにする契約かが決定されるとする。

179)　その後，東京控判明治44年3月1日新聞72号19頁も同旨を述べている。

180)　この判決について，薬師寺伝兵衛「判批（大判大正8年2月1日民録25輯246頁）」

学説に目を向けると，この問題について，末弘巖太郎博士は，第三者の行為を条件とする第三者のためにする契約として整理する[181]。この見解によれば，まず，契約の主旨が第三者に義務を負担させる点ではなく単に一定の行為をなすことを条件として契約の効力を発生させる点にあるならば，その効力を否定する理由はないとされる[182]。同様に，双務的反対債務たる性質を有しない単なる負担であれば，契約は問題なく有効である[183]。これに対し，契約の内容が第三者に債権を取得させると同時にこれと双務的関係にある反対債務を負担させるものであるならば，結局は当該契約をもって第三者に債務を負担させるものなので，当該契約は無効となる[184]。このとき，第三者が一定の義務を負担することに承諾したらとの条件を付すことは許されるが，当該義務は第三者・諾約者間の契約によって発生するもので，第三者のためにする契約によって直接発生するものではない[185]。すなわち，この場合には諾約者の義務と第三者の義務はその発生原因を異にするので，両者はその発生以外の点では別段の意思表示がない限り双務的関係に立つものではないと考えられる[186]。

このように単純な負担と双務的反対債務を区別する末弘博士の見解に対し，この区別を重視しない竹屋芳昭博士の見解も存在する。竹屋博士は，契約に関与し

法学志林 21 巻 9 号（1920 年）1231 頁以下は，同判決が売買契約の予約との表現を用いた点を捉え，第三者の権利に反対給付を伴う場合とするのは誤りである（売買完結権を受益するだけである）とするのに対し，島津一郎「判批（大判大正 8 年 2 月 1 日民録 25 輯 246 頁）」加藤一郎＝森島昭夫編『不動産取引判例百選［増補版］』（有斐閣，1977 年）141 頁は，全体的に判文を読む限りは単なる売買契約であるとする。

181) 末弘・前掲注 163) 219-220 頁。
182) 末弘・前掲注 163) 219 頁。同 219 頁注 63 によれば，前記大判明治 36 年 3 月 10 日はこの種の契約であるとされる。
183) 末弘・前掲注 163) 220 頁。同 220 頁注 66 によれば，負担とは一方の給付に対する控除であり，負担付き贈与が有効に認められるのは負担にとどまるからであるとされる。
184) 末弘・前掲注 163) 219-220 頁。例えば，東京地判明治 40 年 5 月 1 日新聞 431 号 20 頁は，土地の売主と買主との間の契約でなされた賃借人のための賃貸借契約について，第三者たる賃借人に地代債務を負担させるものであるとして第三者のためにする契約とは認めなかった。これに対し，同様の事案について，東京地判明治 39 年 4 月 12 日新聞 353 号 6 頁は，第三者のためにする契約であると認めている。
185) 末弘・前掲注 163) 220 頁。
186) 末弘・前掲注 163) 220-221 頁。同 220 頁注 67 によれば，「発生の点に付きては当事者の意思に因りて互に条件たるの関係を生ず」とされる。

ない第三者をして直接に当事者の一方に給付をなすべき義務を負担させる契約であっても、「第三者が義務を負担すべきことに同意しているならば、有効」となることを承認する。さらに、第三者のためにする契約であると構成するのが適切である場合[188]には、単なる負担にとどまらず、第三者に権利を与えると同時にそれと双務関係に立つ反対給付をも負担せしめる契約の場合であっても有効であると考える[189]。その理由としては、「第三者のためにする契約の有効性が、私的自治に源を発するものなる故、双務的債務を負わしめる場合をも有効と解することが、立法の趣旨」に沿うことを挙げている[190]。

このような私的自治の側面をより端的に認めるものとして、末川博博士の見解が挙げられる[191]。末川博士は、「第三者をして直接に当事者の一方に対して給付を負担せしめるような契約は、むろん無効」であるものの、「第三者が義務を負担すべきことに同意しているのであれば、有効であり得る」とする[192]。そして、第三者は要約者・諾約者間の契約に基づいて権利を取得するのだから、第三者が特定の行為をなすべき義務を負担するとの条件の下に第三者の権利取得が約されているとき、第三者の権利は当該条件付きで発生すると理解する[193]。

他方、鳩山秀夫博士は、「代理にありては法律行為の効果の全部を本人に付て発生せしむることを目的とするものなるも第三者の為めにする契約にありては唯第三者をして権利を取得せしむることを目的とするに過ぎ」ないとしており[194]、負

---

187) 竹屋芳昭「第三者のためにする契約」契約法大系刊行委員会編『契約法大系 第1 (契約総論)』(有斐閣、1962年) 276頁。

188) 前述した東京地判明治39年4月12日新聞353号6頁及び東京地判明治40年5月1日新聞431号20頁について、来栖三郎「第三者のためにする契約」同『来栖三郎著作集Ⅱ』(信山社出版、2004年) 152頁注5 [初出1959年] 及び竹屋・前掲注187) 277頁は、第三者のためにする契約という構成ではなく、売買によって買主は売り主から賃貸人の地位を承継すると解すべきであるとする。

189) 竹屋・前掲注187) 276-277頁。

190) 竹屋・前掲注187) 277頁。

191) 末川博士の見解について、川井健『民法概論4 (債権各論)』(有斐閣、2006年) 55頁も、後述する通説と区別し、第三者の負担に対する同意の存在に着目する見解として扱っているため、本稿と同様の理解をしていると思われる。

192) 末川・前掲注158) 116頁。

193) 末川・前掲注158) 119頁。

194) 鳩山・前掲注160) 165頁。

担を認めていないようにも読める。しかし，当事者間の契約によって第三者の取得すべき権利の内容が定められるため，「当事者間の契約が第三者の権利に一定の負担を付着せしむることを条件としたるときは第三者は唯此の負担を伴ひたる権利のみを取得すること」はできると理解している。[195] すなわち，第三者の意思に基づかずに義務を負担させることは許されないから第三者の義務が当事者間の契約のみによって生じるとすべきではないが，第三者のためにする契約は無条件に第三者に債権を与えるものである必然性はなく，前記大判大正8年2月1日も同趣旨であると分析している。[196]

(iii) 現在に至る議論　このような議論の流れに対し，現在では，権利を取得させるだけでなく付随的な負担を伴うものでもよい，といった定型表現が用いられることがほとんどである。[197] もっとも，(i)及び(ii)で前述した議論では付随的な負担という表現は用いられていない。この表現を最初に用いたと推測される我妻榮博士は，これが通説・判例（前記大判大正8年2月1日）であるとしていることからすると，[198] 付随的な負担というのは，言い換えれば権利に随伴する負担を意味し

---

195)　鳩山・前掲注160) 182頁。

196)　鳩山・前掲注160) 182頁注1。

197)　我妻榮『債権各論　上巻』（岩波書店，1954年）120頁，中川善之助＝打田畯一『契約』（青林書院新社，1962年）207頁，石田穣『民法Ｖ（契約法）』（青林書院新社，1982年）68頁，神田博司『民法――債権法』（南雲堂深山社，1983年）260頁，星野・前掲注160) 63頁，林良平『債権各論』（青林書院，1986年）44頁，品川孝次『契約法　下巻』（青林書院，1998年）394頁，石外克喜編『現代民法講義5 契約法［改訂版］』（法律文化社，1994年）95頁［手嶋豊］，川井・前掲注191) 55頁，加藤雅信『新民法体系IV 契約法』（有斐閣，2007年）120頁，内田貴『民法II 債権各論［第2版］』（東京大学出版会，2007年）80頁，潮見・前掲注151) 553頁，中田・前掲注151) 173頁，谷口＝五十嵐編・前掲注151) 780頁［中馬＝新堂］など。

付随的な負担という表現を用いないものとしては，柚木・前掲注155) 213頁（前記大判大正8年2月1日について「負担付の権利を与えるにすぎないから」認められたものとする），鈴木禄弥『債権法講義［四訂版］』（創文社，2001年）257頁（「第三者に負担つきの利益を与える趣旨の第三者のための契約も，ありえないではない」），田山輝明『契約法　民法要義5』（成文堂，2006年）74頁（「第三者に権利を取得させると同時に負担を負わせることも可能である」）などがある。

198)　我妻・前掲注197) 120頁。同書の記述からすると，末弘説などを踏まえた既存の議論の最大公約数的な見解を要約する趣旨で付随的な負担という表現が用いられているように見受けられる。

ていると考えられる。このとき，受益の意思表示は一体としてなすことを要し，負担を除いた権利のみについて受益の意思表示をなすことを許されない。[199]

しかし，この付随的な負担という表現が一人歩きしているようにも見受けられる。例えば，半田吉信教授は，要約者の契約上の地位を包括的に第三者に帰属させる契約について，第三者が義務も引き受けることになるから第三者のためにする契約ではないとする一方で，付随的な負担は許容されるとして運送費用・税金を例示する[200]。また，注釈民法では，前記大判大正8年2月1日の事案について，売買目的物に相当する負担は重大な負担であって付随的負担とはいえないのではないかといった指摘がなされている[201]。同様に，福島地会津若松支判平成12年10月31日判タ1113号217頁は，第三者が自己の保有する株式を会社に譲渡する義務を負う点について，「もはや付随的負担とはいえず，第三者のためにする契約としては許されない」と判示している。しかし，前述の通り付随的な負担は許されるとの理解は大審院の判例に同調したものでもあるのだから，株式譲渡義務などの反対給付義務が付随的な負担を越えるか否かといった議論は的を射ていないように思われる。すなわち，従来の議論からすれば，当該事案において負担を伴う第三者のためにする契約が許容されるか否かを端的に問うのが相当であると考えられよう。

このように，負担を伴う第三者のためにする契約に関する議論がやや錯綜する一方で，他の制度ではなくあえて第三者のためにする契約を利用する意義を捉え直す見解が出来ている。その一つが，来栖三郎博士の見解である。来栖博士は，第三者のためにする契約とされる事例が拡大していることに警戒を示し，第三者への給付が要約者の出捐に基づくことを一応の基準として第三者のためにする契約と推定することなどを提案する[202]。そして，前記大判大正8年2月1日のような事案についても，要約者・諾約者間の契約に基づいて諾約者が第三者と売買契約

---

199) 我妻・前掲注197) 120頁，柚木・前掲注155) 213頁など。
200) 半田吉信『契約法講義［第2版］』（信山社，2005年）120頁。
201) 谷口＝五十嵐編・前掲注151) 705頁［中馬＝新堂（旧版から維持されている中馬義直執筆部分）］。この考え方は，後述する来栖博士の見解に肯定的な評価を示すものである。
202) 来栖・前掲注188) 148頁。内田・前掲注197) 80頁で，付随的な負担の例として「物を与える代わりに代金の一部を支払わせる」ことが挙げられているのは，第三者が支払う代金が一部とされる点でこの来栖博士の見解に配慮したものであるように思われる。

を締結し，当該売買契約を原因として第三者への給付がなされるのではないか，すなわち諾約者は要約者に対して第三者と売買契約を締結する義務を負うだけなのではないかと疑問を呈する[203]。この場合でも諾約者が第三者の申出に応ずる義務があるなどと考えることはできるとしても，代理の形式が取られなかったことの意味を汲むべきであるとする[204]。

　また，新堂明子教授は，三面関係の近代的な制度が新たに成立し，それが確立するまでの過渡期の期間に，暫定的に第三者のためにする契約の法理が用いられるとする[205]。そして，その認定にあたっては，受益者の信頼，利便性，正義・公平が考慮されることとなる[206]。

　これらの見解からすると，一般に第三者のためにする契約はいかなる場合に認められるべきか，という点も考慮する必要があるだろう。この点に関する通説的な見解は見られないものの，第三者が受益の意思表示をすれば，要約者又は諾約者の意思表示等がなくても，第三者が諾約者との関係で「権利」を当然に取得し，それ以降，要約者と諾約者の合意によってはその権利を変更し又は消滅させることができず，諾約者の債務不履行による要約者の解除も第三者の承諾を要する。しかし，その「権利」は要約者と諾約者の契約に由来するものであるので，諾約者は要約者に対する抗弁を第三者に対抗することができるという法律関係を形成するのはどのような合意か，が実際上問題となると分析されている[207]。そして，その判定にあたっては，①契約当事者の合意を推認させる事情と②より客観的な事情の両面が考慮される[208]。

　(iv)　債権法改正時になされた議論　　今般なされた債権法改正に至る議論では，民法（債権法）改正検討委員会の試案において，第三者のためにする契約を類型化して規定することが提案されていた。すなわち，受益者が負担のない債権

---

203)　来栖・前掲注 188) 149 頁。
204)　来栖・前掲注 188) 149 頁。
205)　新堂明子「第三者のためにする契約法理の現代的意義 (1)」法学協会雑誌 115 巻 11 号（1998 年）182 頁。
206)　新堂明子・前掲注 205) 182 頁。
207)　中田・前掲注 151) 178-179 頁。星野・前掲注 160) 65 頁では，結局は第三者が直接的に債務者に対する権利を取得すると解するのが妥当な類型であるか否かによって判断されるべきであるとされる。
208)　中田・前掲注 151) 178-179 頁。

を取得する類型（債権取得型），債権取得型かつ受益者に負担が伴う類型（負担付債権取得型），第三者が債権を取得するとともにこれに対する反対給付の債務を負う契約が成立したものと扱う類型（契約成立型），第三者が負担している債務を免除する類型（債務免除型），第三者が諾約者に対して責任制限又は免除の条項を援用することを認める類型（条項援用型）の5つの類型が設定された。[209]

これまで見てきた負担を伴う第三者のためにする契約は，負担付債権取得型と契約成立型に分かれている。債権取得型と負担付債権取得型を区別したのは，債権取得の効果が当然に発生するとした債権取得型に負担が伴うことは好ましくなく，負担が伴うのであれば負担を甘受して債権を取得するかどうかの判断の機会を受益者に与えるべきで，その判断の後に債権取得の効果が発生することが望ましいことに配慮したものである。[210]他方で，比較法的に見てもユニークであるとされる契約成立型を設定する趣旨は，受益者は対価を支払うのだから契約当事者の地位を与えた方が契約上の地位に伴う権利の行使（解除権など）も無理なく説明でき，受益者の保護に資する点にあるとされる。[211]負担が反対給付と性質決定された場合には契約成立型として処理されるが，限界事例では区別が難しく，ともに債権発生の要件は受益者の同意に求められるという意味では双務契約の成立を認めるべきか否かが判断の要素となる。[212]

契約成立型の典型例としては，A・B間の契約で，BがCにBの所有する不動産の所有権を取得させる旨の合意をするとともに，CはBに対して不動産の購入代金の支払義務を負担する旨の合意をする場合が想定されていた。[213]しかし，

---

209) 民法（債権法）改正検討委員会編『詳解・債権法改正の基本方針Ⅴ』（商事法務，2010年）367-368頁。
210) 民法（債権法）改正検討委員会編・前掲注209) 367頁。
211) 民法（債権法）改正検討委員会編・前掲注209) 367頁。「受益者が，諾約者から財産権の移転又は役務の提供を受ける債権を取得するのに対し，反対給付の債務を負う契約を成立させること」を内容とする第三者のためにする契約である。
212) 民法（債権法）改正検討委員会編・前掲注209) 375頁。いずれの類型も負担を伴うことから，実質的には受益の意思表示ではあるものの，あえて同意という表現が採用されている。例えば，契約成立型であれば，「受益者が諾約者に対して同意の意思表示をした時に，要約者と諾約者の間で定められた内容の契約が受益者と諾約者の間に成立したものと扱う」と規定されることとなる。
213) 潮見・前掲注151) 548頁。

この例では，Aには売買契約の当事者としての地位が実質的に認められず，Cに代わってBとの間で不動産の売買契約を締結したという状況が存在しているにすぎないので，代理又は授権の制度によるべきであると批判される[214]。この批判は，契約成立型を設定したとしても，前述した来栖博士の見解に見られるような他の制度との関係で第三者のためにする契約を認めることの意義を説明できていないことを指摘するものと理解できる。

そして，その後の立案段階の議論では，詳細な類型論を立法で規定することに消極的な意見が述べられ[215]，「民法（債権関係）の改正に関する中間的な論点整理」に対して寄せられた意見も参照された後[216]，議論の中心は受益の意思表示を不要とする債権取得型を設けることの当否に移った[217]。そして，債権取得型の当否については，第三者が所有権を取得する場合には工作物責任などの負担ないし不利益が伴うことがあり得るのに債権に負担がないとの基準が適切か[218]，負担の有無によって区別することが難しいのではないかといった指摘があり[219]，中間試案の段階では類型化の方向性は検討対象から外されている。

　(v)　比較法も踏まえた整理　　ここで，第1章**第2節**Ⅱ**2**及び第2章**第2**

---

214)　潮見・前掲注151) 548頁。

215)　法制審議会民法（債権関係）部会第19回会議議事録59頁［松岡久和］，60頁［山下友信］。民法（債権関係）の改正に関する中間的な論点整理の補足説明202頁も参照。なお，長谷川貞之「第三者のためにする契約と適用範囲の類型化をめぐる問題」日本法學77巻1号（2011年）46-47頁，同「第三者のためにする契約」円谷峻編『民法改正案の検討　第3巻』（成文堂，2013年）429-430頁では類型化が肯定的に評価されており，中舎寛樹『債権法』（日本評論社，2018年）86頁は，類型化それ自体は第三者のためにする契約の機能を理解する上で重要な議論であると評価する。

216)　意見の概要については，法制審議会民法（債権関係）部会第35回会議部会資料33-4「『民法（債権関係）の改正に関する中間的な論点整理』に対して寄せられた意見の概要（各論3）について」112-117頁参照。受益の意思表示の要否に関する意見が多いように見受けられる。

217)　ただし，別案として類型化の方向性も維持された。法制審議会民法（債権関係）部会第50回会議部会資料42「民法（債権関係）の改正に関する論点の検討（14）」6-8頁参照。類型化の提案に関する総括的なまとめとしては，岡本裕樹「第三者のためにする契約」潮見佳男ほか編『詳解　改正民法』（商事法務，2018年）421頁などがある。

218)　法制審議会民法（債権関係）部会第50回会議議事録2頁［能見善久］。

219)　法制審議会民法（債権関係）部会第50回会議議事録3頁［深山雅也］，5頁［中井康之］。

節Ⅱ1で前述した第三者のためにする契約に関する比較法的な議論を再び確認しておくと，フランスでは，権利の発生時期と義務の発生時期を区別することで第三者のためにする契約の構造を維持し，義務の発生条件を第三者による承諾に求めることで負担を伴う第三者のためにする契約を認める見解が判例及び多数説であった。ただ，負担を伴う第三者のためにする契約を否定する少数説も認められる。他方で，ドイツの通説は，負担を伴う第三者のためにする契約は許されないとしつつ，請合いの約束のような形で請求権を観念し，これに対して有力説が実際的な観点から，負担を伴う第三者のためにする契約を認めていた。

　このような比較法的な議論状況は，実質的には既に民法の起草段階で考慮されていたといえる。富井博士は，第三者は権利のみを取得すると考えていたのに対し，梅博士は，近時のフランスの判例及び多数説のように，承諾の存在と利益の存在を同視している。これを折衷したような見解を示唆していた穂積博士は，ドイツの通説のように，第三者に有利な権利を構成して第三者のためにする契約を考えていた。また，土方博士及び横田博士は，フランスの少数説のように，負担を伴うのであれば他の制度に接近するのではないかという問題意識を有していたといえる。

　その後，大審院判例及び多数説は，梅博士のように，第三者のためにする契約を広く捉える考え方を採用していたように見受けられる。これに対し，末弘博士は，負担の内実によって場面を分け，反対債務が伴う場合について，第三者のためにする契約によってではなく，諾約者と第三者の契約によって反対債務が生じると主張していた。このような議論を総括して，現在では付随的な負担は許されるという定式が通用しており，反対債務を伴う場合については，他の制度（例えば代理）によって説明できたか否かを問うべきであるとの見解が有力に主張されている。同様に，民法（債権法）改正検討委員会も，負担が伴う場合と反対債務が伴う場合を分けた整理を行っていた。

　しかし，債権法改正に関する議論の過程でも認識されていたように，負担の種類によって厳密に類型を区別することは難しい。また，第三者のためにする契約を広く捉える見解と狭く捉える見解の対立点も，負担の種類が何かという点にあるわけではないように見受けられる。すなわち，第三者のためにする契約を狭く捉える見解から広く捉える見解に呈されている疑問は，第三者のためにする契約を広く捉えることで実質的に他の制度の潜脱がなされているのではないか，反対

債務が伴う場合には諾約者と第三者との間に契約関係が生じているのではないか，という2つの問いに整理することができるように思われる。1つ目の問いについては他の制度によって説明できない事例であることを論じれば足りそうであるが，2つ目の問いについては第三者のためにする契約に負担が伴う根拠を敷衍する必要があるだろう。

　(vi)　第三者のためにする契約に負担が伴う根拠　　2つ目の問いについて，梅博士は，第三者の承諾の存在と利益の存在を同視していた。このような第三者の意思の存在を重視する立場は，その後の末川博士・鳩山博士らの見解にも引き継がれている。日本の場合，(2)(a)で前述したように第三者の受益の意思表示が権利の発生要件と考えられているので，負担（反対債務を含む）の発生も受益の意思表示に求めることに関する障害はほとんどない。ただし，権利の取得の判断をする場合と負担の発生を引き受ける判断をする場合を考えると，後者の方がより踏み込んだ判断を求められることになるため，受益の意思表示をするかどうかを第三者が判断できる状況を整える工夫が求められる。この場合，たしかに反対債務が伴う場合は諾約者と第三者の関係は契約関係に類似するが，第三者に権利を生じさせるという第三者のためにする契約の基本構造は維持されており，後述する共通義務確認訴訟上の和解において，あえてこのような第三者のためにする契約を認める意義が見出される。

　残る問題は，諾約者が債務を履行しない場合に第三者に解除権が認められない点である。この点については，諾約者と第三者の間に認められる双務関係からすると，契約の解除権に関する規定を類推適用する余地はあるように思われる。

(3)　共通義務確認訴訟上の和解の場合

　(a)　**無権代理構成の検討**　　前述したように第三者のためにする契約を広く

---

220)　この点は，権利の発生時期と義務の発生時期を区別して契約の相対性の侵害を防ごうとするフランスと前提が異なっている。第三者のためにする契約によって直ちに第三者に権利が生じるとするフランス・ドイツの法制との違いに関連して，谷口＝五十嵐編・前掲注151）694頁［中馬＝新堂］は，その意思に基づかずに利益を与えられることになる第三者の意思を考慮する必要がある点については，第三者に帰属する法律効果を絶対的なものとするかどうかの問題にすぎず，契約の成立に関する問題ではないとする。

221)　第1章**第2節**Ⅱ**2**におけるフランスの議論参照。

222)　第1章**第2節**Ⅱ**2**参照。

捉えることで実質的に他の制度の潜脱がなされているのではないかという懸念があることからすると，ドイツで考えられていたように，無権限者による処分とそれに対する追認という構成も検討しておく必要があるだろう。ただ，日本にはZPO 185 条に相当する規定がないため，無権代理の規定の類推適用が検討されることとなる。[223] この類推適用を初めて認めたのは，大判昭和 10 年 9 月 10 日民集 14 巻 1717 頁である。同大判は，他人が所有する立木を第三者が自己の名において処分し，当該立木の所有者が上記の処分を後日追認した事案について，取引の円滑という観点から，無権代理の追認と同様に，上記処分は本人のために効力を生ずる旨を判示した。同様に，最判昭和 37 年 8 月 10 日民集 16 巻 8 号 1700 頁は，他人が所有する建物に第三者が根抵当権を設定する処分をし，当該建物の所有者が上記処分を後日追認した場合に，所有者が根抵当権設定登記の抹消登記手続等を求めた事案について，上記大判昭和 10 年 9 月 10 日を引用し，当該所有者が上記処分を追認したときは，民法 116 条の類推適用により，上記処分の時に遡って効力が生ずる旨を判示した。

これに対し，最判平成 23 年 10 月 18 日民集 65 巻 7 号 2899 頁は，無権利者 A と Y がブナシメジの販売委託契約を締結し，A が同契約に基づきブナシメジを販売して代金を受領した後，ブナシメジを所有する X が Y に対し同契約の追認による上記代金の支払を請求した事案について，同契約に基づく契約当事者の地位が所有者に移転して同契約に基づく債権債務が所有者に帰属するに至ると解する理由はなく，当該物の所有者が同契約に基づく販売代金の引渡請求権を取得すると解することはできないと判断した。最初から権限が与えられていた場合であっても他人物の販売委託契約に係る債権債務が所有者に移転することはないことからして本判決の結論は妥当であり，契約当事者の地位が行為者以外の他人に帰属するためには代理による必要がある。[224][225] 他人物の販売委託契約の場合にまで民法 116 条を類推適用することは，契約当事者の意思を推測して規定された同条の趣旨に反することになり，ひいては自己の名でする行為の効果は自己に帰属するこ

---

223) ディーター・ライポルド（円谷峻訳）『ドイツ民法総論』（成文堂，2015 年）422 頁注 1 ［円谷峻］参照。

224) 岩藤美智子「判批」潮見佳男＝道垣内弘人編『民法判例百選 I 総則・物権［第 7 版］』（有斐閣，2015 年）77 頁。

225) 石川博康「判批」法学教室判例セレクト 2012 [I] 19 頁。

とを原則とする代理の顕名主義に反するおそれがあるだろう[226]。

共通義務確認訴訟上の和解の場合を考えると，和解当事者である原告団体と被告事業者間の和解契約の効力が手続対象者に及ぶことはなく，対象債権に関する合意の効力のみが及ぶという意味で，相対的に前記最判平成23年10月18日に近いということができる。そして，無権代理の規定の類推適用の場面は，取引の相手方の意図を尊重し，その保護を図るためには処分権限の欠缺を追完することで足りるものであった点を捉えると，手続対象者に和解契約の効力が部分的に及ぶことは，相手方となる被告事業者の意図にも適っているようにも思われる。しかし，無権代理やその類推適用の裏には代理の顕名主義の要請が控えており，相手方の保護はその顕名主義との関係で図られるものである。すなわち，無権代理の場合には本人に効果帰属すると考えていたこと，無権限者による処分（無権代理の類推適用）の場合には行為者が権限者であると考えていたことについて，相手方が保護されることになる。これに対し，共通義務確認訴訟上の和解の場合，相手方である事業者にとっては原告団体が手続対象者の債権について無権限者であることは明らかで，そこに相手方の認識の不一致は認められないだろう。それにもかかわらず，この場合に無権利者による処分及び追認という構成を採用することは，顕名主義の趣旨に反するおそれがあるように思われる[227]。

(b) **第三者のためにする契約構成の検討** 次に，ドイツ及びフランスにおける集合的和解においても有力と思われる第三者のためにする契約構成について検討する。前述の通り，集合的和解が第三者のためにする契約である場合には互譲による一定の負担を伴うものとなる。そして，(a)で前述したように無権代理の類推適用が認められないことからすると，ここで第三者のためにする契約を認めても他の規定の潜脱にはならない。したがって，共通義務確認訴訟上の和解を第三者のためにする契約として認めることに実体法上の問題はないと考えられる[228]。

---

226) 中島基至「判解」最高裁判所判例解説民事篇平成23年度（下）（2011年）662頁。
227) したがって，前述した民法起草段階における土方博士の呈する疑問については，第三者のためにする契約は相手方が無権限者の行為に関する権限の不存在を認識している場合にも適用できる（その意味で契約当事者の意思が尊重される）点で代理にはない意義が認められると応答することができる。
228) 大判大正9年12月17日新聞1825号22頁は，X・AB間の和解契約により，XはYを本件建物から退去させる前にYが居住するために適当な家屋の提供をYに約束したにもかかわらず，XがYに本件建物明渡請求をした事案について，上記和解契約は第三者たる

また，反対給付義務が伴う場合に第三者のためにする契約と構成することに否定的な見解に配慮し，反対給付義務が伴うかどうかについても検討しておく。例えば，債権の一部免除を伴う互譲によって成立した共通義務確認訴訟上の和解の場合，反対給付義務を伴うものではないので，負担を伴う第三者のためにする契約を認めないとする見解に立たない限り，第三者のためにする契約として許容される。もっとも，反対給付義務が伴う際に懸念されていたのは，諾約者と第三者との間に実質的な双務契約関係が認められるにもかかわらず，第三者に契約当事者に認められるべき権利（例えば解除権）が認められなくなることである。そして，仮に共通義務確認訴訟上の和解が反対給付義務を伴うものであったとしても，それに第三者が同意していると考えることができるのであれば特段の問題はなく（次に述べるようにそのための一定の手続的な担保が準備される），解除権に関する規定を類推適用する余地もあるように思われる。そうだとすると，共通義務確認訴訟上の和解は第三者のためにする契約として広く認められると解される。これは，実質的に梅博士の見解を採用するものである。

　そのほか，第三者のためにする契約の他の要件も検討しておくと，共通義務確認訴訟の段階では受益者は特定されていないのが通常であるが，今般なされた債権法改正によって前述のような明文が置かれたように，そのような第三者のためにする契約も有効である（民法537条2項）。受益の意思表示の相手方は諾約者（すなわち被告事業者）であり（民法537条3項），現行法のように債権の届出が原告団体によってなされることに鑑みると，第三者（手続対象者）は原告団体を介して（その代理によって）被告事業者に受益の意思表示を行うことになるだろう。

2　集合的和解の手続的特殊性

(1)　集合的和解の外形

旧特例法10条による和解の場合，簡易確定手続の枠組みの中で対象者が加入してくることになるが，和解によって手続全体が終了する場合，対象者の加入を

　　Yの利益のために締結されたものであり，かつYはXに対し受益の意思表示をしたものと解されるから，Yは，民法537条により，契約上の権利を主張して，Xの請求を拒否することができるとした。本判決は，反対給付義務を伴う第三者のためにする契約の形で和解がなされ得ることを傍証するものと考えられる。谷口＝五十嵐編・前掲注151) 761頁［中馬＝新堂］も，同判決に肯定的である。

どのように担保するかが問題となる。グループ訴訟の場合,「必要な公示の方法並びに当該加入の期間及び方式」が明らかとされていなければならないとして和解内容に一定の干渉を行っている。ムスタ手続の場合は事後的な加入ではなく離脱権の行使との関係で離脱期間等に関する教示を伴う送達がなされることとなる。このように,（負担も伴う）第三者のためにする契約として共通義務確認訴訟上の和解を許容する場合,第三者の受益の意思表示がなされなければ無意味であるため,当該和解が公示の方法並びに当該加入の期間及び方式を定めていなければならないとして,当事者の私的自治の範囲を一定程度制限し,対象者が和解に加入する機会を担保する必要がある。

　公示に際しては,和解の存在だけでなく,和解内容がすべて分かるように公開されていなければならない。そうでないと当該和解が自らにとって有利か不利かを対象者が判断することができないからである。その判断を可能にするために,ムスタ手続のように,少なくとも,合意された給付の対象者への分配,対象者が提出すべき給付資格に関する証拠,給付の支払期日が規律されていることが必要である。これらを欠く場合,当該和解内容の実現に際して新たな紛争が発生することも考えられるため,和解に与することのリスクを対象者が適切に判断することができないおそれがある。この点は,後述する裁判所の許可がある場合には消費者がそれを過度に信頼してしまう可能性もあるが,裁判所の許可がそのような趣旨のものではなく,自己判断を促すよう和解の効果とともに教示する旨が和解内容に規律されていなければならない（でなければ後述の裁判所の許可は与えられない）とすれば解決できる。

(2)　集合的和解に関する裁判所の関与

　比較法の議論を前提にすると,裁判所による和解内容の審査及び許可を制度的に設けるかが問題となる。現行民事訴訟法上,裁判所による和解内容の審査というのは必ずしも認められるものではない。そこで,裁判所による許可制度を設ける場合,裁判所の許可の法的な位置付けが問題となる。審査の密度を上げるのであれば,適切性の審査のための証拠調べ等がなされるべきこととなり,判決手続に限りなく接近する。これに対し,グループ訴訟やムスタ手続で想定される和解内容の審査は,事案の解明の度合いに依存する相対的なものにとどまると考えられ,共通義務確認訴訟上の和解に対する裁判所の関与もこれと同様のものになるべきである。なぜなら,この場合,和解の拘束力の根拠自体はやはり対象者の意

思決定に求められ，和解内容の適切性の審査は対象者の加入を補助するものにすぎないこととなるからである。このこととの関係では，合意された給付の対象者への分配，対象者が提出すべき給付資格に関する証拠，給付の支払期日という形式面の審査が重要なものとなってくる。これらの規定があれば，少なくとも対象者は何らかの給付を受けることが保障され，それを選択したという点に和解の拘束力の根拠を求める前提が整うことになる。また，ムスタ確認訴訟と異なり，消費者裁判手続特例法上の和解では消極的同意が問題とならないことからすると，従前の事実関係又は訴訟関係に照らした裁判所の審査，すなわち相対的に和解内容に踏み込んだ審査は不要であると考えられる。そうだとすると，共通義務確認訴訟上の和解に関する審査内容は，和解の外形から，給付の内容や支払期日等が読み取れるかといったことを問うものになると解される。

このような裁判所による和解内容の審査という仕組みは新奇なものであるが，外形的な審査がなされるものであれば，他にも裁判所による許可が用意されている制度は存在する。すなわち，破産管財人による和解においても，裁判所による許可（破産法78条2項11号）が必要であり，これを欠く和解は無効であると解される。また，民事訴訟における通常の和解であっても，公序に反する和解かどうかを裁判所がチェックするとされるので[229]，和解内容に関する当事者の支配を一定範囲で制限することが認められている。さらに，本稿の問題状況とはかなり異なるが，少数派株主保護という観点から会社法上の責任追及等の訴えにおける和解に裁判所の許可を求める見解もある[230]。これらの制度に鑑みると，裁判所による許可

---

[229] 伊藤・前掲注31) 201頁，三木浩一ほか『民事訴訟法［第3版］』（有斐閣，2018年）382頁［垣内秀介］など。

[230] 中島弘雅「民事手続法の観点からみた株主代表訴訟」ジュリ1191号（2000年）13頁，同「株主代表訴訟と和解」小林秀之＝近藤光男編『新しい株主代表訴訟』（弘文堂，2003年）150-156頁，岩原紳作「株主代表訴訟」ジュリ1206号（2001年）132頁，田中亘「取締役の責任軽減・代表訴訟」ジュリ1220号（2002年）36頁，垣内秀介「訴訟上の和解の要件および可否」神作裕之ほか編『会社裁判にかかる理論の到達点』（商事法務，2014年）357頁など。ただし，少数派株主保護のために裁判所による許可という仕組みを設けることが適切かについて，本稿の念頭に置く被害回復裁判手続と会社訴訟との構造の違いからすると疑問も残る。すなわち，本稿が念頭に置く裁判所による許可は当事者間の合意という和解の根拠を一応の前提としつつ一定の手続的配慮を加重するものであるのに対し，例えば和解すべきでないと考える少数派株主を保護するなら裁判所はおよそ和解を認めないという事態を招くだろう。この帰結は合意の統制というよりも合意の否定であって合意型

制度の実体法的なインパクトは，必ずしも実体法上無効とされない（和解）契約について，裁判所による許可を欠くことを理由にその効力を否定することができるようにして和解対象者を保護する仕組みであるということができる。ただし，共通義務確認訴訟上の和解に特殊なものとして，第三者のためにする契約として和解が締結されるという事情があり，このことから第三者の同意（受益の意思表示）の存在が重要なものと位置付けられ，他の制度にない外形的審査，すなわち給付内容や支払期日等の明示が審査されると理解される[231]。

(3) 集合的和解の合意内容と団体による内容説明

そして特定適格消費者団体は，損害グループごとにある程度類型的に損害（額）を仮定して和解を締結することになるだろう[232]。すなわち，総額的な和解ではなく，いくつかの損害グループを想定した上でそれぞれについてある程度類型的な金額を設定する和解になる[233]。類型的に設定された損害額と実際の損害額との乖離は，和解に加入するという選択をした対象消費者の意思決定によって正当化される。

また，簡易確定手続申立団体は消費者による授権に先立って説明義務を負って

　　手続のあり方を大きく変革するものであるため，より慎重に判断すべき問題といえる。高田裕成「株主代表訴訟における原告株主の地位」民商法雑誌115巻4・5号（1997年）590-591頁も参照。

231）　山本和彦「決定内容における合意の問題」同『民事訴訟法の現代的課題』（有斐閣，2016年）326-327頁［初出1997年］。ただし，同論文が指摘する手続的規律の目的は当事者の意思表示の真正の担保を念頭に置いている点には注意を要する。すなわち，和解手続論の根本的な問題は裁判所の仲介による（間接的な）強制の契機の存在に求められていたが，本稿の設定する問題状況においては（契約上又は訴訟上の）当事者でない者に対する手続保障として機能する。ここで真に尊重されるべき合意は対象消費者が和解に加入するという意味での合意である。和解手続論一般については，垣内秀介「和解手続論」新堂幸司監修『実務民事訴訟講座［第3期］第3巻』（日本評論社，2013年）175頁以下も参照。

232）　第2段階目の手続との関係での記述ではあるが，実体法の観点から実務による損害額の類型的な処理を肯定的に理解するものとして，鹿野菜穂子「集団的消費者被害回復制度と消費者の権利」中田邦博＝鹿野菜穂子『消費者法の現代化と集団的権利保護』（日本評論社，2016年）383頁がある。

233）　その意味で，内海博俊「『共通の訴訟代理人』に関する手続法的考察の充実に向けて」高橋宏志先生古稀祝賀論文集『民事訴訟法の理論』（有斐閣，2018年）198頁が指摘するような集団的和解（aggregate settlement）に伴うピース・プレミアム，すなわち和解が集団的であることによって和解金額にプレミアムが生じるとの考え方は妥当しない。

いる（特例法35条[234]）。この規定を類推し，原告団体に対し，裁判所による許可が必ずしも和解の正当性を完全に保障するものではなく，最終的には手続対象者が自ら選択して決断すべきことを教示することを求めることも許されるように思われる[235]。

少額多数被害について，最終的に賠償が確保されなければ団体や消費者の負担が増えるだけになってしまうことが懸念されている[236]ことからすると，集合的和解の導入はその懸念を一定程度減らすことができるのではないかと思われる。それでも団体の費用負担の問題は残るので，団体への公的支援は検討に値するだろう。

(4) 大量処理の要請

グループ訴訟では要件として大量処理が要請されるわけではなく，制度の背景として掲げられていたにすぎなかった。しかし，ムスタ確認訴訟では，50人以上の届出が必要であるとされるように，大量処理の要請が手続的要件とされていた。しかも，集合的和解においても，30%の離脱があれば集合的和解を無効とする旨の規定が設けられ，和解であっても大量処理が図られる必要があった。日本の場合，フランスのように手続上の要件として大量処理が要請されているわけではないが，立法趣旨としては大量処理の要請も含まれていたといえるだろう。この要請は，特例法が「相当多数の消費者に生じた財産的被害」を対象としていることからも窺える。他の制度との役割分担という意味でも，数人程度であれば，共通の訴訟代理人を選任するとか，任意的訴訟担当を活用するといった方途も現実的に考えられる。そうだとすると，特例法の意義は大量の紛争を処理する点に求められ，したがって共通義務確認訴訟上の和解にも一定数の受益の意思表示を和解の有効要件と考えることが相当であるように思われる。このとき，一定数の受益の意思表示の有無を判断するのは裁判所であり，受益の意思表示のための期間が経過した後，当事者間で締結された集合的和解の有効性を確認する決定をすることが考えられる。この仕組みは，ドイツの仕組みと同様のものである。

---

234) 説明の具体的な方法については消費者裁判手続特例法施行規則6条1項及び2項で規定されている。

235) 現行の説明義務は説明のための費用負担が団体にあるのが問題視されているが（町村・前掲注26）159頁，162頁），手続コストの分配の問題はこの手続全体について存在する。

236) 三木ほか・前掲注55）142頁［野々山］。

実際の特例法適用事例を見ても，東京医大不正入試事件に関する東京地判令和2年3月6日判時2520号39頁では，優に2000人を超える手続対象者が想定されているところであった。東京医大不正入試事件における紛争の本質的な問題は差別問題で，個別的な訴訟が望ましい面があったとしても，この規模の紛争について請求権者の多くが現実に訴訟を提起することは想定し難く，裁判所が個別的に処理し切るのも難しい規模であるように思われる。したがって，東京医大不正入試事件はまさに特例法が対象とすべき大量損害の事例であり，このことに鑑みると，共通義務確認訴訟上の和解がなされたときにも現に一定数の受益の意思表示がなされていることを要求し，最低限必要とされる割合（この割合について当事者間で合意して決めることも法律によって定めることもどちらもあり得る）を満たさない場合には共通義務確認訴訟が続行されるという仕組みを設けることは，特例法の趣旨をより高めるものといえるだろう。

II 集団的消費者被害回復裁判の分解と開放

1 現行法における手続対象の制限

現行法の共通義務確認訴訟の対象は，①消費者契約上に関する請求[237]（附帯利息，損害賠償，違約金又は費用の請求を含む）のうち，②(i)契約上の債務の履行の請求，(ii)不当利得に係る請求，(iii)契約上の債務の不履行による損害賠償の請求，(iv)民法上の不法行為に基づく損害賠償の請求に限られる（特例法3条1項）[238]。さらに，①及び②を満たすとしても，次のような損害類型は手続の対象から除外されることとなる。すなわち，③(i)(a)契約上の債務の不履行又は不法行為によって物品，権利その他の消費者契約の目的となるもの（役務は除く）以外の財産が滅失・損傷した

---

237) 消費者契約とは，「消費者と事業者との間で締結される契約（労働契約を除く。）」と定義されている（特例法2条3号）。これは消費者契約法と同義のものである（消費者契約法2条3項，48条参照）。

238) 2013年制定当時の条文（平成25年法律第96号）では，特例法3条1項4号に「瑕疵担保責任に基づく損害賠償請求」が掲げられていたが，2017年の民法改正（平成29年法律第44号）に伴って同請求は特例法3条1項3号の「契約上の債務の不履行による損害賠償の請求」に含まれるべきこととなり，当該民法改正に付随して規定が整理された。また，2022年改正により，使用者責任の追及が可能となっている。

ことによる損害又は(b)消費者契約による製造，加工，修理，運搬又は保管に係る物品その他の消費者契約の目的となる役務の対象となったもの以外の財産が滅失・損傷したことによる損害（以下これらを「拡大損害」と総称する），(ii)(a)消費者契約の目的となるものの提供があるとすればその処分又は使用により得るはずであった利益を喪失したことによる損害又は(b)当該役務を利用すること又は当該役務の対象となったものを処分し，若しくは使用することにより得るはずであった利益を喪失したことによる損害（以下これらを「逸失利益に係る損害」と総称する），(iii)人の生命又は身体を害されたことによる損害（以下「人身損害」という），(iv)精神上の苦痛を受けたことによる損害（以下「精神的損害」という）のうちの一部は，共通義務確認訴訟の対象とはされ得ないのである（特例法3条2項）。

　これら①から③の限定は，それぞれ意味合いが異なるものであるように思われる。まず，①消費者契約上に関する請求に限っている点は，消費者裁判手続特例法が専ら消費者被害を念頭に立法されたことに由来するものと解される。そのため，集団的被害回復裁判手続が消費者契約に関わる請求権のみを対象とする必然性はなく，柔軟に解されるべき限定であるように思われる[239]。次に，②手続の対象となる請求権が列挙されている点は，対象債権を列挙して明示することで消費者及び事業者の予測可能性を高め，手続対象性が争われることによる審理の複雑化や長期化を避けることを意図したものである[240]。そして，③拡大損害・逸失利益に係る損害・人身損害・一部の精神的損害が対象から除外されている点は，簡易確定手続において対象債権の存否及び内容を適切かつ迅速に判断するに困難がない（支配性のある）請求で，共通義務確認訴訟の審理において被告事業者が簡易確定手続で争われる消費者の被害額についておおよその見通しを把握できるものに対象を限定するためのものである[241]。すなわち，必ずしも対象消費者への効力を伴わない共通義務確認訴訟に応訴しなければならない被告の負担を軽減するためのも

---

239)　実際，一問一答・前掲注109) 26頁では，消費者契約の成立に至っている場合に限らず，契約締結上の過失を問題とするもの，ウェブサイト上でクリックしたことで契約が締結されたとして事業者が真実は成立していない消費者契約の代金を徴収した場合なども含まれるとされる。また，契約締結について勧誘をした事業者等も被告となる可能性が認められている（特例法3条3項）。

240)　一問一答・前掲注109) 26頁，山本和彦・特例法・前掲注35) 109頁。

241)　一問一答・前掲注109) 26頁，伊藤・前掲注25) 41-42頁，山本和彦・特例法・前掲注35) 114頁。

のである。同時に，①消費者という原告の特性から定型的に再訴の懸念が少ないこと，②原告である特定適格消費者団体の十分な訴訟追行能力を前提にすれば，共通義務に対する敗訴判決の事実上の効力によって個別訴訟は抑止されるであろうという期待から正当化される消費者への判決効の拡張にも関わってくる。[243]

2 集団的消費者被害回復裁判の一般化に向けて

1 対象債権の拡大と簡易確定手続の柔軟化

(1) 対象債権の拡大可能性

現行の手続の対象となる事件が消費者契約上の紛争に限られること，賠償範囲について精神的損害・拡大損害・逸失利益が除外されていることについては，現在でも広く問題視されているように見受けられる[244][245][246]。そして，ここまで述べてきた通り，2段階型の手続は個別的な請求権を集束するという点にその本質が認められ，ただ団体による先行的な確認訴訟が認められる点に独自性が認められる手続であると把握されることからすると，被告の手続保障に問題がないのであれば，手続の対象を拡大することはむしろ2段階型の手続の本領を発揮させるためにも望ましいことだと考えることができる。ただし，現行法上認められていない損害類型は係争利益の把握が難しいと考えられることからすると，上記損害が典型的

---

242) 山本和彦・特例法・前掲注35) 102頁。

243) 山本和彦・特例法・前掲注35) 103頁。同書で指摘されている通り，このような説明には理論的に不徹底な面が存在することは否定できないが，グループ訴訟においても必ずしも定まった理論的な回答が与えられているわけではなく，同様の制度の必要性が認識されているといった政策的な背景が正当化のための説明として用いられることが多い現状にある。他方，ムスタ確認訴訟では届出消費者に有利にも不利にも判決効が及ぶこととなるため，本文記載のような問題は生じない。そのため，グループ訴訟又はムスタ確認訴訟それ自体の検討によって示唆が得られるものではなく，また，対象消費者への共通義務確認判決の既判力の拡張について否定的な見解も見られないことから，この問題に関する理論的説明については残された課題として最後に整理する。

244) 八田・前掲注102) 180頁。

245) 町村・前掲注26) 158頁，172頁注414は，拡大損害と精神的損害の除外を特に問題視していた。

246) 三木・前掲注58) 291-292頁は，人身損害や拡大損害といっても様々なものがあるため，明文によって一律に除外することは疑問の余地がないわけではなく，被害者救済の観点からすると精神的損害を除外した点にも疑問が残るとする。

な損害類型であるとされる紛争に限って特例法の手続を拡大すべきである。

(2) 簡易確定手続と支配性の要件

簡易確定手続は第２段階目の手続における一種の和解（促進）手続であると理解できる[247]。特例法45条5項・50条2項によると届出消費者表の記載は「確定判決と同一の効力」を有するとされることは，この理解を裏付けるものともいえるだろう。対象債権の拡大に際しては，このような簡易確定手続を２段階目の手続として必要的とするか否かが問題となる。前述したように支配性の要件は不要であると考えられることからすると，簡易確定手続も完全に不要とする方策も考えられる。もっとも，合意による解決を促進するため，２段階目の手続を簡易確定手続に類似する和解手続として活用することも有用であるように思われる[248]。

2 対象法領域の拡大可能性

(1) 民法上の不法行為請求権

特例法の対象となる不法行為請求権は，民法上の不法行為請求権に限定されている（特例法3条1項4号かっこ書）。これは，金融商品取引法，金融サービス提供法，保険業法，独占禁止法，特許法などの特別法は，不法行為について過失の立証責任の転換や損害額の推定規定等の特則を置くことで権利行使を容易にしている面があり，そのような請求権まで手続の対象とすると当事者間の利益バランスを崩すおそれがあることから設けられた制限であるとする[249]。このような限定に対しては，実体法上の要件と権利行使の手段は次元を異にするものであり，手続の対象とすることで実体法のバランスは崩れない，との批判がある[250]。この批判それ自体はもっともであるが，しかし，ここで崩れることが懸念されているのは，

---

247) 三木・前掲注15) 312頁は，簡易確定手続はカナダの書面交換手続（一種のADR）と類似しており，実質的には和解合意の調達手続と考えることもできるとする。

248) 支配性の要件に関しては，近時，最判令和6年3月12日民集78巻1号1頁が一定の解釈を示したことが重要である。この判例の意義や今後の展望について解説を加えた論考として，八木・前掲注120) 10頁以下がある。

249) 一問一答・前掲注109) 29頁，山本和彦・特例法・前掲注35) 113頁。山本和彦・特例法・前掲注35) 113頁は，外国法が準拠法となる場合であってもそれが実質的に日本の民法に相当する法令であれば，当事者間の利益バランスを崩すものではなく，手続の対象となるとする。

250) 町村・前掲注26) 41頁，千葉・前掲注16) 47頁。

特別法によって権利行使が容易にされることで民法による場合に比して被告の負担が大きくなることなのではないかと思われる。すなわち，共通義務確認訴訟は被告の応訴負担とのバランスを図った上で制度設計されているので，その正当性が失われることが懸念されていると考えられる。このように考えると，特別法の存在それ自体によって手続対象の拡大が妨げられるわけではないが，手続の対象を拡大するためには，特別法によって現にどの程度まで権利行使が容易になっているかを検討する必要があるといえる。

(2) 独占禁止法への拡大可能性

(a) **損害賠償請求** 消費者裁判手続特例法は競争法を対象に含めていないのに対し，グループ訴訟及びムスタ手続は消費者被害のみならず競争法もその適用対象に含めている。もっとも，消費者裁判手続特例法も，不法行為に基づく損害賠償の請求については，民法の規定による場合であれば，提起することができる（消費者裁判手続特例法3条1項5号）としている。民法上の請求に限定されている趣旨は，独占禁止法などの個別実体法において特則が設けられていることから，民法上の損害賠償請求のみを手続の対象とすることで，個別実体法が想定している当事者間の利益バランスを崩さないためであるとされる。しかし，実体法の規定があってもなお提訴数が少ないと考えられるのであれば，当事者間の利益バランスが崩れることはないだろう。また，消費者契約に基づくことが要求されている点で独占禁止法関係の損害賠償請求がすべて対象となるわけではないことから，比較法的に見ると手続対象範囲は謙抑的なものとなっている。

独占禁止法の執行は，公正取引委員会によってのみならず，裁判所の判断を通じてなされることがある。裁判所の判断を通じた執行のうち，金銭による救済の多くは損害賠償請求という形で実現される。この損害賠償請求の根拠条文は独占禁止法25条又は民法709条であり，両請求権の訴訟物は異なるものであると理解される。実際，最判平成元年12月8日民集43巻11号1259頁［鶴岡灯油事

---

251) 第2節Ⅱ2 1参照。

252) 町村・前掲注26) 41-42頁も，被害回復裁判手続の存在によって権利実現の可能性は変動するとされる。

253) 一問一答・前掲注109) 29頁。

254) 白石忠志『独占禁止法［第3版］』(有斐閣, 2016年) 736頁, 東京高判平成19年11月16日審決集54巻725頁［三井住友銀行金利スワップ販売損害賠償請求事件］など。

件］では，独占禁止法25条及び26条は「これによって個々の被害者の受けた損害の塡補を容易ならしめることにより，審判において命ぜられる排除措置とあいまって同法違反の行為に対する抑止的効果を挙げようとする目的に出た付随的制度にすぎない」ため，民法上の不法行為に基づく損害賠償請求の可否は排除措置命令等の有無にかかわらないとされた。

　独占禁止法25条による損害賠償請求権の特徴は，公正取引委員会による排除措置命令又は課徴金納付命令の確定が必要となり (独占禁止法26条)，当該命令における独占禁止法違反の事実の存在が事実上の推定の効果を有することとなる点などに求められる。このような独占禁止法に特有の規律は，公正取引委員会を主体とした手続と関連する限度で請求権者の救済を容易にするものということができるだろう。これに対し，民法709条に基づく請求権については上記のような独占禁止法に独自の規律は妥当しない。しかし，独占禁止法25条に基づく請求と民法709条に基づく請求の事件類型は同じであり，民法709条による請求は違反行為の掘り起こしや公正取引委員会の事件処理への問題提起としての機能を有するという機能面の差異が存在するにすぎない。この間隙を埋めるために，消費者裁判手続特例法を適用する余地を見出すことができる。すなわち，特定適格消費者団体による訴えの提起を契機とする裁判所による判断を通じた請求権者の救済を容易にすることで，公正取引委員会の事件処理を介さなくても同種の事件類型について一定の保護を与えることができるようになる。

　独占禁止法25条は公正取引委員会による排除措置命令又は課徴金納付命令の確定を前提とした (独占禁止法26条) 損害賠償請求を規定しており，それで足りるようにも思われる。同条に基づく損害賠償請求と特例法との差異は制度の発動を特定適格消費者団体に委ねるか公正取引委員会に委ねるかという点に求められる。裁判所と公正取引委員会は別個独立した判断主体であり，公正取引委員会が全て

---

255) 金井貴嗣ほか編『独占禁止法［第6版］』（弘文堂，2018年）551頁参照。白石・前掲注254) 739頁は，26条の趣旨について，原告に時効等の恩典を与えるためのものと割り切ることが可能であるとしている。

256) 白石・前掲注254) 717, 743頁参照。排除措置命令が確定している場合でも民法709条による請求をすることが想定される場面として，(i)排除措置命令の対象となっていない行為を取り上げたい場合，(ii)排除措置命令の名宛人となっていない者を被告としたい場合，(iii)第一審裁判所として東京以外の地方裁判所が好都合である場合などが挙げられている。

の紛争について一定の判断をするわけではないことからすると，特例法の手続を通じた救済の必要性は否定されないだろう。したがって，独占禁止法25条の規定に併せて広く独占禁止法関係の賠償請求権を特例法の対象に含めることは妨げられないと解される。

(b) **不当利得返還請求** そして，民法703条による不当利得返還請求も，独占禁止法関係事件における被害者による金銭回復という意味で損害賠償請求と類似の機能を果たすことがある。その多くは入札談合事件であるとされるが[257]，優越的地位濫用事件において濫用を受けた供給者による需要者に対する不当利得返還請求が認容された事例もある[258]。裁判例では民法709条に基づく損害賠償請求と併せて主張されることが多いように，実質的な機能としては上記の損害賠償請求と重なることとなる。

(c) **現行の消費者裁判手続特例法との関係** 本稿における検討によると，簡易確定手続との関係で要求されるいわゆる支配性の要件は消費者裁判手続特例法に必須のものではないが，少なくとも現行法上は必要な要件として位置付けられている。したがって，現行法の手続においても支配性の要件を満たし共通義務確認訴訟の対象となる独占禁止法上の請求権があるか，すなわち損害額の立証が困難でない場合があり得るかという点を検証してみたい。検証にあたっては，①需要者を原告とする類型，②被排除者を原告とする類型の2つの類型を区別し，それぞれについて損害のあり方を見ていくこととする[259]。

まず，①需要者を原告とする類型の場合，競争停止行為によって高くなった商品役務を買わされた者から見て，その現実価格と，反競争的行為がなかったならば成立したであろう想定価格との差を損害と捉えることとなる[260]。具体的には，競争停止による反競争性について取引の相手方が損害賠償を請求する事例や優越的

---

257) 白石・前掲注254) 744頁。
258) 大阪地判平成22年5月25日判時2092号106頁［フジオフードシステム事件］など。
259) 白石・前掲注254) 750頁以下。この2つの類型のほか，特定の供給者が不当表示を行ったために競争関係にある他の供給者の商品役務までもが信用を傷つけられた，という意味での競争者の無形損害の賠償が認容された事例（東京高判平成19年3月30日審決集53巻1072頁）があるとされる。このような2つの類型を用いない場合，例えば金井ほか編・前掲注255) 554頁などでは，価格カルテル事例では損害の立証・算定が困難であることから，一定程度の合理的蓋然性を有する推計をもって足りると論じられることが多い。
260) 白石・前掲注254) 751頁。

地位濫用について被濫用者が濫用者に対して損害賠償を請求する事例が考えられる。競争停止行為，例えば入札談合事件の場合，個別調整があったという事実から損害の存在を示すことは容易であるとされる。[261] しかし，損害額の算定については，種々の事情を考慮しつつ，裁判所が民事訴訟法248条によって損害額を認定するものが大勢を占めている。[262] もっとも，経済的要因の変動がなく，想定価格にほぼ等しいと推認できる違反行為開始直前価格あるいは終了直後価格についてサンプルを多く得ることができる場合には，民事訴訟法248条に頼らずに損害額の認定が行われる場合もあり得ると指摘される。[263]

②被排除者を原告とする類型の場合，反競争的行為によって市場から排除された者から見て，その現実状態と，反競争的行為がなかったならば生じたであろう想定状態と比較して，得べかりし利益を損害と捉えることとなる。[264] 被排除者が検討対象市場において一定の取引を行っている事例では，違反行為よりも前の取引の全部又は一部が一定期間において継続したと仮定した状態が想定状態とされる。[265] このようなフィクションを媒介とする以上，裁判所が民事訴訟法248条によって損害額を認定することとなるだろう。

以上の事柄に鑑みると，簡易確定手続が可能であるような事例も想定し得るものの，その線引きが難しく，基本的には裁判所が民事訴訟法248条によって損害額を認定すると考えておくのが穏当である。そのため，現行の被害回復裁判手続では共通義務確認訴訟の段階で支配性の要件の欠缺を理由に排斥される事例がほとんどになることが予想される。しかし，前述したように2段階型の手続は個別性の強い（したがって支配性を欠く）事案についても応用可能なものである。そして，消費者に関わる競争法上の紛争が実質的には消費者紛争としての性質を有することからすると，この種の事例にも合理的無関心の問題があると考えられる。したがって，競争法関係紛争にも特例法の手続を応用すべきであると解される。このとき，問題となるのは被告の手続保障，具体的には係争利益の把握可能性である。

---

261) 白石・前掲注254) 752頁。ただし，例外的に損害の発生の立証が難しい場合もある（同752頁参照）。
262) 白石・前掲注254) 752頁参照。
263) 白石・前掲注254) 752頁。
264) 白石・前掲注254) 753頁。
265) 白石・前掲注254) 753頁。

この点については，前述した2つの類型において実体法からみた推定的な損害が考案されていることからすると，利益の擬制又は経験則などによって係争利益の把握が一定程度可能であると考えられるため，被告の手続保障に問題はない。

(3) 金融商品取引法への拡大可能性

次に，金融商品取引法関係紛争について，平成17年頃まで，開示書類の虚偽記載を理由として投資家が発行者又は関係者の民事責任を追及する訴訟はほぼ皆無であったとされる。その背景としては，個々の投資家レベルでの損害額が必ずしも大きくなく，訴訟を提起しても費用倒れになるという問題があったと指摘される。この状況は現在も変わっておらず，著名な発行者や投資者数の多い発行者の事例では集団で民事訴訟が提起されるが，虚偽記載による株価下落の小さい事例や投資者数の少ない発行者の事例では，課徴金納付命令が下された事件についても民事訴訟が提起されない傾向があるとされる。その一方で，弁護士らが被害者の会などを立ち上げ零細な投資家に訴訟への参加を呼びかけ，集団的な民事訴訟を提起することが盛んになりつつあるとの指摘もある。そして，費用倒れになるような事案において弁護士らが訴訟への参加を呼びかけるという状況は消費者裁判手続特例法が想定する状況と全く同じであり，弁護団の結成のみでは請求権者の救済として不十分であるといえるだろう。したがって，金融商品取引法，特に開示規制違反の事例について，消費者裁判手続特例法の適用範囲を拡大することが考慮に値する。

---

266) 黒沼悦郎『金融商品取引法［第2版］』（有斐閣，2020年）216頁，山下友信＝神田秀樹編『金融商品取引法概説［第2版］』（有斐閣，2017年）496頁。

267) 黒沼悦郎「証券市場における情報開示に基づく民事責任（1）」法学協会雑誌105巻12号（1988年）6-8頁，黒沼・前掲注266）216頁　山下＝神田編・前掲注266）496頁。黒沼・前掲注266）204頁によると，そのほかに(i)開示書類の虚偽記載を発見するのが難しいこと，(ii)虚偽記載と損害との間の因果関係を立証するのが難しいことも理由として挙げている。そして，(i)は平成16年改正によって課徴金制度が導入され，証券取引等監視委員会がその執行を担当することとなった結果，その成果を投資家が利用できるようになり，(ii)については平成16年改正によって発行者の責任につき損害額の推定規定が設けられたことから，投資家の負担が一定程度軽減されたとする。

268) 黒沼・前掲注266）216頁。

269) 山下＝神田編・前掲注266）496頁。その具体例として，最判平成23年9月13日民集65巻6号2511頁［西武鉄道事件］，東京高判平成23年11月30日判時2152号116頁［ライブドア事件］が挙げられている。

このとき，原告適格を有する者としては，認可金融商品取引業協会（金融商品取引法67条），認定金融商品取引業協会（金融商品取引法78条），認定投資家保護団体（金融商品取引法79条の7）が考えられる。いずれの組織も苦情の解決やあっせんを業務の一環として行うものであり，特定適格消費者団体に相当する者であるといえるだろう。[271] したがって，これらの主体は被害投資家の集合的利益を保護していると評価でき，特例法の手続追行主体とすることができる。

具体的な紛争について検討すると，金融商品取引法は，開示書類ごとに民事責任規定を設けている。すなわち，金融商品取引法18条から21条・22条（有価証券届出書・目論見書），21条の2（開示書類全般），23条の12第5項による21条・22条の準用（発行登録書類・発行登録追補書類），24条の4（有価証券報告書），24条の5第5項による22条の準用（半期報告書・臨時報告書），24条の6第2項による22条の準用（自己株券買付状況報告書）といった規定が存在する。その中でも責任を生じる虚偽記載は，①重要な事項についての虚偽記載，②記載すべき重要な事項の不記載，③誤解を生じさせないために必要な重要な事実の不記載である。[272]

虚偽記載等について損害賠償責任を負うのは，発行者（金融商品取引法18条），及び発行者の役員又は発起人（金融商品取引法21条）である。投資判断の個別性や複雑性から，投資家が被った損害額の算定が困難な事例も多く想定されるところ，発行者については損害賠償額の法定（金融商品取引法19条）がなされており，書類提出者については損害賠償額の推定規定が設けられる（金融商品取引法21条の2）といった対応がなされている。これらの規定がない21条・22条・24条の5などの責任を追及しようとする場合又は民法上の一般不法行為による責任を追及する場合は，一般的な損害額の算定方法に従うこととなる。[273]

---

270) 黒沼・前掲注266) 218頁も，証券法における消費者裁判手続特例法の創設に肯定的である。ただし，同書では，共通義務確認訴訟を弁護士に委ねること，裁判の規範創造機能に鑑みて共通義務確認訴訟段階での裁判上の和解を謙抑的にすべきことが示唆されている。
271) 消費者団体は認定投資家保護団体になることもできる（金融商品取引法79条の7参照）。
272) 黒沼・前掲注266) 206-207頁。
273) 例として，19条に類似する考え方を採用したように読める最判平成23年9月13日民集65巻6号2511頁，21条の2に類似する考え方を採用したように読める最判平成24年3月13日民集66巻5号1957頁及び最判平成24年12月21日判時2177号51頁が存在するが，現段階では必ずしもこれらの判例の考え方について理論的に整理されていないようで

損害賠償額が法定されているとき（金融商品取引法 19 条），(i)請求時に請求権者（取得者）が未だ当該有価証券を処分せずに保有している場合は，請求権者が当該有価証券の取得について支払った額から，損害賠償を請求する時における市場価額（市場価額がないときはその時における処分推定価額）を控除した額が，(ⅱ)請求時に請求権者が当該有価証券を既に処分している場合は，請求権者が当該有価証券の取得について支払った額から，その処分価額を控除した額が賠償すべき損害額となる。請求時以後の当該有価証券の価格変動は賠償額に影響を与えない[274]。この場合，簡易確定手続がなされたとしても損害額の算定が比較的容易であると考えられるから，現行法の形式で発行者に対する責任を被害回復裁判手続の対象に含めることはあり得るだろう。

これに対し，開示書類の提出者について損害賠償額が推定されるとき（金融商品取引法 21 条の 2 第 3 項），具体的には虚偽記載等の公表日前 1 月間の当該有価証券の市場価額（市場価額がないときは処分推定価額）の平均額から公表日後 1 月間の当該有価証券の市場価額（市場価額がないときは処分推定価額）の平均額を控除した額が損害賠償額と推定されるときは，あくまで推定にすぎないので，例えば簡易確定手続において被告が債権を争ったときに簡易確定手続上で解決が得られるとは限らない。すなわち，支配性の要件を理由として共通義務確認訴訟が認められない可能性が高くなる。したがって，たとえ推定規定が存在する場合であっても，現行の集団的被害回復裁判手続では対応できないものと考えられる。

ただし，競争法関係紛争で前述したように，個別性の強い事例に関する特例法の手続を構想する余地がある。そして，虚偽記載等に限っていえば，それによって生じる典型的な損害であれば，経験則などによって一定の枠内で係争利益を予測することができると考えられる。したがって，金融商品取引法関係紛争，特に有価証券等に関する虚偽記載等に関する紛争について，共通義務確認訴訟を創設し，提訴に至らない投資家の救済を図るべきである。この点について，事案によっては投資家関係の紛争は被害額が大きくなるため特例法の手続を設ける必要はないとの批判も予想されるが，序章で前述した最判平成 28 年 6 月 2 日は，100 万円又は 1000 万円の訴額になる投資家紛争について，投資家が個別訴訟を提起

ある。

274) 山下＝神田編・前掲注 266) 205 頁注 166。

する合理的期待がないことを認めており，比較法的に見ても，被害額の多寡は2段階型の手続を認めるべきか否かといった議論に影響を及ぼすものではないことは前述の通りである。

(4) 環境法への拡大可能性

フランスにおいて環境紛争にもグループ訴訟が認められているように，消費者裁判手続特例法上の手続も環境紛争に拡大することはあり得るように思われる。もっとも，環境紛争については人身損害が被害の中心となることも予想され[275]，その場合には個別性が強く損害額の算定に困難が生じることとなるだろう。そこで損害額の算定のあり方も検討に含めた形で手続を考えると，訴訟に比して手続実施者の分野専門性が高いなどの利点がある[276]ADRも実効的な解決を提供する手段である可能性がある。特に原子力損害賠償ADRが一定の成果を収めたことなどから[277]，環境ADRに対する関心も高まっているところである[278]。他方，ドイツでは環境紛争について行政訴訟に団体が参加する形での解決が一定の成果を上げていて，同様の制度を日本にも導入することの可否が検討されており，そもそも環境紛争に対する対応を損害賠償などによって進めることが適切なのかという点も定かとは言い難い[279]。また，損害賠償などによる救済を図るとしても，個別の法主体に対する損害として扱うべきかも議論があり得る[280]。このように，環境紛争には固

---

275) グループ訴訟でも物的損害と人身損害の双方が対象となっている（第1章参照）。
276) 山本和彦＝山田文『ADR仲裁法［第2版］』（日本評論社，2015年）12頁など参照。
277) 山本和彦「事故賠償手続の充実に向けて」論ジュリ29号（2019年）108頁。
278) 環境ADRについては，山本和彦「環境ADRの現状と課題」同『ADR法制の現代的課題』（有斐閣，2018年）361頁以下など参照。高橋裕ほか「環境ADR」仲裁とADR 13号（2018年）80頁以下によると，実務的に見ても公害紛争処理法に基づく調停などによって多様な環境紛争でADRによる解決が実現しているようである。
279) また，そのような行政上の制度が導入されれば団体の適格性について同制度の基準を援用することが考えられるが，現段階では共通義務確認訴訟を行うとしてどの環境団体に原告適格を認めるかという点を白紙の状態から考えなければならないため，制度の担い手という観点から考えるべき点も多い。
280) フランスでは，2016年に法律によって客観的損害の範囲を広げることで純粋環境損害の賠償を認めるに至った。純粋環境損害については，小野寺倫子「人に帰属しない利益の侵害と民事責任（2）」北大法学論集63巻1号（2012年）235頁以下，同「環境の法的保護」吉田克己＝片山直也編『財の多様化と民法学』（商事法務，2014年）502頁以下など参照。

有の問題が多く存在する点に鑑みると，環境法への同様の制度の導入を検討するにあたっては，環境紛争の特性を踏まえた行政訴訟やADRによる解決との比較及び環境紛争に関する団体による差止訴訟[281]が現行法上存在していないことの影響といった複合的な要素を考慮する必要があると思われる。そのため，この問題は本稿の検討対象からは除外し，今後検討を深めるべき残された課題としておきたい[282]。

---

281) 環境紛争にも消費者紛争と同じく団体による差止訴訟を認めるべきことを示唆する見解として，山本和彦「環境団体訴訟の可能性」高田裕成ほか編『企業紛争と民事手続法理論』(商事法務，2005年) 178頁以下，山本和彦・集団的利益・前掲注35) 500-503頁などがある。

282) 差別事件についても同様に労働法を含めた多角的な検討を要するため，本稿の検討対象からは除外する。

第3節　結　語

❘ 本書の総括

　ここまでの検討をまとめると，次のようになる。第1に，共通義務確認訴訟の理論的基礎について，集団的利益の一種である集合的利益に求めることができる。この集合的利益の侵害によって訴訟物たる共通義務が措定され，この利益が存在することによって共通義務確認訴訟の確認の利益が認められる。見方を変えれば，現代の民事訴訟法学では，訴訟物の細分化は紛争解決の効率を悪くするため好まれない傾向にあるように見受けられるが，同種多数被害の場合には訴訟物を細分化しても紛争解決の効率性は必ずしも損なわれないということができる。このときの紛争解決の効率化は，被害額に差があることを見越して被告の責任のみを確認する確認訴訟型と被害額まで均一化し確定させることで紛争解決の効率化を実現する給付訴訟型の2類型によって実現される。いずれの類型も確認訴訟型団体訴訟としての性質を有するものであり，異なるクラスないしグループを観念しつつも被害者の関与を可及的に軽くする点にその効率性の源泉を求めることができるだろう。

　もっとも，確認訴訟型の場合，被害額の算定について非効率が残るため，EU指令でも指摘されている通り，併せて別の措置が講じられることが望ましく，その方が消費者の主体性を回復させるという制度目的をよりよく達成することができる。フランスの場合には裁判所が被害額の算定につき一定の判断を示すのに対し，ドイツの場合には個別訴訟に委ねる（か管財人に委ねる）当事者主義的な手続が採用されている。消費者裁判手続特例法でも，簡易確定手続における消費者団体を通じた和解の成立を期待する仕組みが用意されている。

　このように2段階型の裁判手続が綿密に構築されている点に鑑み，和解金債権に関する共通義務確認訴訟上の和解を認める場合にも同様の考慮をする必要がある。すなわち，集合的な和解を構想する場合には，どのような和解手続が効率的

で，かつ理論的な正当性を有するかが問われなければならない。効率性に関しては，1段階目で個別の損害額を確定することは不可能であるため，被害類型とそれに応じた損害額の算定方法を和解条項の中で決定しておくのが効率的であると考えられる。このことは，包括的な損害賠償金の支払を認める場合であっても本質的には異ならないように思われる。その理論的な正当性に関しては，負担を伴う第三者のためにする契約として実体法からは正当化することができる。手続法の観点からは，第三者による同意（受益の意思表示）がその実体的正当性を支える重要な要件であることを前提に，裁判所による審査及び許可によって，第三者が同意をするか否かを判断できるような和解であることが担保される必要がある。

　この和解の問題は，集団的利益論と直接の関連性を有するものではないが，間接的な関係は有していると思われる。団体訴訟の場合には裁判所による原告選出のプロセスが存在しないため，裁判所が監督権限を行使して和解契約締結過程を審査するのは必然ではなく，団体の相互牽制という当事者主義的な仕組みに委ねることも許される。それにもかかわらず，裁判所が共通義務確認訴訟上の和解を審査し，許可すべきなのは（あるいは特例法11条1項・2項で必要的な和解条項が法定されたのは），個々の被害者を保護するためにほかならないと解されよう。そもそも，集合的利益は個別的利益とは区別されるとはいえ個々の被害者の被害回復に資する利益であって，和解の場面では訴訟とは異なる形で現れるものの，その実質は集合的利益という概念によって把捉しようとしていたものと異ならない。

　したがって，第2に，和解の場面においても実質的に集合的利益が現出すると解される。ただし，法形式としては，負担を伴う第三者のためにする契約と裁判所による和解の許可という形を採る。実体法理論を参照するのは，ここでの裁判所の許可があくまで意思補完的なものであり，意思代替的なものではないためである。特例法11条1項・2項が定められた現行法の下では，当該規定が遵守されているか否かを裁判所が審査することで裁判所の職責は果たされると解される。

　第3に，上述した内容で構成される集団的消費者被害回復裁判は，消費者紛争のみならず，他の紛争類型にも適用可能な一般法としての性質を有する手続であるというべきである。序章で言及した福永有利博士の集団利益訴訟論に擬えれば，集合的利益に係る団体訴訟を個別訴訟とも集団利益訴訟とも異なる新たな訴訟類型として承認し，実体に沿った理論構築を説くに至ったのが本研究であったということもできる。例えば，競争法及び金融商品取引法関係の紛争の一部につ

いては，個別訴訟の提起が期待されない紛争類型であり，被告の手続保障（例えば，係争利益の把握可能性）に問題が生じない限度で，特例法と同種の手続の創設が認められるべきである。このとき，被告の手続保障のために，問題となる紛争において典型的に想定される損害にのみ特例法と同種の手続を創設することが考慮に値する。損害額の算定が難しいなどの理由で簡易確定決定の実施が困難である場合には，簡易確定手続を行わない形での同種の手続が構想されることとなる。

加えて，上記第1点から派生する内容として，消費者全体の利益であるところの集団的利益を保護すべきだと認識し，特定認定をもって手続全体についての代表性を担保する必要はなく，共通義務確認訴訟に限れば特定認定は不要であり，適格認定又はより緩和的な行政措置によって集合的利益を保護する消費者団体の原告適格を基礎付けることもできると指摘しておきたい。原告適格の緩和は，現段階においてもなお手続の担い手を巡る諸事情が実務に耐え得るものとはなっておらず，消費者団体それ自体が現在の形で今後も維持されるかが定かでない現状において重要な意義を有していると考えている。その意味で，集団的消費者被害回復裁判制度の展開は消費者団体差止訴訟制度が現状で良いのかという問題関心とも関連性を有するが，差止訴訟も射程に含めた実務的な観点からの検討又は訴訟融資の可能性を踏まえた検討はできておらず，現在の制度の枠組みを前提とした基礎理論の提示を試みたにとどまっている。

II 残された課題

その他，行政訴訟やADRといった多様な紛争解決手法を検討する必要があり，行政的な統制を受けた団体が必ずしも存在せず訴訟主体を現段階で構想することが困難である紛争類型の詳細な検討については，将来の課題として積み残された。

最後に，関連する残された課題として，特例法10条に基づく届出消費者への拘束力の問題を挙げる必要がある。同種の拘束力について，フランスやドイツの2段階型の手続が裁判の自己拘束力によって根拠付けることもできるのに対し，[283]日本の場合には既判力の拡張であると説明されている。[284]このような日本における

---

283) 第1章**第1**節‖**2**，第2章**第1**節‖**3**参照。
284) 伊藤・前掲注25) 82頁，山本和彦・特例法・前掲注35) 213頁。

説明は、立案段階で中間的判決と終局的判決の2つの考え方が提示され、判決効を一種の自己拘束力・羈束力によって説明するのが中間的判決、既判力の拡張によって説明するのが終局的判決であると整理されていたことからすると、終局(的)判決が立法において採用されたものと理解できる[285][286]。しかし、ドイツでは、ムスタ確認訴訟が終局判決とされるにもかかわらず、手続対象者の届出を介した裁判の自己拘束性によって2段階目の手続の拘束力を説明している[287]。すなわち、1段階目の手続が終局判決として終了するとしても、手続対象者への1段階目の手続の拘束力を既判力の拡張と考える必然性はないということができる。したがって、共通義務確認判決が終局判決とされるとしても、その届出消費者への拘束力について2段階目における届出を介した裁判の自己拘束力によって説明する余地がある[288]。ただ、この問題を論じるにあたっては判決効の性質及び手続対象者の参加のあり方を分析する必要があり、一方でこの問題が本稿で対象とした解釈論及び立法論に直接の影響を与えるものではないため、今後検討を深めるべき課題として機会を改めて考察する。

---

[285] 専門調査会（第3回）議事録14頁［三木］、三木・前掲注58) 276-277頁、山本和彦・特例法・前掲注35) 29頁。

[286] 専門調査会（第3回）議事録14頁［三木］。

[287] 山本和彦・特例法・前掲注35) 215頁注150は、終局判決とされた理由として、日本では中間判決に対する独立の上訴が認められないこと、最初から対象消費者の請求を訴訟物として措定することが困難であったことなどがあったとしている。三木・前掲注58) 277頁も参照。

[288] 山本和彦・特例法・前掲注35) 214-215頁、215頁注160は、「別訴で個別請求をしている対象消費者は、特定適格消費者団体の勝訴判決を援用することは認められない」ため、その意味で、届出消費者への「判決効の拡張はあくまでも一種の手続内的な効力ともいえ」、この効力は「中間判決とも類比される効力」であると分析している。同様に、三木・前掲注58) 277頁も、「中間判決的な要素を含んだ、わが国では類例のない特殊な終局判決であるといえる」と指摘する。

これに対し、巽智彦『第三者効の研究』（有斐閣、2017年）304頁、317頁、319頁は、届出消費者への判決効の拡張（及び非届出消費者による判決効の援用）について、一種の対世的な効力として整理し、他の特定適格消費者団体への判決効の拡張と同種の規律と捉えることを示唆している。ただ、この考え方については、**第1節 II 1** 1 (4) (b)で前述した三木教授による山本和彦説に対する批判がそのまま妥当する可能性がある点に注意が必要である。

事項索引

A~Z

EU 指令　62
intérêt collectif　38-
Kollektivinteresse　114
VDuG　33, 111

あ 行

異議後の訴訟　18
一般的利益　43, 63
違法行為停止訴権（action en cessation d'agissements illicites）　45
オランダ法　34

か 行

拡散損害　99-
拡散的利益　23, 64
確認目標　116
簡易確定
　──決定　18-
　──手続　18-
簡易グループ訴訟　57-
環境法　223-
共通義務　18-, 154-
　──確認の訴え　18-
共通性　174
共同代位訴訟（action en représentation conjointe）　47-
共同の利益　11-
金融商品取引法　220-
クラス・アクション　12-, 34
グループ訴訟（action de groupe）　38
グループの利益　95
係争利益　3, 11, 32
現代型訴訟　3
公共の利益　92
公的利益　93
個別的で均質な利益　64
個別的利益の総和　63
混合判決　50

さ 行

裁判所の許可　58, 208-
私訴権　38-
支配性　25, 180
集合的利益　175-
集合的和解　84-, 119-, 190-
集団的消費者被害回復裁判　24
集団的紛争　2
集団的利益　5-, 38-
集団利益訴訟　8
準訴訟担当　114
準併合和解　185
消費者契約法　4
消費者裁判手続特例法　17-
消費者団体　3, 45, 94
　──訴訟　2, 17-, 45-, 93-
消費者保護基本法　3
精神的損害　213-
責任判決　54-
選定当事者　11-
損害清算のための集団手続　70
損害賠償のための個別手続　70

た 行

第三者のためにする契約　80-, 120-, 190-
大量損害　98-
多数性　179
団体訴訟　4, 17
中間的利益　40, 44
中間判決　170-
調　停　58-
追加的選定　15
適格消費者団体　4, 9, 182-
投資家ムスタ手続法　105-
独占禁止法　216-
特定適格消費者団体　18, 161-

な 行

任意的訴訟担当　6-

は 行

被害救済訴訟（Abhilfeklage）　33, 111
不正競争禁圧法　93
不正競争防止法　93
不当条項削除訴権（action en suppression de clauses abusives）　45
ブラジル法　155
紛争管理権　6-
法人でない団体の当事者能力　3
法律要件要素　116
本質的集団訴訟　7

ま 行

無権代理　186, 190
ムスタ確認訴訟　92, 107
ムスタ訴訟合意　103-
ムスタ手続　105-, 112-

わ 行

和　解　27, 77, 185

著者紹介　八木 敬二（やぎ けいじ）
　　　　　2015年　大阪大学法学部法学科卒業
　　　　　2017年　一橋大学大学院法学研究科法務専攻専門職学位課程
　　　　　　　　　修了
　　　　　2020年　一橋大学大学院法学研究科法学・国際関係専攻博士
　　　　　　　　　課程修了を経て
　　　　　現在　　成蹊大学法学部准教授

集団的消費者被害回復裁判の特異と発展

2025年3月30日　初版第1刷発行

著　者	八木敬二
発行者	江草貞治
発行所	株式会社有斐閣
	〒101-0051 東京都千代田区神田神保町 2-17
	https://www.yuhikaku.co.jp/
印　刷	株式会社三陽社
製　本	牧製本印刷株式会社
装丁印刷	株式会社亨有堂印刷所

落丁・乱丁本はお取替えいたします。定価はカバーに表示してあります。
©2025, YAGI Keiji.
Printed in Japan ISBN 978-4-641-23342-3

本書のコピー、スキャン、デジタル化等の無断複製は著作権法上での例外を除き禁じられています。本書を代行業者等の第三者に依頼してスキャンやデジタル化することは、たとえ個人や家庭内の利用でも著作権法違反です。

JCOPY　本書の無断複写(コピー)は、著作権法上での例外を除き、禁じられています。複写される場合は、そのつど事前に、(一社)出版者著作権管理機構(電話03-5244-5088、FAX 03-5244-5089、e-mail:info@jcopy.or.jp)の許諾を得てください。